Social Security and Economy
社会保障と経済

2
Public Finance and Income Support
財政と所得保障

宮島 洋／西村周三／京極髙宣──［編］

東京大学出版会

Public Finance and Income Support
(Social Security and Economy 2)

Hiroshi MIYAJIMA, Shuzo NISHIMURA and Takanobu KYOGOKU, Editors

University of Tokyo Press, 2010
ISBN 978-4-13-054132-9

刊行にあたって

　医療，介護，年金，扶助，児童・障害福祉などといった社会保障の諸問題は，現在の日本社会にとってはもちろん，少子高齢社会の進展により将来の日本にとってもたいへん重要な政策課題となってきている．社会保障についての国民の関心はきわめて高く，昨今では政治的な争点ともなっており，新聞・雑誌・テレビ等で社会保障関連のテーマが取り上げられることが非常に増えている．とりわけ，1980年に開催された「福祉国家の危機」をテーマとしたOECDの会議以降，社会保障と経済および社会（国家，企業，地域，家計，世代等）との関係は，その水準や範囲をめぐって，また税制との関わりや政策体系のあり方をめぐって，国内外で幅ひろく議論が行なわれてきた．それにもかかわらず，わが国では社会保障と経済社会の関係を総合的に網羅した学術的刊行物は未だに乏しいのが現状である．

　そこで本シリーズでは，それらの諸問題に対して理論的・実証的な立場から国民の関心事に客観的に答えてゆくとともに，国際比較や時系列的な分析をとおして，現在の日本社会の特質と社会保障のあり方を総合的に浮き彫りにすることを目標として，以下のような企画方針をたて，執筆の際の指針としている．

① 社会保障と経済社会の相互関係を理論的・実証的に分析し，可能なテーマについてはそれらに基づく国際比較を行なう．このことにより，各国の相互関係やグローバル化の問題を明らかにし，日本社会の経済的特質と社会保障のあり方を明らかにする．

② 少子高齢・人口減少社会のもとで，社会保障を通じた日本経済の発展の可能性，あるいは日本の経済発展が社会保障を基盤としうる可能性についても論ずる．その際，日本経済全体の分析とともに，コミュニティという視点からも可能なかぎり検討する．

③ これまでの国内外の学問的蓄積のサーベイも重視し，社会保障に関心をもつ広範囲の読者に対して，経済・財政・産業・地域等の視角から正確な知識と視座を与えるように努める．また，シリーズ全体を通して，社会保

障に関する分野横断的な経済分析も掲載する．

　このような社会保障と経済についての講座は例がなく，冒頭に述べたような社会状況のなか，社会保障に関心をもつ多くの読者によって迎えられることが期待される．

　なお本シリーズは編集責任の担当を1巻は京極髙宣（国立社会保障・人口問題研究所所長），2巻は宮島洋（早稲田大学法学学術院教授，元東京大学副学長），3巻は西村周三（京都大学副学長，前京都大学大学院経済学研究科教授）と定め，各巻に編集協力者（第1巻 勝又幸子，第2巻 金子能宏，第3巻 府川哲夫，いずれも国立社会保障・人口問題研究所）を置いて編集したが，あくまで全巻とも3名の編者（宮島洋・西村周三・京極髙宣）の共同責任編集において刊行されている．経済学的分析を中心としても，財政学，医療経済学，年金学，地域経済学，社会福祉学その他からなる社会保障をめぐる学際的な研究視座が不可欠であることから3名の共同責任編集としたわけであるが，こうした編集体制は本邦最初の試みである．

　本シリーズに関する関係各位からの積極的なご意見，ご批判を賜れば幸いである．

　　　　　　　　　　　　　　　　　　　　　　　　　　2009年9月1日

　　　　　編者　宮島　洋（早稲田大学教授）
　　　　　　　　西村周三（京都大学副学長）
　　　　　　　　京極髙宣（国立社会保障・人口問題研究所所長）

はじめに

　社会保障制度は，今日，人々の生涯（ライフサイクル）の様々な側面で，暮らしと経済と深く関わり合いを持っている．社会保障が人々の暮らしを支える側面は，人々の生涯を通じて多岐にわたっている．出産・育児時期には母子保健や保育サービスが提供され，健康を損なった場合には，一般的には医療保険によって医療サービスを受けることができる．また，失業中や引退後にはそれぞれ失業保険と年金制度という所得保障がある．そうした施策や人々の自立の努力によってもなお生活が困難な場合には，生活保護制度が適用される．そして，介護が必要になった場合には，国によって制度には相違があるが，介護保険や医療制度と高齢者福祉との連携等により，介護サービスが提供される．

　このような給付は，一方では，家庭内での育児・介護と就業との選択や，疾病や引退による所得低下などのリスクに対処するための貯蓄など，人々のミクロな経済行動に影響を及ぼす．また，失業保険金や老齢・遺族・障害年金や生活保護給付などによる所得移転は，国全体の所得分布を変えて，格差の是正に寄与している．他方，こうした給付の財源を賄うのが公費（税を基本財源とする財政支出）や社会保険料であり，その負担を支える国民の経済活動である．社会保障の負担は，税・社会保険料を差し引いた手取り賃金の低下により人々の労働供給に，人件費の上昇により企業の労働需要に，ひいては国全体の経済活動や財政運営に影響を及ぼす可能性がある．社会保障の負担を通じた経済や財政への影響が好ましくないものであるならば，長期的には，社会保障の給付に見合う税や社会保険料を確保することが難しくなる可能性がある．

　少子高齢化が進展し，また景気変動に伴う失業などのリスクが高まっている今日，このような社会保障の給付・負担が国全体の経済や財政ともバランスをもって維持されていくための条件を探ることはきわめて重要な課題である．本シリーズの第2巻として，社会保障の経済分析を導入に，財政と所得保障というテーマを重点的に取り上げる理由は，まさにこの点にある．

社会保障制度には，もしも市場経済に任せておくと市場の失敗（逆選択など）によって提供できない場合でも，社会的リスクのプールや政府の温情主義や不平等是正などによって，多くの人々に社会サービスを提供しまた所得再分配を行うことができるというメリットがある（第1章・第2章）．その一方で，給付が人々の貯蓄行動や就業・引退行動に影響すると，マクロ的な貯蓄率や労働力率の低下を通じて，経済成長にマイナスの影響を及ぼす可能性がある（第1章）．また，給付や負担を通じた企業の労働需要の変化（転嫁と帰着）や最低賃金制度などの規制のため，企業の経済活動もこうした社会保障がない場合と比べて様々な影響を受ける（第2章）．そのため，日本では，税と社会保険料を合わせた負担が国民所得に占める割合，すなわち国民負担率が高まると経済成長に悪影響が生じるのではないかという心配から，社会保障負担の議論がなされることが多い．しかし，社会保障負担が給付として家計に移転されることを考えれば，そもそも国民負担率の概念自体，そして，政策目標としての妥当性には吟味すべき点が多く（第6章），また上記のような経済成長との関係を説明する経済理論も必ずしも確立されているわけではない（第1章）．

　経済成長の要因となる資本蓄積は，家計による貯蓄のみならず，年金制度が発達した今日，公的年金の年金基金や企業年金の積立基金も影響を及ぼす．さらに，2008年秋の世界的な金融不安に端を発する景気後退に見られるように，各国の資本蓄積は他国の金融市場の変化の影響も受ける．このようなグローバル化の中で年金制度を安定的に維持していくためには，公的年金・企業年金の年金資金運用を行っていく際に，年金受給者の引退後の生活保障となる給付水準を維持するための国際的なルールに準拠することや，コーポレート・ガバナンスにより企業行動や経済活動に適切な関与を行って，年金基金と国民経済の両方との成長に寄与する社会的責任投資の視点が重要である（第4章）．

　日本の社会保障給付の主要な特徴をOECD諸国との国際比較から見ると，第1に日本の社会保障給付が国民経済に占める割合は，北欧諸国や大陸ヨーロッパ諸国よりも小さく，拡充の必要性なり余地があることがわかる．第2に社会保障給付を政策分野別に見ると，年金給付など高齢者に対する支出に比べて子育て支援策など家族への給付の割合が，OECD諸国の中では特に低く，改

善の余地が大きいことが理解できる（第8章）．このような社会保障の現状の下で，少子高齢化が進む今日，社会保障制度を持続可能なものとするためには，社会保障の財源構成をどのようなものとすべきか，また財政赤字が国民経済と比べて大きな割合を占める政府の財政事情の下で社会保障への給付を含む財政活動をどのように運営していくべきなのかなど，多くの課題がある．これらの課題に答えるためには，これまでの社会保障制度改革を振り返りながら，先進諸国と比較した日本の社会保障の特徴，社会保障を取り巻く厳しい経済・財政の実態，税務行政の影響を含めた税制と社会保障の密接な関連などを検討する必要がある（第5章）．

　さらに，社会保障財源と給付の在り方を考える際に着目しなければならないことは，地域経済の多様性と地方財政が抱える課題である．国民経済の成長は，一方で社会保障財源を支える基盤となるが，他方で，それに伴い都市部に企業や産業の集積が起こり，労働移動が生じ，地方の過疎化をもたらした．その結果，地域経済が変容し，高齢化率の高い地方自治体での社会保障財政の維持や，家族の支援が得られにくい都市部での子育て支援の充実など，地方自治体が抱える社会保障の課題もまた地域差を反映するものとなってきている（第3章）．このような地方自治体の社会保険財政を安定的に維持するためには，地方社会保障給付費の増加要因を明らかにしたうえで，地方分権化で進められた国からの補助金の再編を地方住民の福祉ニーズの観点から見直すことや，福祉サービスを対象者により効率的に提供できる体制を整える必要がある（第7章）．

　地域経済の変容は，地域ごとの就業機会に格差をもたらし，それが高齢化の進展と相まって日本の所得格差にも影響を及ぼしている．就業機会が失われた地方や地域では，勤労世代であっても非正規就業を渡り歩かなければならない状況や失業に陥ることが多くなり，また高齢者の就業機会も少なくならざるを得ない．地方自治体が充実したくても財源の手立てが十分でなければ子育て支援策が拡充できないために，子どもをもつ女性が働きたくても働けない場合が生じてしまう．こうした様々な要因が重なり，日本の貧困率は上昇傾向にある．このような貧困率を低下させるためには，社会経済の変化により貧困の形態もまた変化し多様化することを理解しながら，世帯や個人が貧困に陥るリスクに

備えることのできる仕組みを整えなければならない（第9章）．

　高齢者の所得保障では，公的年金が重要な役割を果たしている．日本のように，一方で社会保険料を財源とする報酬比例部分があり，他方で社会保険料と税財源で賄われる定額の基礎年金とからなる年金制度では，年金給付は所得再分配効果を発揮する（第10章）．その効果は，所得格差の国際比較でも観察できる（第5章）．しかし，年金給付には高齢者の働くインセンティブを下げる側面があるため，年金財政を持続可能なものとするためには年金受給者数の伸びを経済成長ともバランスさせるために，高齢者の就業意欲を大切にする必要がある．実証分析によれば，1980年代後半以降の年金改革は，給付条件を厳格化する一方で在職老齢年金による年金給付削減を緩和させたため，高齢者就業に対する公的年金の抑制効果は軽減したという結果が示されている（第10章）．

　マクロ経済的には，このように年金制度改革は，再分配の点でも経済的誘因の点でも好ましい効果をもたらしている．それにもかかわらず，国全体で見た貧困率が上昇してきた背景には，高齢ひとり暮らしは三世代世帯に比べて高い貧困率にあり，この高い貧困率にある世帯割合が拡大したために，全体の貧困率が上昇したという世帯構造の変容がある（第11章）．年金制度改革が高齢者の生活保障に寄与してきたことは確かであるが，しかし，世代間の公平性を観点に高齢者への給付の見直しが行き過ぎれば，世帯構造が多様な高齢者の間に再び格差が拡大する危険性が潜んでいる（第11章）．

　経済格差の要因は，世帯の変容だけではない．就業形態が多様化した結果，従来の基準では雇用保険の被保険者となれない非正規労働者が増加し，昨年秋以降の景気後退でこれらの人々が失業した結果，生活保護も失業保険も受けられないという，セーフティネットがない状況が生じてしまっている．このような状況に対処するためには，不安定雇用のため頻繁に失業者になりやすい人への対応を急ぐのみならず，失業を未然に防止したり，早期再就職を促進したりするための「積極的雇用政策」について，これを支える雇用保険財政の安定化と合わせて真剣に検討していく必要がある（第12章）．

　以上のように，本シリーズ第2巻は主として経済・財政の視点から社会保障

の諸課題を検討しており，社会保障制度の中では所得保障の分析に重点をおいている．今日そして今後予想されるマクロ経済・地域経済や雇用形態・所得分配の変動，国・地方財政の厳しい状況などを踏まえれば，社会保障財源の確保と給付・負担の公平性に人々の関心がかつてなく高まっているだけに，経済・財政の視点はますます重要性を増すと考えられる．ただ，本巻の諸論文が示唆しているように，人口構成・家族形態・地域社会の変貌，尊厳・自立・相互扶助の精神など，社会保障の役割や規模を左右する社会的・倫理的な視点の重要性も忘れてはならない．そして，よりよい社会保障は，決して与えられるものではなく，人々が自ら社会保障制度とその経済・社会・財政基盤の改善に参画し，社会保障を守り育むという意思と行動によってのみ実現できることを強調しておきたい．本巻が社会保障への理解を深め，社会保障への参画を促す一助となれば幸いである．

編　者　宮　島　　　洋
編集協力　金　子　能　宏

目　次

刊行にあたって　i

はじめに（宮島洋・金子能宏）　iii

I　社会保障の経済分析

1章　マクロ経済学から見た社会保障――――――小西秀樹　3

1　はじめに　3
2　マクロ経済から見た福祉国家の規模　4
3　社会保障のメリット　6
4　社会保障と経済成長　8
5　社会保障と国民負担率　13
6　消費税による社会保障の財源調達と再分配　17

2章　社会保障のミクロ経済学――――――駒村康平　25

1　社会保障制度の仕組みと役割　25
2　社会保障給付の形態　28
3　市場の失敗と社会保障　31
4　社会保障制度が経済主体に与える影響　36
5　対人社会サービス準市場の課題と政府の介入　48

3章　地域経済と社会保障――――――山重慎二　51

1　はじめに　51

2　分析の枠組み　52
　　3　地域経済の変容と社会保障制度　56
　　4　社会保障制度と地域経済の再生　62
　　5　おわりに　68

4章　公的年金・企業年金と年金資金運用　　　　米澤康博　73

　　1　年金財政方式　73
　　2　公的年金積立金の運用　74
　　3　企業年金の運用　81
　　4　年金基金とコーポレート・ガバナンス　88

II　社会保障と財政・税制

5章　社会保障と財政・税制　　　　　　　　　　宮島　洋　95

　　1　社会保障制度と財政制度の関連　95
　　2　財政運営と社会保障関係経費　102
　　3　社会保障と税制の多面的関連　109

6章　社会保障の役割と国民負担率　　　　　　　　田中　滋　121

　　1　国民負担率をめぐって　121
　　2　社会保障と「自助・互助・公助・共助」　129
　　3　国民負担率と自立社会の形　132
　　4　税社会保障負担率に関する筆者の意見　137
　　5　国民負担率論を超えて――新しい互助と社会資本の使い方　139

7章　社会保障と地方財政 ──────── 林　宜嗣　145

 1 社会保障における地方財政の役割　145
 2 地方社会保障支出の膨張と地方の財政能力　147
 3 地方社会保障費の決定要因　154
 4 地方における社会保障改革の視点　162

8章　OECD諸国の社会保障政策と社会支出 ─── 金子能宏　167

 1 はじめに　167
 2 OECD諸国における社会保障政策の多様性　168
 3 OECD諸国の社会保障給付費（社会支出）と社会保障財源　171
 4 OECD諸国の年金制度と年金財政　175
 5 OECD諸国の医療制度と医療財政　177
 6 OECD諸国における介護制度　180
 7 OECD諸国における子育て世帯への所得保障　184
  ──現金給付と租税支出
 8 おわりに　187

III　所得保障と国民生活

9章　公的扶助と最低生活保障 ──────── 阿部　彩　195

 1 はじめに　195
 2 現代日本における貧困の現状　196
 3 生活保護制度の概要と現状　203
 4 最低生活保障をどこに設定すべきか　210
 5 最低生活保障のあり方　215

10章　少子高齢社会の公的年金　————小塩隆士　221

1　はじめに　221
2　近年における年金改革の概観　222
3　年金改革の経済分析　224
4　公的年金と高齢者就業　232
5　おわりに　237

11章　高齢期の世帯変動と経済格差　————白波瀬佐和子　241

1　高齢期の経済格差の捉え方　241
2　高齢者のいる世帯——高齢者はどこにいるのか？　242
3　高齢者のいる世帯の所得格差　244
4　三世代世帯の経済的格差　248
5　高齢者のみ世帯における収入構造　253
6　高齢期をひとりで生活することの経済的意味　255
7　高齢期の経済格差と生活保障　256

12章　雇用保険制度改革　————樋口美雄　261

1　はじめに　261
2　日本の現行の雇用保険制度　262
3　主要先進国の失業保険制度と日本の特徴　266
4　日本における雇用保険制度のこれまでの改正の経緯　272
5　失業保険制度の経済分析　275
6　雇用保険制度改革の論点　279

索　引　289
執筆者一覧　294

I　社会保障の経済分析

1章　マクロ経済学から見た社会保障

小西　秀樹

1　はじめに

　高齢化の進行に伴う社会保障支出の増大は避けられない．社会保障サービスの充実やその調達に必要な負担増が経済の成長率，あるいは潜在的な生産力を押し下げてしまうのではないか，負担増による国際競争力の低下を嫌って企業が生産拠点を海外に移し，国内産業が空洞化するのではないか，という懸念をよく耳にする．

　このような心配にマクロ経済学はどう答えているだろうか．名だたる内外のマクロ経済学の教科書を紐解いてみよう．社会保障について割かれたページが，あったとしてもホンのわずかであることに気づくだろう．これは決してマクロ経済学者が社会保障に関心がないからではない．教科書に書けるほどの通説，定説が社会保障に関するマクロ経済分析にはほとんどないのである．通説や定説の不在は，思い込み，誤謬，俗説がまかり通りやすいということでもあろう．本章では，マクロ経済学から社会保障を見たときの様々な論点を虚心坦懐に整理してみたい．

　本章の構成は次のとおりである．第2節では社会保障の規模の測定，第3節では社会保障が経済社会にもたらすメリットについて概観する．第4節では，社会保障が経済成長を阻害するという議論の妥当性について検討する．第5節では国民負担率と資源配分の非効率について検討する．第6節では社会保障の財源調達と消費税の経済効果について議論する．

2 マクロ経済から見た福祉国家の規模

　主要国の政府は，社会保障サービスの供給にどれだけ，どのような形で関わっているだろうか．OECD加盟30カ国を，2005年における公的社会支出（public social expenditure）の対GDP比が高い順で並べると，1位のスウェーデン（29.4%）から30位の韓国（6.9%）まで，国際的には大きなバラツキがあることがわかる．表1はそのうちの主要11カ国のデータを示している．これによると，福祉国家の代名詞である北欧諸国や，フランス，ドイツといったヨーロッパ大陸の国々が上位グループを構成する一方，オランダやイギリスが中位グループ，日本やアメリカは韓国ほど低くないとしても，下位グループに属している．

　公的社会支出は，老齢年金をはじめとした現金給付と，医療や介護サービスのような現物給付に分けられる．ほとんどの国では，現金給付が現物給付を上回る[1]．現金給付のうち年金給付（老齢年金と遺族年金）とそれ以外を比べると，日本やイタリアはその大部分が高齢世代への年金に向けられている．アメリカ，ドイツ，フランスでも，その傾向は強い．一方，デンマークやオランダでは，勤労世代へも同程度の規模の現金給付が提供されている．現物給付は概ねどの国でも医療サービスが大半を占めるが，北欧諸国では，それ以外の現物給付（たとえば介護や育児サービスなど）が医療サービスに匹敵する規模になっている．

　しかし，政府が社会保障に関与している程度を測る指標として，公的社会支出が適切とは必ずしもいえない点は要注意である．それは次のような理由による．

　第1に，現金給付は所得税の課税ベースに算入され，その一部が税収として政府に還流する可能性がある．所得税は課されなくても，消費段階で付加価値税や消費税を負担すれば，給付の実質額は減ってしまう．

　第2に，政府は，たとえば扶養控除や住宅税額控除など税制上の優遇措置によって所得税を減額し，実質的には現金給付を提供したのと同じ効果をあげることができる．財政学ではこれを，租税支出（tax expenditures）と呼ぶ．

表1　公的社会支出の対GDP比とその構成 (2005年)　　　　　　　　(%)

	公的社会支出の対GDP比	現金給付の構成比	(年金)	(その他)	現物給付の構成比	(医療)	(その他)
スウェーデン	29.4	49.3	(25.9)	(23.5)	46.3	(23.1)	(23.1)
フランス	29.2	59.9	(42.5)	(17.5)	37.0	(26.7)	(10.3)
デンマーク	26.9	50.6	(20.1)	(30.5)	43.1	(21.9)	(21.2)
ドイツ	26.7	59.6	(42.7)	(16.9)	37.1	(28.8)	(8.2)
イタリア	25.0	66.8	(56.0)	(10.8)	30.8	(27.2)	(3.6)
イギリス	21.3	48.4	(26.8)	(21.6)	49.3	(32.9)	(16.4)
オランダ	20.9	53.1	(23.9)	(29.2)	40.7	(28.7)	(12.0)
日本	18.6	54.8	(46.8)	(8.1)	43.5	(33.9)	(9.7)
カナダ	16.5	41.2	(24.8)	(16.4)	57.0	(41.2)	(15.8)
アメリカ	15.9	50.3	(38.4)	(11.9)	49.1	(44.0)	(5.0)
韓国	6.9	42.0	(21.7)	(20.3)	55.1	(46.4)	(8.7)
OECD平均	20.5	56.6	(35.1)	(21.5)	41.0	(30.2)	(10.7)

出所：OECD (2008a).

　第3に，政府は，最低賃金規制を行ったり企業年金や民間医療保険への加入に優遇措置を講じたりすることによって，予算と関わりなく低所得者への移転や高齢世代への給付の拡充を実施できる．

　OECDは近年，これらの点を反映させた純社会支出 (net social expenditure) を推計し公表するようになった[2]．図1は公的社会支出と純社会支出をそれぞれ用いて，社会保障の規模を比較している[3]．

　これを見ると，まず順位に大きな変動があることがわかる．公的社会支出で比較したときは中位もしくは下位に属していたイギリス，オランダ，アメリカが，純社会支出では上位グループに躍進し，北欧諸国と遜色のない福祉国家の様相を見せる．

　変動は順位だけではない．たとえば日本の順位は18位から13位へと上昇するが，それ以上に注目すべきは，純社会支出の対GDP比が17.7%から23.6%へと約6%増大する点である．実際，公的社会支出から純社会支出へ指標を変更すると，最上位は29.4%（スウェーデン）から33.6%（フランス）へと若干上昇する一方，20%を超える国の数が15カ国から20カ国へと増加し，福祉国家の規模に関する国際的なバラツキは全体として縮小する．

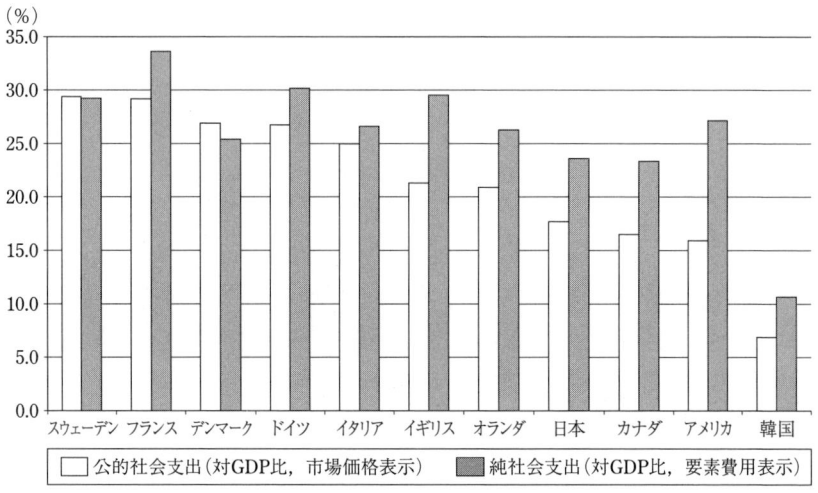

図1 社会支出のグロスとネット
注：データは2005年のものである．
出所：OECD (2008a).

3 社会保障のメリット

マクロ経済と社会保障の関係についての議論では，社会保障の負担面にばかり注目がいく．そこで，詳細な検討に入る前に，社会保障のメリットについて簡単に触れておきたい[4]．

政府が社会保障サービスを提供する経済学的な理由は，大まかに分けると5つある．

① 逆選択

保険の市場では情報の非対称性のために，効率的にリスクを配分するのが困難になりやすい．医療保険を例にとろう．自分が病気になりやすいかどうかは本人こそよく知っているが，保険会社にはわからない情報である．そのため保険会社は加入者を区別できず，一律の医療保険を販売することになる．同じ給付と保険料だと病気になりやすい人の方が有利だから，加入者の構成は病気になりやすい人に偏ってしまう．保険会社は採算上，保険料を引き上げざるをえ

ない．そうすると，病気になりにくい人は，ますます市場で医療保険を確保できなくなってしまう．リスクの低い人に十分な保険が提供できない非効率は，「逆選択」と呼ばれる[5]．

② 社会的リスク

保険契約とはそもそも，大数の法則にしたがい個々のリスクを互いに相殺させることで商品化できるものである．しかし，インフレーションなどの社会的リスクは相殺させにくいため，それに対する保険を市場で供給するのは難しい．失業保険も，景気の悪化によって一度に大量の失業者が出る可能性があるから，やはり市場では供給しにくい．

③ 温情主義

仮に市場が効率的に保険を供給できるとしても，近視眼的な個人は将来のリスクを過小評価して，それを購入しないかもしれない．その結果，取り返しのつかない失敗につながる可能性がある．政府は個人がそのような事態に陥ってしまうのを未然に防止する責任を担っているから，強制的に保険に加入させるべきである．

④ 所得再分配

社会保障制度は税制と並んで，所得再分配政策の柱になっている．生活保護制度に代表される低所得者への支援政策，所得のない高齢者への年金給付，医療・介護サービスはその典型である[6]．保険数理的にフェアでない公的保険も，同一世代内で生涯所得の再分配を行っている．たとえば公的年金が払い損だとすれば，保険料を多く取られる人ほど不利な再分配効果が発生する．生涯所得をベースとした再分配は，所得税にはない特徴である．また現物給付には，それを必要とする人をターゲットとして効率的に再分配を行えるメリットもある．

⑤ 家族の保険機能の代替・補完

社会保障制度が未発達だった時代，老齢や疾病などのリスクは家族の保険機能によってカバーされてきたが，経済発展と共に核家族化が進行し，その保険

機能は著しく低下した．社会保障は家族の保険機能を代替・補完する制度である．これによって，若年労働力が過度の家族内扶養から解放され，経済全体でみれば効率的な労働力の配分が促進される．

4　社会保障と経済成長

「社会保障は経済成長の足かせになっている」「社会保障が充実すると経済活力が失われる」といった論調は新聞などでもよく見られる．社会保障は経済成長を阻害するかどうか，まずはデータを眺めるところからスタートしよう．

図2は，1980年から2005年までの平均値を使って，公的社会支出の対GDP比と実質GDP成長率の関係を散布図で示したものである[7]．図中に描かれた右下がりの近似直線（最小二乗法による回帰直線）は，社会保障の規模が大きい国ほど経済成長率が低いという関係を示唆しているように見える．

(1) 経済成長の原動力

この実証結果を当面そのまま受け入れるとして，どんな理屈で社会保障の規模拡大が経済成長に悪影響を与えていると考えられるだろうか．

実質GDPの変動について検討するとき，それが短期的な需要の変動によって引き起こされた景気循環の一部なのか，潜在的な生産力の拡大・縮小によってもたらされた経済成長の変化なのか，を区別しなければならない．後者は需要変動とは基本的に無関係である．

たとえば，「社会保障制度の充実は，シルバー産業や介護ビジネスなどの部門からの需要増大や雇用拡大を通じて，経済成長にプラスの影響を与える」といった考え方は，少なくとも経済学的には全くの俗説である．経済の特定部門における需要拡大は他の部門からの資源の移転によって賄われるものであり，経済全体の潜在的な生産力に直接的な変化を与えない．

経済の潜在的な生産能力は，資本ストック，労働力（人的資本），生産技術の3つによって規定される[8]．それぞれの伸び率が低下すれば，経済成長は停滞する．社会保障の規模拡大が直接，技術革新を左右するとは考えにくい．それが経済成長の阻害要因になるとすれば，資本ストックの伸び率を鈍化させる

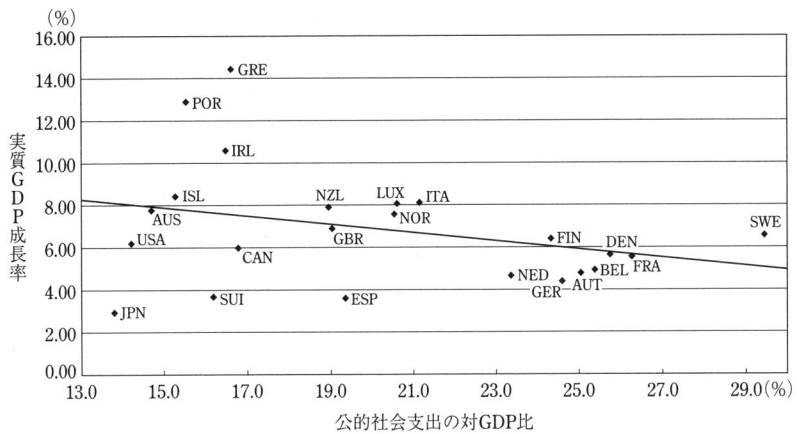

図2 社会保障と経済成長

注:国名の略号は次のとおり. AUS:オーストラリア, AUT:オーストリア, BEL:ベルギー, CAN:カナダ, DEN:デンマーク, ESP:スペイン, FIN:フィンランド, FRA:フランス, GBR:イギリス, GER:ドイツ, GRE:ギリシャ, ISL:アイスランド, IRL:アイルランド, ITA:イタリア, JPN:日本, LUX:ルクセンブルグ, NED:オランダ, NOR:ノルウェー, NZL:ニュージーランド, POR:ポルトガル, SUI:スイス, SWE:スウェーデン, USA:アメリカ.
出所:OECD (2008a).

か,人的資本の蓄積を停滞させるか,のどちらかである.

資本ストックとは,民間部門や公共部門の保有する建物,機械設備,インフラなど,過去の実物投資によって蓄積されてきた成果をいう.実物投資は,経済全体の生産物(GDP)のうち消費されなかったもの=貯蓄によって賄われるから,つまるところ,資本ストックの伸び率は経済全体の貯蓄率によって決まる.貯蓄率が低下すると,GDPの増分から新たに貯蓄に回る部分が減少するから,資本蓄積の伸びも鈍化し,成長率が低迷する.したがって,社会保障の規模拡大が貯蓄率の低下を引き起こすようならば,経済成長に悪影響を与える可能性がある[9].

(2) 貯蓄と経済成長

では,人々はなぜ貯蓄をするのだろうか.代表的な貯蓄動機としては,
① 将来の計画的な消費のため
② 将来の不確実性への備えとして
③ 子孫の将来のため

が考えられる．社会保障の文脈に限定していえば，①は，引退後に備えて現役時代に蓄えを残す行動，②は，病気や失業などによる不慮の支出に備えて行われる貯蓄，③は，子供や孫の幸せを願って遺産を残したり贈与を行ったりする目的の貯蓄行動が該当する．

社会保障制度は，これらの動機を介して経済全体の貯蓄率にどのような影響を与えるだろうか．社会保障の充実によって給付も増える反面，保険料や税の負担も増加する．経済全体の貯蓄率に与える効果を考察するには，社会保障の財政方式にも配慮しなければならない．勤労世代が支払った保険料や税が彼ら自身の将来のために積み立てられる「積立方式」（あるいは保険数理的にフェアな方式といいかえてもよい）と，それらが同時点の高齢世代に給付される「賦課方式」の区別が重要である．

市場でも政府と同じ社会保障サービスを供給できると仮定しながら，公的な社会保障サービスの充実が，①と②による貯蓄行動を通じて経済全体の貯蓄率に及ぼす影響について考えてみよう．

もし積立方式で財源の調達が行われるなら，社会保障サービスの拡充に要する負担増は，勤労世代にとって，それまで銀行や保険会社などの民間部門に預けていた貯蓄を政府部門に預け替えるのと基本的に変わらない．給付も，民間部門から政府部門へと提供元が変わるだけである．経済全体の貯蓄率に関して，積立方式の社会保障制度は中立的である．

賦課方式で財源の調達が行われると，事情は異なる．勤労世代から徴収された財源は高齢世代にそのまま移転される．このとき，2つの世代の貯蓄率の違いが問題になる．一般には，勤労世代の方が高齢世代よりも貯蓄率が高いと考えられる．勤労世代は将来に備えて貯蓄するが，高齢世代にはその必要が低いからである．だとすれば，貯蓄率の高い世代から低い世代への所得移転は経済全体の貯蓄率の低下を招くことになる．

ただし，この結論には若干の留保が必要である．

第1に，勤労世代の退職時期に関する意思決定を考慮すると，貯蓄への効果は少し複雑になる．積立方式による場合，社会保障サービスの拡充は退職の意思決定にも中立的である．しかし賦課方式では，各個人レベルで見たとき拠出と給付が保険数理的にフェアではなく，再分配の要素が混入しやすい．そのた

め，払い損になるなら早期に退職して保険料の負担を回避しようとする誘因が生まれる．この早期退職効果は，公的老齢年金の経済効果を論ずる際にしばしば登場する[10]．早く退職するには，年金の支給が始まるまでの蓄えを増やしておかなければならない．

　第2に，高齢世代が年金給付や現役時代に蓄えた貯蓄をすべて消費してしまうとは限らない．この点は③の貯蓄動機と関連する．子や孫が税や社会保障の負担で苦しんでいるのを見かねた親世代は，自らの消費を切り詰め贈与や遺産を増やして，公的な世代間移転を家族内での逆移転によって相殺しようとするかもしれない[11]．親が子の結婚資金を出したり，住宅ローンの頭金を提供したりするのは今や普通のことである．

　これら2つの効果は貯蓄率を引き上げる方向に作用する．そのため，社会保障制度が充実すると経済全体の貯蓄率が低下する，とはいいきれない．

(3) 実証分析と因果性

　理屈はともかく図2のような右下がりの近似曲線が得られたのだから，やはり社会保障は経済成長を阻害しているのではないかという主張もあるだろう．近似直線の具体的な方程式は

$$\text{実質 GDP 成長率} = -0.197 \times \text{公的社会支出(対 GDP 比)} + 10.828$$

である．これは，社会保障の規模が対 GDP 比で5%上昇すると，経済成長率はおよそ1%低下することを意味している．

　実証結果を見る上でまず気をつけるべきことは，係数の統計的な有意性である．経済成長率は社会保障以外の要因，たとえば人口構造の変化，輸出財や輸入財の国際価格，社会保障以外の政策，技術進歩にも影響を受ける．これらの中には偶然によって生じた影響も含まれている．たとえば，社会保障の規模が小さい国でたまたま技術進歩がめざましく成長率が高かったとか，石油価格の高止まりがたまたま社会保障の規模の大きい国の成長率を押し下げたといった偶然である．そうだとすると，図2のように経済成長率と社会保障の規模が負の相関関係を示しているのも偶然の産物で，別の期間でデータを集めれば，まったく違う近似直線が得られるかもしれない．

統計学では偶然の可能性を仮説検定という手法によってチェックする（t 検定と呼ばれる）．その検定結果によると，「本当は経済成長率と社会保障の規模の間には何の関係もなく，近似直線の真の係数はゼロである」という仮説が正しい確率は約 13.6％ と算出される[12]．計量経済学での一般的な判断基準では，「真の係数がゼロである」確率が少なくとも 10％ 以下（できれば 5％ 以下）でないと，計測結果は信頼に堪えない．したがって統計学的には，図 2 の近似曲線は，社会保障が経済成長の阻害要因であるという確証にならない．

もちろん，単純な近似直線ではなく，もっと込み入った手法を用いれば統計的に有意な係数が計測できるかもしれない．たとえそうでも，次の 2 つの点に注意しなければならない．

第 1 は，見せかけの相関である．前述したように，労働力の伸び率が低下すれば経済成長率も低下する．高齢化が労働力人口の伸び率を引き下げ経済成長率を低下させているにもかかわらず，高齢化とともに社会保障支出が増大すると，図 2 のような散布図が描かれ，あたかも社会保障支出の拡大が経済成長を阻害しているかのように見えてしまう．

第 2 は，因果関係の問題である．図 2 の近似直線は単に，経済成長率と社会保障支出の対 GDP 比が負の相関を持つことを示すだけであって，その 2 つの変数にいかなる因果関係があるか物語るものではない．たとえば，経済成長が低迷し失業者が増え貧困が深刻な問題になったために政府が社会保障支出を増額した場合，因果関係は正反対だが，同じような右下がりの近似曲線が描かれる．

(4) 理論なき計測

理論的には，社会保障の充実が経済成長を促進することも考えられる．

経済成長のもう 1 つの源泉である人的資本の蓄積について考えよう．人的資本が蓄積されるスピードは教育投資によって決まってくる．教育分野の公的支出は必ずしも社会保障サービスの範疇ではない．それでも，社会保障による世代間の所得移転が教育投資を活発にする可能性がある[13]．

本節(2)で貯蓄率の決定について説明した際，賦課方式による公的な世代間移転が，親から子への家族内移転で相殺される可能性に触れた．確かに遺産や贈

与は家族内移転の1つの形態だが，教育投資も同じ意味を持つ．子が社会保険料の負担によって十分な教育投資ができない場合，親が子に成り代わって教育投資を行うことが考えられる．高齢世代が教育熱心なら，世代間の所得移転が貯蓄率を引き下げ物理的な資本の蓄積を阻害しても，教育投資の活発化によって人的資本の蓄積が促進されると，経済成長率がかえって高まる可能性もある．

また，前節で述べた因果性の議論とも関係するが，政治的には，経済成長率が高いと政府の財源にも余裕ができ，社会保障の規模が拡大する可能性もある．たとえば日本の場合，社会保障給付費の対GDP比は1960年代後半から70年代にかけて大きく伸びている．この理由の1つは高度経済成長によって日本経済にそれだけの余裕が生まれたからである．

社会保障が経済成長の足かせになるという批判には，しっかりとした理論的根拠がない．実証分析が提示する負の相関は「理論なき計測」に陥っている．いかなる実証結果が得られたところで理論的な枠組みが伴わないため，なんら確定的な結論を引き出せない[14]．

5　社会保障と国民負担率

経済成長への阻害と並んで（そして，しばしば同義のものとして）やり玉にあげられるのは，社会保障がもたらす資源配分の非効率である．具体的には，サービスの拡充と表裏一体の関係にある税や社会保険料などの公的負担の増大が，労働者の勤労意欲や企業の投資誘因を抑制し経済の潜在生産力を低下させる，と批判される．

この批判を吟味する際，すでに述べたように，社会保障制度は市場の失敗による非効率を補整する役割や家族の負担を軽減する役割を果たしている事実を忘れるべきでない．公的負担の縮小は市場の失敗を助長するし，家族への負担を増やす結果にもなりかねない．

(1) 国民負担率論争

社会保障の負担だけに議論を集中するとして，それをどのように測るのが適切だろうか．概して用いられる指標は国民負担率である．図3は2006年にお

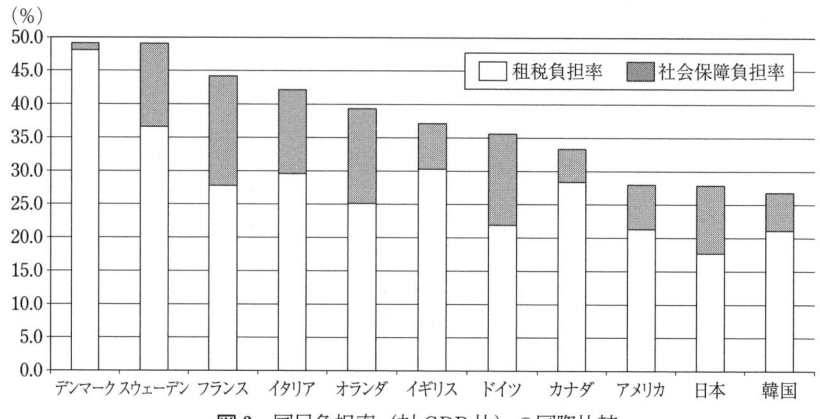

図3 国民負担率（対GDP比）の国際比較
注：データは2006年のものである．
出所：OECD (2008b).

けるOECD主要加盟国の国民負担率（租税負担と社会保障負担の合計を市場価格表示のGDPで割った値）を示している[15]．国民負担率の国際的なバラツキは比較的大きく，北欧諸国が高負担国，日本やアメリカが低負担国の代表といえよう．OECD加盟国全体の平均は39.5%である．

もちろん，国民負担率に含まれるのは社会保障サービスのための負担だけではない[16]．反対に，社会保障を含めた公共サービスへの対価という点では，医療サービスや介護サービスの現物給付を受けたときの自己負担分をはじめ，さまざまな政府サービスに対する利用料が国民負担率から除外されている．OECD統計は，給付と必ずしも直結していない負担だけを算定するという立場で，国民負担率を測定している[17]．

政府が公債発行で財源を調達した場合が国民負担率の計測で考慮されていない点は，しばしば論争になる．この点は，伝統的な公債負担論と関連のある議論だが，やはり定説は見あたらない．

新政党派と呼ばれるA.ラーナーたちは，財源調達方法とは無関係に，政府の活動によって民間の利用可能資源が減ることを国民の負担と定義する．この考え方にしたがえば，政府支出の対GDP比＝財政赤字を加えた潜在的国民負担率を，負担の指標とすることに異論は生まれない[18]．

一方，世代別に負担を捉える立場では，各世代の生涯消費の減少を負担と定

義する．政府支出が公債発行で賄われ，将来の償還時点で増税が行われるなら，現在世代の負担は軽減される一方，将来世代の負担は増大する．この場合，財政赤字を将来世代の負担と見なして国民負担率に加えた潜在的国民負担率が，やはり負担の指標として有力になる[19]．ただし，公債を将来償還しなければならないかどうかという点で，疑問がないとはいえない．償還の必要がなければ将来世代に負担は生じないからである[20]．

　基礎的財政収支（プライマリー・バランス）が黒字で経済成長率が利子率と同程度に推移するならば，公債残高の対GDP比は一定値に収斂する．公債の償還は借り換えによって無限に先延ばしし，利払い費の分だけ財政赤字が毎年累積しても，財政が破綻することはない．その意味では，基礎的財政収支の黒字が保たれる場合，財政赤字を将来世代の負担として国民負担率に算入する必要はないと考えることもできる[21]．

(2) 国民負担率と資源配分の効率性

　国民負担率と資源配分の非効率にはどのような関係があるだろうか．実をいうと，理論的にはほとんど無関係と考えるのが妥当と思われる．

　資源配分の非効率は価格体系の歪みによって生ずる．価格体系の歪みとは，市場において需要者が直面する価格（需要者価格）と供給者が直面する価格（供給者価格）の差のことである．

　税や社会保障が労働市場にもたらす価格の歪みを見てみよう．需要者価格とは，企業が労働者1人を雇う際に支払うべき賃金，社会保険料の事業主負担分，企業年金の掛け金負担分などの合計である．一方，供給者価格は，企業の支払賃金から所得税や社会保険料の被用者負担分を差し引いた手取り賃金である．供給者価格は，労働者が働くことの代償として手に入れる金額を意味する．失職したとき失業手当がもらえるなら，供給者価格を求めるには，失業給付も差し引かなければならない．

　重要な点は，需要価格と供給価格の差は，社会保障の規模だけでなく制度の詳細に依存するということである．老齢年金を例にとろう．その財源調達が賦課方式で行われていたとしても，現役時代の支払い保険料（あるいは賃金）と退職後の公的給付がリンクしていて，支払ったものがある程度戻ってくる仕組

みになっていれば，保険料負担の一部は将来の給付によって相殺され，需要者価格と供給者価格の差は小さくなる．完全な積立方式であれば社会保険料の負担は貯蓄と同じだから，将来の給付によって全額相殺され，資源配分を歪める要素にならない．

以上をまとめて大雑把にいうと，

雇用における価格の歪み
　　＝所得税＋社会保険料＋失業手当－負担にリンクした社会保障給付

である[22]．歪みが大きければ大きいほど，労働市場には資源配分の非効率が生じやすく，経済の潜在的な生産力を低下させることになる．

国民負担率には所得税や社会保険料の大きさは反映されるが，失業手当や負担にリンクした社会保障給付は考慮されない．負担の大きさだけを問題にしても意味がなく，社会保障制度の詳細を吟味してはじめて，非効率かどうかがわかるのである[23]．

データを見てみよう．もしも高い国民負担率によって経済の潜在生産力が引き下げられるとすれば，国民負担率の上昇分と経済成長率は負の相関を見せるはずである[24]．図4は図2と同じ国を用い，1980年から2005年までの期間で，実質GDP成長率の平均と国民負担率の変化分を散布図に描いている．図中の近似直線が示唆するのは，国民負担率の上昇幅が大きい国ほど成長率も高いという，正の相関関係である[25]．

アトキンソン（Atkinson, 1995）は，社会保障の給付や負担を経済成長の阻害要因と考える分析を批判した論文の中で，次のような文章を引用している．これは，経済成長理論でノーベル経済学賞を受賞したR.ソローがこの種の実証分析について書いたものである．

「私はこれが，確信を起こさせる研究プロジェクトだとは思わない．分析で省略された変数によるバイアス，逆の因果関係，そしてとりわけ，非常に異なる国民経済の経験があたかも，首尾よく定義された平面の上の異なる点として表せるかのように説明することは無理なのではないかという，繰り返し起きてくる疑念にとても耐えきれないと思われるのである」（Atkinson,

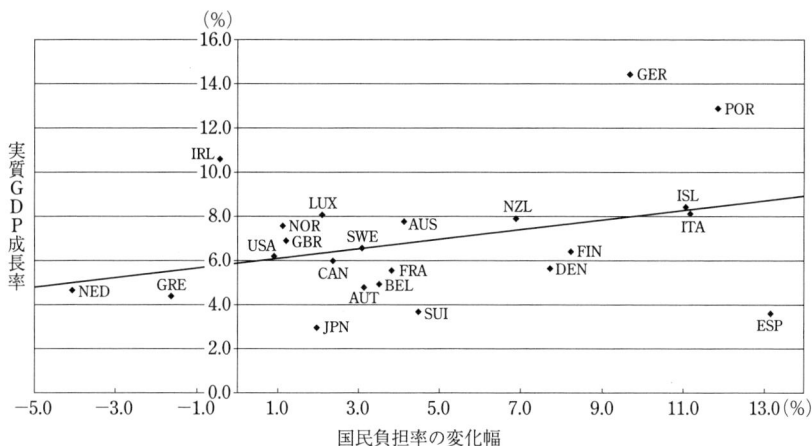

図4 国民負担率の変化と経済成長
注：国名の略号は図2の注を参照せよ．
出所：OECD（2008a, b）．

1995, p. 124).

6 消費税による社会保障の財源調達と再分配

(1) 財源調達の構成

　社会保障給付の財源は，賃金をベースに課される社会保険料以外にも，政府からの補助金，積立金の運用益などによって調達される[26]．社会保険料の納付も，事業主と被用者で分担されるやり方が先進諸国では一般的である．

　表2は最近のデータが利用可能なヨーロッパ主要国および日本の財源調達の構成を示している．これによると，社会保険料の構成比が国際的にも大きく分散しており，ほぼその鏡像として，公費負担の構成比にも大きな違いがあることがわかる．たとえば，フランス，ドイツ，オランダといった西欧諸国は社会保険料による財源調達の割合が高く，逆に，スウェーデン，ノルウェー，デンマークなどの北欧諸国では公費負担の構成比が高い．

　さらに，社会保険料の事業主拠出と被保険者拠出の構成を見てみよう．日本では社会保険料は概ね労使折半のため，それを反映した数字になっているが，ヨーロッパ諸国では，むしろ事業主拠出に偏った形で財源が調達されてい

表2　社会保障の財源調達　　　　　　　　　　　(%)

	社会保険料			公費負担	その他収入
	全体	事業主拠出	被保険者拠出		
オランダ	67.7	32.9	34.8	19.5	12.8
フランス	66.5	45.9	20.7	30.0	3.5
ドイツ	63.7	36.5	27.2	34.6	1.7
イタリア	58.3	43.1	15.2	40.0	1.7
日本	53.8	25.9	28.0	33.5	12.6
スウェーデン	49.5	40.7	8.8	48.7	1.8
イギリス	48.8	32.0	16.8	49.7	1.6
デンマーク	30.3	9.7	20.7	63.0	6.7

注：ヨーロッパ諸国のデータは2003年，日本のデータは2005年度のものである．
出所：Eurostat (2008)，日本のデータは国立社会保障・人口問題研究所『平成18年度　社会保障給付費』．

る[27]．ただしデンマークだけは対極にあり，社会保険料の大部分が被保険者拠出で賄われている．

　公費による調達部分には，所得税，法人税，消費税などの税収や積立金の取り崩しによる移転収入が含まれる．フランスなど一部の国では，特定の税を社会保障目的税とし，公費負担の半分程度を調達している．

　社会保障の負担を通じた所得再分配について考えるとき注意すべきは，転嫁の問題である．この詳細は第Ⅰ部2章での検討に譲るが，社会保険料にしても租税にしても，支払い義務者と負担者が異なるとき，負担の転嫁が生じたという．たとえば消費税の支払い義務は事業者にあるが，負担は消費者へ転嫁されることが前提になっている．社会保険料の事業主拠出分は，支払賃金を押し下げて被用者に転嫁されたり，製品価格を押し上げて消費者に転嫁されたりする可能性がある．公費負担についても，その財源が所得税か消費税かで再分配効果は大きく違ってくると思われる．社会保障が所得再分配に及ぼす影響を捉えるには，転嫁の行方を見極める必要がある．

(2) **消費税による社会保障の財源調達**

　最近，日本では消費税による社会保障の財源調達に強い関心が集まっている[28]．消費税を社会保障財源に特定化する構想の台頭には，次の2つの政治経済的な背景がある[29]．

第1は，世代間，世代内の公平論である．近年日本では，高齢者の中にも勤労世代と遜色なく裕福な人たちが増加した．高齢化社会における公的サービスを支えるため彼らに応分の負担を求めようというのは，自然な考え方であろう[30]．また，国民年金の空洞化問題や第三号被保険者問題を解決する方策としても消費税に期待が集まっている．

　第2は，企業の国際的競争力への配慮である．企業が社会保険料の事業主拠出分を労働者に転嫁しにくいと，労務費の上昇による国際的な競争力の低下や国内企業の海外流出が懸念される．消費税の負担は消費者への転嫁が比較的容易で，しかも国境税調整を行えば輸出価格に影響を与えないため，経済界からは歓迎されやすい[31]．

　マクロ経済学的に見たとき，消費税による社会保障の財源調達は，現行の賦課方式による世代間移転を縮小させる機能を持っている．

　社会保険料が引き下げられる一方，給付水準を維持するために消費税が引き上げられたとしよう（物価スライドは凍結されているものとする）．このとき，毎期の社会保障財源は勤労世代の支払う社会保険料だけでなく，全世代が負担する消費税収によって賄われることになる．消費税の一部は退職世代によって支払われるから，各世代への社会保障給付が同額である限り，世代間の所得移転によって調達される財源は，退職世代の消費税負担分だけ減少する．

　高齢化社会では，給付の水準が一定である限り，財源調達手段としては，世代間移転の規模を縮小した方が勤労世代にとっては望ましい．

　図5は世代重複モデルを用いて，賦課方式と積立方式による拠出と給付の流れを示している．このモデルは，人の生涯を若年期と老年期の2期間に単純化し，各世代の生涯が1期間ずつ重複して連鎖する状況を描いている．たとえば現在が第1期であれば，老年期の世代1と若年期の世代2が共存した状態である．世代1は第1期で生涯を終え，第2期になると世代2が老年期，新たに生まれた世代3が若年期を迎える．

　老齢年金を例にとろう．積立方式で財源が調達されると，白い矢印の向きで拠出と給付がつながる．世代間の所得移転は生じない．この場合，若年期に1万円拠出すると，1期間積み立てられ，老年期には元本1万円に利子収入が付け加わった老齢年金が給付される．

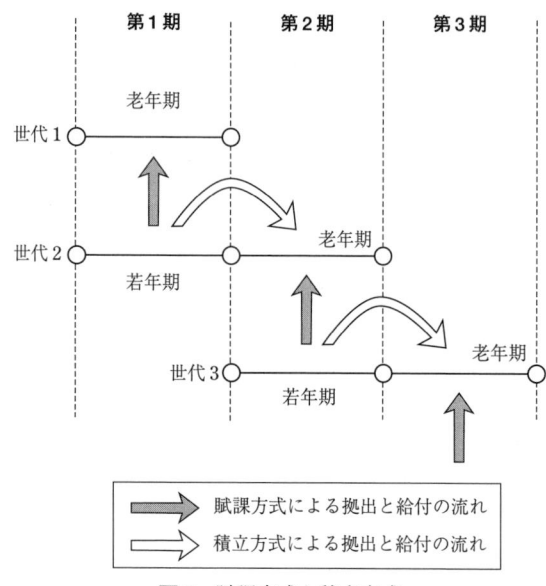

図5 賦課方式と積立方式

　賦課方式では灰色の矢印の向きで，若年世代の拠出した資金が同時期の老年世代へ給付される．積立金は生じないから，1万円の拠出がいくらの給付になって戻ってくるかは，次世代の負担能力に依存する．若年世代の1人あたり賃金が同じなら，次世代も1人あたり1万円ずつしか拠出できないであろう．各世代が若年期に1万円ずつ拠出すれば，世代の人口比に応じて，老年期の給付は（1＋人口増加率）万円になる[32]．

　したがって，積立方式と賦課方式のどちらが有利かは，利子率と人口成長率の大小関係に依存する．高齢化で人口成長率が低くなると，世代間移転を伴わない積立方式が望ましい[33]．

　社会保障の財源調達ベースを賃金から消費へシフトさせると，各勤労世代は現役時代に支払う社会保険料が減る分，退職後の消費税負担が増えることになる．そのため，減額された社会保険料の一部は，将来の消費税負担に備えて貯蓄しておく必要がある．その貯蓄の元本と利子の一部が退職後の消費税支払いに充当され，社会保障財源に組み入れられる．これは結局，勤労世代が自分の老後のための資金を積み立てたのと同じである．勤労世代の貯蓄増加には，第

4節で述べたように，資本蓄積を促進し，経済成長を加速するメリットも期待できる．

ただし，消費税による財源調達がこれらのメリットを発揮するには，過渡期の高齢世代に強いられる負担を社会全体で容認しなければならない．それを解消するための政策で政府部門が赤字になれば，勤労世代の貯蓄増が相殺され，経済全体での貯蓄は増えない．経済成長への効果もなくなるし，赤字解消のための税負担が，世代間移転の縮小を通じて勤労世代が享受する利益さえも打ち消してしまう[34]．

社会保障のマクロ経済効果については定説と呼べるものがない代わりに，理論的な根拠が薄弱で，思い込みに近いような議論がまかり通っており，社会保障のメリットについて十分に認識することなく公的な負担の軽減ばかりに議論が集中する傾向がある．制度の詳細に注意を払った分析が不可欠であることを改めて強調して本章を締めくくりたい．

1) 一部，現金給付と現物給付に明確に分類できない支出（雇用促進のための支出や労働者訓練への補助金など）があるため，現物給付と現金給付の構成費の合計が100％になっていない．
2) 純社会支出の推計方法の詳細は，勝又・石井（2002）を参照せよ．
3) 純社会支出の対GDP比は，間接税負担の控除に対応して分母のGDPにも要素費用表示の値を用いている（公的社会支出の場合は，市場価格表示の値を用いている）．
4) より詳細な解説は，Stiglitz（2000）や小西（1998）を参照せよ．
5) 逆に，保険会社が被保険者のリスクをある程度判別できるとき，クリーム・スキミングと呼ばれる問題も起こりうる．これは保険会社がリスクの低い個人だけを狙って保険を販売しようとして，リスクの高い個人が保険に入れなくなるという非効率である．
6) 厚生労働省『平成17年 所得再分配調査』によれば，1993年の調査以来，所得分配の不平等度を表すジニ係数は上昇基調にあるが，政府の再分配政策によって格差拡大が抑えられている．とくに，ジニ係数の改善度を税による部分と社会保障による部分に分解すると，税による改善度は停滞しているが，社会保障による改善度は大きくなってきている．
7) ただし，データの制約上，チェコ，ハンガリー，ポーランド，スロヴァキア，トルコ，韓国，メキシコの7カ国は除外した．ドイツの東西統合以前は，西ドイツのデータを用いている．

8) 経済成長理論についての解説は，たとえば Blanchard（2008）などの標準的なマクロ経済学の教科書を参照せよ．
9) 念のため経済成長理論の知識がある人向けに書いておくと，ここで筆者が念頭に置いているのは資本蓄積の外部性を考慮した内生的成長モデル（しばしば AK モデルと呼ばれる）である．
10) この効果は日本の場合，在職老齢年金制度のあり方を論ずる際に問題になる．詳細は，本書第 I 部 2 章を参照せよ．
11) この考え方はリカード・バローの等価命題と呼ばれ，政府による世代間の所得移転が実物経済には何の影響も与えないと主張する．詳しい解説は Stiglitz（2000, ch. 28）を参照せよ．
12) 計量経済学に詳しい人のために書いておくと，係数の t 値は -1.55，p 値は 0.136 である．
13) このような主張は Sanchez-Losada（2000）などで展開されている．
14) 社会保障と経済成長についての詳細な検討は，宮島（1992，第 2 章），Atkinson（1995）が有益である．本章の議論は後者によるところが大きい．
15) 日本の統計では国民所得で割った値を用いることが多い．国民所得は市場価格表示の GDP から間接税マイナス補助金，資本減耗，海外に対する所得純移転を差し引いて計算されるから，とくに高率の付加価値税を持つ国では国民負担率は低めに算出される．
16) 国民負担率は租税負担率と社会保障負担率の和だが，社会保障負担率は社会保障サービスを調達するための一部の負担しか反映していない．日本の場合でも，国民年金の国庫負担，医療費の公費負担など，社会保障負担率にはカウントされない財源で社会保障給付が供給されている．
17) 給付とのリンクが不明確という意味では，公的なサービスの不足を補うために行われる，家族内での育児や介護のサービスにかかる費用（機会費用も含む）も加えるべきという考え方もありえよう．
18) ここでの議論は内国債を仮定している．公債負担論の詳細については，たとえば貝塚（2003）を参照せよ．
19) 将来世代の負担を厳密に解釈するなら，小塩（1998）がいうように，財政赤字よりも政府部門の純債務を将来世代の負担として，潜在的国民負担率を計算する方が正確かもしれない．
20) この点は，かつてリカード・バローの等価命題に対して Feldstein（1976）が提起した問題である．
21) 負担だけでなく受益も世代別に捉える世代会計の考え方もある．これについては小塩（1998）を参照せよ．
22) ここで企業年金の掛け金を除外しているのは，その収益率が保険数理的にフェアなものである限り，将来の給付によって相殺されるため，資源配分を歪める要因とはならないからである．
23) たとえば最近の研究では，Disney（2004）は公的年金の保険料が雇用に対する

税として作用しているかどうか実証的に研究し，再分配効果の弱いビスマルク型の年金制度のもとでは雇用を歪める効果が小さく，再分配効果の強いビバリッジ型の年金制度のもとでは大きいという結果を得ている．
24) 国民負担率の高さそれ自体が経済成長を阻害するという議論もあるが，国民負担率は社会保障の規模とほぼ並行して上昇してきているから，国民負担率と経済成長率との相関関係は，社会保障支出の対 GDP 比と経済成長率とのそれとほぼ同じようになる．
25) 近似直線の具体的な方程式の係数は 0.216 である．t 値は 1.73 で，90% の有意水準では，統計的に有意と判定される．
26) すでに国民負担率について議論した際にも述べたように，これら以外に医療費の自己負担や介護サービスの利用料なども社会保障給付の財源だが，ここには含まれていない．
27) 被保険者拠出には，被用者および自営業者の拠出分と年金受給者の拠出分が合計されている．
28) スペイン，ポルトガル，ドイツでは既に，社会保険料を引き下げる，あるいは据え置く代わりに，不足する財源を付加価値税の増税で賄う政策が 1990 年代の終わりに相次いで実施された．フランスではサルコジ大統領の登場とともに，同様な目的を持つ社会的付加価値税（TVA Sociale）の導入論に火がついた．
29) 小西（2009，第 11 章）は，消費税による財源調達が高齢化に伴って政治的に選択されやすくなるメカニズムを理論的に論じている．
30) ただし公的年金の物価スライド制を前提にすると，消費税の引き上げによる世代間公平の確保には限界がある．消費税率の上昇に伴って年金給付額も増額されるからである．
31) ドイツやフランスで消費税シフトに支持が集まったのも，EU の経済統合が企業の国際的競争を一層活発化したからである．
32) 若年世代の 1 人あたり賃金が増える場合には，給付は（1+人口増加率+賃金増加率）万円になる．
33) ただし，賦課方式を積立方式に切り替える過渡期には，いわゆる二重の負担が発生する．この処理に要する費用が大きいと，必ずしも財政方式の切り替えが望ましいとはいえない．詳細については，本書 III 部 10 章を参照せよ．
34) この議論の詳細は，小西（2002）を参照せよ．

文献

Atkinson, A. B. (1995) "Is the welfare state necessarily a barrier to economic growth?" A. B. Atkinson, *Incomes and the Welfare State : Essays on Britain and Europe*, Cambridge University Press.

Blanchard, O. (2008) *Macroeconomics*, 5th edition, Printice Hall（鴇田忠彦ほか訳（1999）『マクロ経済学』東洋経済新報社）．

Disney, R. (2004) "Are contributions to public pension programmes a tax on em-

ployment?" *Economic Policy*, 39, pp. 267–311.
Eurostat（2008）*European Social Statistics: Social protection, Expenditure and receipt, Data 1997–2005*, European Commission.
Feldstein, M.（1976）"Perceived wealth in bonds and social security: a comment," *Journal of Political Economy*, 84, pp. 331–336.
貝塚啓明（2003）『財政学』［第3版］東京大学出版会.
勝又幸子・石井太（2002）「社会保障支出の国際比較──OECDの新しい視点に学ぶ」（上・下）『週刊社会保障研究』No. 2210, 2211, pp. 48–51.
小西秀樹（1998）「年金制度の経済理論──逆選択と規模の経済」大槻幹郎ほか編『現代経済学の潮流1998』東洋経済新報社, pp. 111–157.
小西秀樹（2002）「年金改革における3つの等価定理」『会計検査研究』第26号, 会計検査院, pp. 7–23.
小西秀樹（2009）『公共選択の経済分析』東京大学出版会.
宮島洋（1992）『高齢化時代の社会経済学──家族・企業・政府』岩波書店.
OECD（2008a）*Social Expenditure Database, version 2008*, OECD.
OECD（2008b）*Revenue Statistics 1965–2007*, OECD.
小塩隆士（1998）『社会保障の経済学』［第1版］日本評論社.
Sanchez-Losada, F.（2000）"Growth effects of an unfunded social security system when there is altruism and human capital," *Economics Letters*, 69, pp. 95–99.
Stiglitz, J. E.（2000）*Economics of the Public Sector*, 3rd edition, Norton（藪下史郎訳（2003）『公共経済学』［第2版］東洋経済新報社）.

2章　社会保障のミクロ経済学

駒村　康平

社会保障制度は，市場の失敗への対応，所得再分配，最低生活の保障という機能を果たしている．個々の社会保障制度は，現金や現物サービス給付，社会保険料の負担，費用負担を通じて，家計や企業の行動に様々な影響を与えている．本章では，市場の失敗，所得再分配と社会保障制度が家計や企業に与える影響について，基礎的な視点を提供するものである．

1　社会保障制度の仕組みと役割

(1)　社会保障制度の仕組み

人々は，基本的には就労，貯蓄，家族内の助け合いなどの私的な生活保障手段で日々を過ごしている．しかし，市場の失敗により，市場では対応できないような事柄，予測できない事故やあるいは生まれながらの障害，不利に対応するために，公的主体による生活保障制度として社会保障制度がある．現実の社会保障制度は，様々な仕組みから成り立っているが，①社会保険，②公的扶助，③社会手当・サービスの3つに大別できる．簡単にその仕組みを説明すると，①社会保険は，事前に加入者が保険料を支払うことを条件に，事後的にリスクが現実のものとなった場合に，現金や現物の給付を受ける仕組みである．②の公的扶助は，税を財源に所得や資産が低いものに限定して現金給付や現物給付を行う仕組みである．③社会手当・サービスは主に税を財源に，一定の資格や条件を満たしたものへ現金給付を行う仕組みである．

(2)　所得再分配と社会厚生関数

社会保障制度の目的は，市場の失敗への対応と所得再分配である．今日の社

会保障制度においても，所得格差，貧困の拡大への対応が重要な課題となっている[1]．

厚生経済学の第一基本定理は，完備市場における競争均衡配分はパレート効率的であるというものである．次に，第二定理は，最初に富の再分配を行えば，その後，完備市場に任せることにより，任意のパレート最適配分を達成できるというものである．第一定理が成立するためには，完備市場のための前提条件を満たさなければいけないが，実際には様々な要因により非効率な状態が発生する．このような市場の失敗の原因には，独占，消費・生産の外部性，情報の非対称性があり，後述するように社会保障制度は，こうした市場の失敗への対応手段である．一方，厚生経済学は，再分配について，何が良い再分配かという価値判断を回避している．

所得分布を記述するためには，ローレンツ曲線が使われることが多い．図1は，横軸に最低所得者から最高所得者へとならべた累積分布率，縦軸に最低所得者の所得から最高所得者の所得へとならべた累積分布率をプロットしたローレンツ曲線である．もし，所得が完全に平等分配されているならば，ローレンツ曲線は原点からスタートする対角線となる．不平等であるほど，ローレンツ曲線は対角線から外れる．所得分布の比較を行う際には，一方のローレンツ曲線が，すべての領域で他方のローレンツ曲線を下回ることがなければ，すなわち，図1の分布Aのローレンツ曲線に比較して，分布Bのローレンツ曲線のほうが不平等は小さいということになる．しかし，図1のように，低所得層で所得不平等が大きくて，高所得層で不平等が大きい分布Aと，低所得層で不平等が大きいが，高所得層で小さい分布Cで，両者のジニ係数が同じで，ローレンツ曲線が交わる場合，どちらの所得分布がより不平等なのか評価できなくなる．

このように所得分布の不平等度をどのように評価するかについては，価値判断が明示される必要があり，それはその社会の「社会厚生関数」で定式化される．図2の効用フロンティアは，他者の効用が与えられた時にある個人が達成可能な最高の効用水準の組合せである．CからDへの移動は，パレート改善であり，高所得者も低所得者もいずれも効用は改善する．しかし，Aがよいかがよいかという判断はできない．AからBへの所得再分配政策を正当化

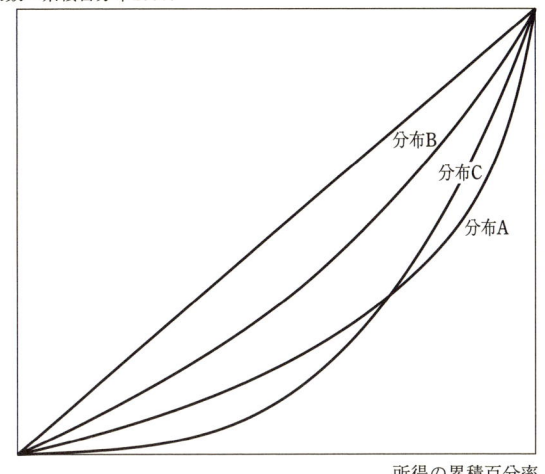

図1 ローレンツ曲線が交わるケース

するためには，社会厚生関数を想定する必要がある．社会厚生関数には無数のタイプが考えられるが，2つの典型的なタイプとしてロールズ型社会厚生関数とベンサム型社会厚生関数がある．ロールズ型は，社会のもっとも貧しい人々の厚生の向上に焦点を置いた考え方である．もっとも貧しい人々の厚生が改善されない限りパレート改善ではないと考える．ベンサム型は，最大多数の最大幸福という考え方に基づき，社会厚生は等しくウェイトがつけられた個人の効用の総和であるとするものである．図2は，ロールズ型社会厚生関数の無差別曲線とベンサム型社会厚生関数の無差別曲線，一般的な社会厚生関数の無差別曲線である．所得再分配政策により，社会的に望ましい分配は，効用フロンティアの上で，社会厚生が最大になる点を達成する状況である．

このような社会厚生関数と関連づけた不平等尺度の開発が行われるようになっており，代表的なものとしてアトキンソン尺度がある．アトキンソン尺度は，加法分離対称型の社会的厚生関数にもとづいた尺度であり，低所得者層に対する重み付けのパラメーターを変えることができるという利便性をもっている[2]．

さらに，所得格差ではなく，貧困についての指標も開発されている．①貧困

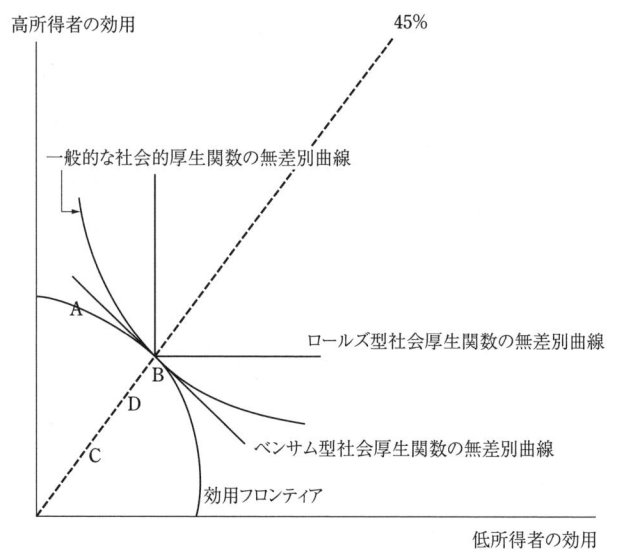

図2 社会厚生関数

線以下の人々が人口に占める割合を示した貧困比率,②社会にどの程度の所得があれば,貧困者全員が貧困線を抜け出すことができるかということを示した貧困ギャップ比率,③貧困層内のジニ係数を利用したセンの貧困指数,さらに④カクワニ指数,⑤FGT 指数なども開発されている[3].

2 社会保障給付の形態

社会保障給付の形態としては,現金を給付する現金給付と現物サービスを給付する現物給付がある.ここでは,現金給付と現物給付といった給付形態に着目して考えてみよう.具体的には,年金,生活保護,失業給付,休業給付,住宅手当,児童手当などが現金給付であり,医療サービス,介護サービス,保育サービスなどが現物給付で提供されている.

(1) 現金給付中心の社会保障制度

一般に,社会保障給付の給付形態として,現物給付と現金給付を比較すると

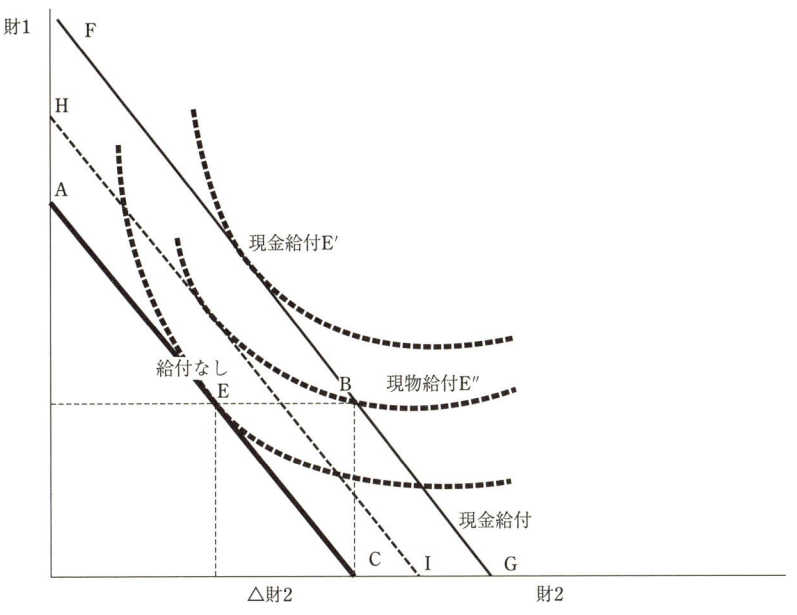

図3 現金給付と現物給付の比較（1）

現金給付の方がより効率的であるとされている．これは，図3を使って説明できる．縦軸に財1，横軸に財2の消費量とする．AC が公的な給付がない場合の予算制約であり，家計が選択する均衡点は E となる．ここで，財2について，政府が現物で給付すると，ABC が選択可能な組合せになり，財2の消費量が増え，E″ で均衡する．しかし，この財2を提供するために必要な費用を現金で給付すると財2の価格×Δ2 となり，FG が選択可能な組合せになる．この場合，新しい均衡点は E′ となる．この現金給付の無差別曲線の方が，現物給付の無差別曲線より上位にくるため，現金給付の方が効率的となる．あるいは，現物給付と同じ効用水準が現物給付より低い予算 HI で達成可能になる．

このように，現物給付より，受給者の選好に任せて，自由に選択させる現金給付の方が，受給者の立場から見れば，一般的に効率的である．そこでは，どのような財の組合せでも，受給者の選好，自由な選択に委ねることが望ましいという想定がある．年金や失業給付，公的扶助における現金給付は個人の好みや生活の多様性を反映させるために，現金給付によって行われるべきである．

図4 現金給付と現物給付の比較（2）

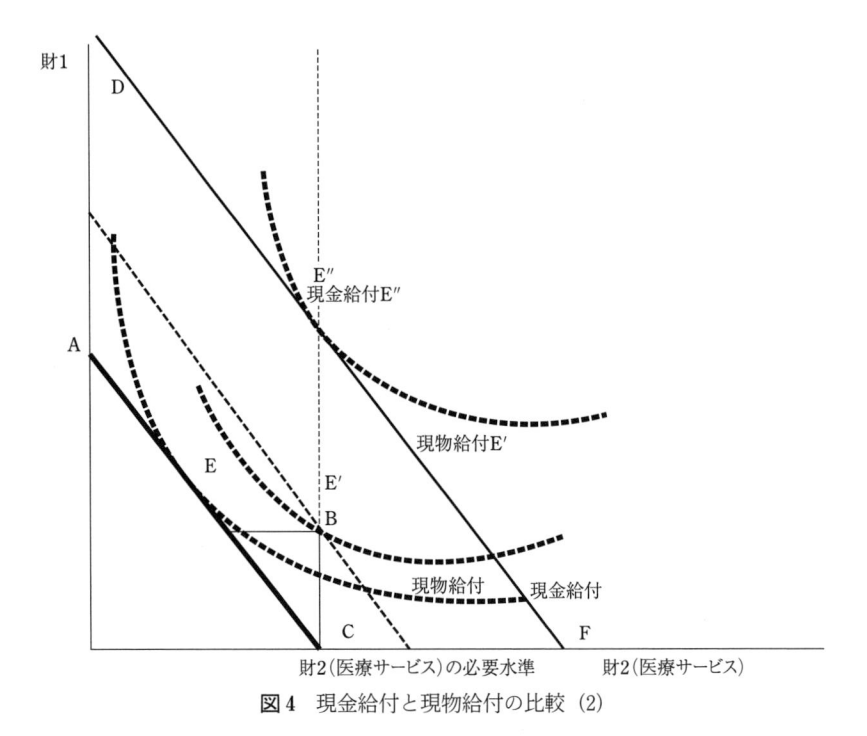

一方，医療サービスの費用をまかなうために医療費の現金給付がなされた場合，医療のために消費されようが，その他の財の購入，たとえばアルコールに消費されようが，受給者の自由に委ねられる．

(2) 現物給付が優位になる要件

では，現金給付よりも現物給付が優先されるケースはどのような場合であろうか．図4は，社会保障制度の目的が，必ず医療サービスの必要水準を提供することである場合，ABCの現物給付の方が，DFの現金給付より，少ない費用で達成できることが確認できる．政府が，確実に制度の所期の目的を達成する，すなわち，受給者に特定の財を給付したいと望む場合は，現物給付をした方が効率的になる．

このように，①対象になる財が利用者の選択，情報処理能力に限界があり，現金給付では制度の所期の目的が達成されないメリット財の場合，そのほか，

②現物給付でなければ達成できない外部性が存在する，さらに③情報の非対称性や独占といったサービス市場に市場の失敗が発生するといった場合にも，現物給付が優先されることになる．

3　市場の失敗と社会保障

　市場の失敗は，独占，情報の不完全性，消費・生産の外部性によって発生するが，特に，社会保障の分野では，情報の不完全性と消費・生産の外部性が重要になる．

(1) 保険市場における情報の非対称性と社会保険の必要性

民間市場の失敗
　病気や事故といったリスクに直面した場合，リスク回避的な人は自発的に民間保険に加入する．一方，保険会社によって提供される保険料は，保険数理的に決定され，リスクの程度と潜在的な損害の大きさによって決まる．例えば，自動車保険の保険料は，①運転が乱暴で，事故を起こしやすい人には高くなり，②さらにベンツなどの潜在的な損害額の高い車に対しても高くなる．個人が自主的に保険に加入し，保険料が保険数理的に計算されて提供される限り，保険市場は機能し，政府の介入する根拠はない．
　しかし，バー（Barr, 2001）は，以下のような条件が満たされないと民間保険は，非効率となったり，存在できなくなり，政府が介入する必要が出てくるとしている．
　リスクの性格　保険が成立するためには，リスクが「確実なもの」でなく，さらに「不確実性」であってもならない．まず，「確実なもの」とはリスクが現実のものとなっている場合，保険をかけることができない．医療保険を例にすると既往症は保険の対象外になる．次に不確実性であるが，保険は，保険事故の発生確率が事前にはわからないような「不確実性」には対応できない．保険事故の確率があらかじめわかっている「リスク」にのみ保険は成立する．保険事故が，①極めて稀なもの，②複雑なもの，③非常に長期的なものでは，民間保険を設計できない．さらに，加入者個々人のリスクが独立したものでなけ

れば民間保険の設計は困難である．バーは，長期的な保険事故としては介護を，そして，個々のリスクが独立していない例として，インフレーションを挙げている．

逆選択による市場の失敗　仮に統計的にリスクを認識できたとしても，情報の非対称性により，市場が失敗する場合もある．例えば疾病時の医療費を補償する医療保険制度に任意に加入する場合，保険会社が加入希望者の健康状態を観察し，健康状態が悪い人は，リスクが高いため保険料を高く，健康状態が良い人は保険料を低く設定する．しかし，保険者がこうした加入希望者の健康状態を観測できない場合，どうなるであろうか．保険者は健康状態にかかわらず，加入者全体のリスクに応じた保険料を設定することになるであろう（プーリング均衡）．この場合は，健康状態が悪い人は保険料が割安と感じ，健康状態が良い人は保険料が割高と感じるであろう．この結果，医療保険に加入する人は，健康状態の悪い人ばかりとなり，民間保険制度は成り立たなくなってしまう．このように，保険にハイリスクばかりが集まることを逆選択という．同様な問題は，年金保険でも発生する．今度は，寿命の長い人，すなわち高いリスクの人々は，年金保険に入るメリットが多くなり，短命の人々にとっては，メリットは小さい．こうした逆選択を防止するために，社会保険制度は，加入の選択を認めない強制加入の仕組みをとっている．

モラルハザード　情報の非対称性の問題では，もう1つモラルハザードの問題がある．保険に入ると，仮にリスクが現実になっても，その費用は保険によってまかなわれるため，保険事故を予防せず，そうした行動を保険者側が確認出来ない場合，加入者は安易に保険事故を発生させてしまうことになる．保険加入自体が，保険事故のリスクを高めてしまうことになる．こうしたモラルハザードを防止するためには，保険適用範囲の限定（自己負担，給付制限）や頻繁に保険事故を発生させる加入者の保険料の引き上げ（メリット制度）などがある．

社会的なリスクへの対応　社会保険の特徴は，カバーするリスクが時とともに変化する点である．長い時間の中で発生する，家族の変化や医療技術の変化といった社会状況の変化，不確実性にも対応するのが社会保険の役割である．また，社会によって作り出されるリスクもある．失業や退職は社会が作り出すリ

スクである．失業は，産業構造や技術変化によってもたらされる場合もある．失業保険は，人々に競争力を失った仕事から離職させ，新しい技術に対応することを促し，経済成長に寄与することになる．しかし，長期的にどのような産業や技術が浮沈するかはリスクというよりは不確実性である．退職についても，労働市場の整備に関わる部分もあり，必ずしも個別リスクではない部分もある．さらに，非自発的な失業は，インフレ同様に，景気の影響を受けるため，一斉に多くの労働者が同時に失業するという共通リスクの性格もある．これら社会的なリスクへの対応も社会保険の役割となる．

危険選択・クリームスキミングの問題

保険が加入希望者のリスクを観察することができると，逆選択は発生せず，むしろリスクの低い加入希望者だけと保険の契約を結ぶことになる．現実に，民間保険は，様々な情報を使い，虚弱者，危険度の高い職業に従事している人を排除しようとする．民間保険会社による危険選択の方法は，大きく①商品設計・販売条件による選択，②情報収集による選択，③危険評価による選択，④契約後の確認による選択である．このように，危険選択が行われると，高いリスクの人々や既往症を持つ人は高い保険料を支払ったり，保険加入が困難になる．また，危険選択を行う保険会社と危険選択を行わない保険会社が併存する場合は，リスクの高い人々は，危険選択を行う保険者から追い出され，危険選択を行わない保険会社に集中することになる．このことをクリームスキミングという．例えば危険選択を行う民間保険のみが，医療保険を提供している場合，不健康で低所得の人々が保険にアクセスできなくなることを，再分配政策上，社会的に望ましくないという判断があれば，こうした場合にも政府の介入の必要性が出てくる．

(2) **社会保険の仕組みと特徴**

以上のような理由から，政府が介入・規制あるいは直接保険を提供する社会保険制度が存在することになる．民間保険と社会保険の違いを整理すると，民間保険では，①給付・反対給付均等の原則，②保険技術的公平の原則，③収支相当の原則，の3つの原則が基本原理となっているが，社会保険では，この原

則は貫かれていない．

民間保険では，加入者が支払う保険料と保険事故発生の際に支払われる保険給付の数学的期待値が等しく，また加入者のリスクの高低により，保険料が決まるという①給付・反対給付均等の原則と②保険技術的公平の原則が成立している．一方，社会保険では，保険料は，個々の加入のリスクとは関係なく，加入者全体のリスクと所得などの負担能力によって決まる．さらに，民間保険では，保険事業の支出はすべて保険料収入とその運用益で確保されるという③「収支均等の原則」が成立しているが，社会保険では，その費用の一部が国や地方自治体の負担でまかなわれることもある．このように社会保険制度では，①強制加入，②応能保険料あるいは定額保険料，③個別リスクと保険料の関係は遮断されているのが一般的である．ただし，例外的なのは，労災保険である．労災保険料の保険料は，産業別の労災発生率の違いをある程度，保険料に反映する仕組みとなっている．また労災を引き起こすと以降の保険料が上昇するというメリット制度の仕組みとなっている．

(3) 様々な社会保険

社会保障制度における社会保険制度としては，現金給付を基本にする年金保険，雇用保険，労災保険と現物給付を基本にする医療保険，介護保険がある．それぞれの性格を簡単に紹介しよう．

年金保険

年金保険は，①予想以上の長寿により，貯蓄が枯渇するリスクへの対応をする老齢年金保険，②主たる稼得者が死亡し，扶養される家族が残された場合の生活費保障のための遺族年金，③障害によって働くことができなくなった場合に生活保障を行うための障害年金があり，長期給付の性格がつよい．

雇用保険

雇用保険は，失業時の所得保障を行うための保険である短期給付となっており，従前所得の一定割合の所得保障について，年齢別，勤続年数別に定められた期間給付を行う．

労災保険

労災保険は，就労に際し，傷病や怪我を負った場合，その治療費や求職中の所得保障，さらに，障害が残り就労が困難になった場合の所得（年金）を保障する仕組みであり，長期・短期給付いずれもある．

医療保険

医療保険は，病気になった場合の必要な医療サービスや仕事を休む間の所得を保障する役割を果たしている．医療保険制度には，一部自己負担を伴う場合がある．医療費の一定割合について自己負担するタイプの医療保険のメリットは，医療サービスの需要の価格弾力性に左右され，弾力性が小さいほど，保険加入のメリットは大きい．逆に需要の価格弾力性が大きい場合，自己負担の割合を引き下げると医療サービス需要が増加し，医療費が増大し，保険料は増加する．一般に，重症より軽症のほうが弾力性は大きいとされている．

医療サービスでは，サービス内容について，医師と患者の間に情報の非対称性の問題がある．特に医療サービスからの報酬が出来高方式の場合，医師が必要以上の医療サービスを提供する可能性もある．これを医師誘発需要という．患者の自己負担は，患者に費用意識をもたらし，医師誘発需要を抑制する効果がある．また，被保険者の健康意識を高め，予防努力を高める可能性もある．他方，自己負担がもたらす問題としては，早期受診・治療を遅らせ，重度化につながること，価格弾力性が低い場合は，自己負担分が患者にシフトすることになるため，低所得者，慢性患者に不利になる．自己負担の引き上げにより，医療費が患者へシフトするだけなのか，患者・病院の行動を変えて不必要な医療サービスを抑制し，医療費節約になるのかは実証研究によって確認される必要がある．

介護保険

介護保険は，介護が必要となるリスク（要介護リスク）に対する保険である．要介護認定に基づき，医療保険同様に一部自己負担を伴うが，介護サービスの利用を保障する．

4 社会保障制度が経済主体に与える影響

社会保障制度は、その負担と給付を通じて家計・企業に様々な影響を与える。特に家計に対しては、消費・貯蓄計画、資産選択、就業行動、引退行動といった経済活動のみならず、家族のあり方に影響を与える可能性もある。たとえば、年金制度の充実は老後の不安を取り除くため、子どもの数を減少させたり、子どもとの同居にも影響を与える可能性もある。

(1) 様々な所得保障制度の給付設計

所得保障の形態

実際の所得保障の制度は、大きく①ミーンズテスト付き給付、②条件付き給付、③普遍的給付などに大別することができる[4]。

①ミーンズテスト付き給付とは、生活保護などが代表的であるが、一定の所得や資産に満たない世帯にのみ給付を行う仕組みである。この給付は、生活困窮者を集中的に支援できる一方、就労して所得が増加すると給付がカットされてしまうため、就労意欲を減退させ、「貧困の罠」に陥らせる可能性がある。

一方、②条件付き給付は、一定条件を満たした人に給付を行うものである。日本では、児童手当が子どもを持つ一定所得以下の世帯に所得保障を行っている。給付条件を就労に結びつけ、就労している一定所得以下の世帯に補助金を出す負の所得税という考えもある。英国や米国などでは、負の所得税のアイデアに基づいて、「福祉から就労」（ワークフェア）を目的に様々な給付税額控除の仕組みが導入されている。③普遍的給付は、代表的なものとしては、社会保険方式に基づくものであり、保険事故が現実になった場合、資産や所得などの制限なく、給付されるものである。

様々な所得保障制度の給付設計

以上、3つに大別される所得保障制度であるが、実際の制度は、①給付額、②受給資格・所得制限・資産制限、③受給期間、④物価・賃金スライドによる実質価値の保障によって特徴づけられる。

①給付額　給付額は，大きく定額の給付と現役時代や働いていたときの所得に比例した従前保障給付の2種類がある．定額の所得保障は，国民共通のユニバーサルな性格があり，基礎年金，児童手当などである．従前所得を保障する給付方式は，主に正社員向けの社会保険である厚生年金，雇用保険などであり，受給額は，加入期間と従前所得に比例する形の給付建て制度となっている．

②受給資格・所得制限・資産制限　社会保険による給付は，基本的に保険事故の有無と保険料の拠出実績によって決まるため制限は少ない．ただし，保険事故の種類には，退職，失業といったいくぶんか被保険者自身の選択的なものと年齢，障害といった本人には選択できないものがある．また社会保険の場合，拠出の実績も重要である．年金のような長期の保険は，比較的長い期間の拠出実績を条件づけているが，雇用保険，労災保険のような短期保険は，受給条件となる拠出期間はあまり長くない．

所得制限・資産制限などの受給制限は社会保険では強くない．一方，社会手当である児童手当等には所得制限があるが，資産制限はない．母子世帯向けの児童扶養手当は，所得に応じ金額が減額される仕組みとなっている．

③受給期間　老齢年金給付，被用者保険の遺族給付，障害給付は，終身であったり，被扶養家族の状態であったり，あるいは障害が残っている期間とされ，一律の期限の制限はない．また，雇用保険の受給資格期間は1年であり，実際の支給日数は加入年数や就業の難度に応じて設定されている．社会手当は，受給者がその資格を満たしている限り受給できる．

④スライド・実質価値の保障　経済変動に応じて賃金や物価は変動するため，保障する所得額が固定されていると，物価の上昇などにより実質価値が低下していく．したがって，長期間にわたる所得保障の金額は，賃金や物価などに連動している．長期給付である厚生年金，労災保険については賃金スライドがあり，国民年金については，物価スライドがある．

(2)　社会保障制度と家計の貯蓄・資産選択

家計は，現役時代に賃金で得られた所得を消費し，日々の生活を行うが，老後に向けて貯蓄も行う．家計がリスク回避的であれば，病気や失業，予想以上の長寿など様々なリスクに対応するために貯蓄した資産を運用したり，保険を

購入する．家計は，老後，貯蓄を取り崩して生活していくが，何歳まで自身が生きるかわからないため，長生きすることによって貯蓄が枯渇するリスクに直面している．この問題を解消するためには，保険料をあらかじめ支払い，その資金を積み立てて長期運用し，生存している限り年金を支払うといった民間の終身年金保険があれば，現役時代に保険料を支払い，高齢期に年金を受給することにより，貯蓄に代替できる．多くの加入者が保険に加入することにより，長寿リスクは分散し，早く亡くなった人から長生きした人に所得が移転される．もちろん，老後に貯蓄で終身年金を購入しても同じである．しかし，こうした民間保険では，先に述べた逆選択が発生する可能性がある．そのほかにも，積立方式の年金保険には対応できないリスクがある．それは，社会全体の寿命が延びるという長寿リスクである．保険が当初想定した以上に高齢者の死亡率が改善すると，積立金が不足し，終身年金保険の設計は困難になる．例えば，現在20歳の人が終身年金保険に加入した場合，年金の受給開始が2065年として，そこから何年生存するか，21世紀後半の人々の寿命がどの程度伸びるかは正確な予測が不可能である．このような社会全体の寿命が伸びていくリスクを金融市場で吸収するためには，長寿債や長生きリスクの証券化なども検討されているが，現時点で長寿リスクを分散する方法は確立していない．このため，長寿リスクという不確実性を多世代で分担する賦課方式によって運営される公的年金の必要性が出てくる．

このように，賦課方式は寿命の伸長という社会的な不確実性に対応できる．この一方，賦課方式の年金制度は，保険料と給付の対応関係が弱いため，家計の消費・貯蓄行動に影響を与える可能性もある．以下，ミクロ経済学でアプローチをしてみよう．

賦課方式と積立方式の保険料と経済成長率，人口成長率の関係は以下のように整理できる．現役期と高齢期の2期間モデルとする．所得Yが経済成長率gで変動する．保険料率はTとし，人口Lは人口増加率nで変動するとしよう．賦課方式では，保険料収入は$T×(1+g)Y×L(1+n)$となる．また，年金の給付水準は$α$としよう．これは，現役時に対し，高齢時がどの程度の生活水準になるかというもので，年金水準あるいは年金代替率と呼ばれる．年金給付は$α×Y(1+g)×L$となるため，年金財政が均衡するためには，$T×(1+g)Y$

$\times L(1+n) = \alpha \times Y(1+g) \times L$ となる．よって，$T = \alpha / (1+n)$ となる．

　一方，積立方式では，保険料 F とし，積立金は利子率 r で運用されるとする．積立方式でも給付建てを採用し，α の生活水準を保障するとする．積立金の元利合計は $F(1+r)Y$ となり，給付額は $\alpha \times Y(1+g)$ となる．収支が均衡するためには，$F(1+r)Y = \alpha \times Y(1+g)$ となり，$F = \alpha(1+g)/(1+r)$ となる．

　賦課方式の保険料 $T = \alpha /(1+n)$ と積立方式の保険料 $F = \alpha \times (1+g)/(1+r)$ との大小関係は，$T \gtreqless F$ は $r \gtreqless n+g$ となる．

　したがって，$r < n+g$ の状態，すなわち，利子率より人口成長率や経済成長率が高ければ，T は F より小さくなり，賦課方式が有利になる．しかし，人口成長率や経済成長率が鈍化すれば，賦課方式の保険料が上昇し，賦課方式は不利な制度になる．そこで，保険料の上昇を抑えるためには，政府は，1985年以降の年金改革では，賦課方式の年金水準である α の切り下げを行っている．

　人口構成の変化により，年金制度の保険料と給付が変化するが，それは当然，家計の消費・貯蓄にも影響を与える．

　次に，賦課方式の年金制度の導入が，家計の消費・貯蓄に与える影響を見てみよう．

　現役期の所得，消費，貯蓄を Y_1, C_1, S_1 とし，利子率は r とする．人口成長率は n とし，経済成長の効果は除外しておこう（$g=0$）．

$$Y_1 = C_1 + S_1$$

老齢期の所得 Y_2，消費 C_2 とする．

$$C_2 = Y_2 + (1+r)S_1$$

賦課方式年金がない状態では，家計の生涯予算制約式は

$$C_1 + C_2/(1+r) = Y_1 + Y_2/(1+r)$$

となる．

　次に，賦課方式の年金を導入すると，年金保険料が T，年金給付額が P となる．

現役期 $Y_1 = C_1 + S_1 + T$
老齢期 $C_2 = Y_2 + P + (1+r)S_1 + P$
ただし，$P = T(1+n)$
$C_2 = Y_2 + (1+r)S_1 + T(1+n)$

そこで，生涯の予算制約式は

$$C_1 + C_2 / (1+r) = Y_1 + Y_2 / (1+r) + T(n-r)/(1+r)$$

となる．

　年金がない状態では，予算制約式 $C_1 + C_2/(1+r) = Y_1 + Y_2/(1+r)$ と賦課方式年金導入後の予算制約式 $C_1 + C_2/(1+r) = Y_1 + Y_2/(1+r) + T(n-r)/(1+r)$ を比較すると，$T(n-r)/(1+r)$ 分だけ，生涯予算制約式をシフトさせることになる（図5）．

　$n > r$ であれば，図5の予算制約式は外側にシフトする．この場合，賦課方式の年金制度は，この世代の効用を改善し，若年期，老齢期の消費がギッフェン財でない限り，消費は増加し，貯蓄は減少する．

　しかし，逆に，人口増加率が低下し，$n < r$ となると，予算制約式は内側にシフトする．この場合，賦課方式の年金制度は，この世代の効用を悪化させ，消費，貯蓄は減少することになる．このように，賦課方式の年金制度は，貯蓄を減少させる効果を持つ．

　実際の賦課方式年金財政の動きを振り返ると，人口成長率が高く，高齢化率が低い時は，保険料も低く設定できたが，人口成長率が低下し，高齢化率が高くなると保険率は上昇している．この場合，現役時代に高齢化率が低かった世代は，老後は，保険料負担以上の給付を受け取ることができる．逆に高齢化率が高い時代に現役時代を過ごした世代は，高い負担をしなければいけなくなる．この結果，世代間の所得移転が発生し，高齢化率の低い時代に現役時代を過ごした世代は，所得移転を受ける．逆に，人口成長率が低下し，高齢化率の高い時代に現役世代を過ごした世代は，マイナスの所得移転ということになる[5]．

　さらに，公的年金制度は資産選択に影響を与える．物価スライドや生存している限り給付をうけることができる老齢年金は，家計にとって安全資産である．

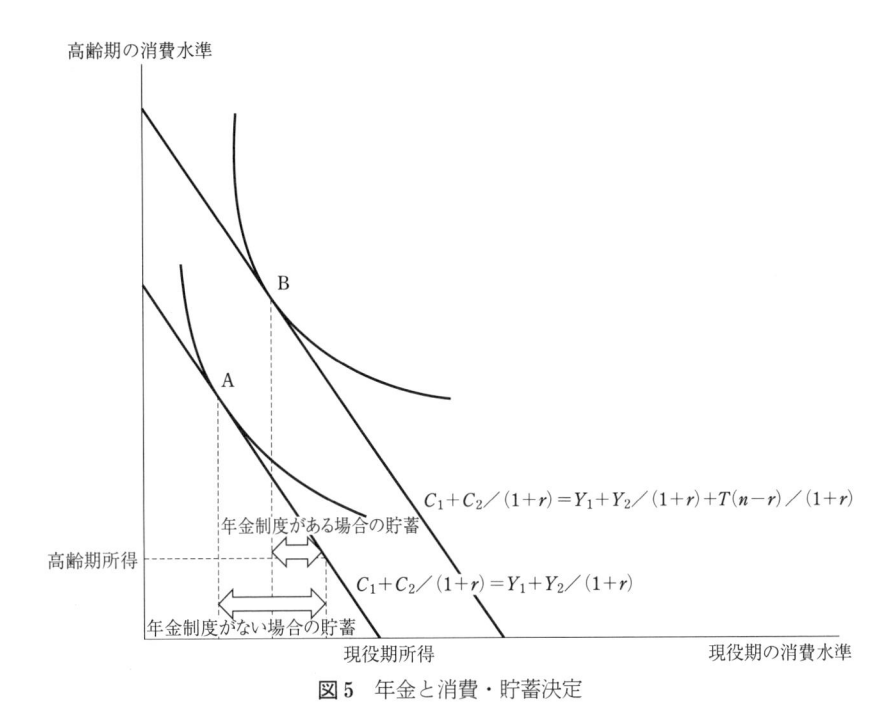

図中ラベル:
- 縦軸: 高齢期の消費水準
- 横軸: 現役期の消費水準
- 点 B, 点 A
- $C_1+C_2/(1+r)=Y_1+Y_2/(1+r)+T(n-r)/(1+r)$
- $C_1+C_2/(1+r)=Y_1+Y_2/(1+r)$
- 高齢期所得
- 現役期所得
- 年金制度がある場合の貯蓄
- 年金制度がない場合の貯蓄

図 5　年金と消費・貯蓄決定

また遺族年金も民間の生命保険,障害年金も民間障害保険の代替的な役割を果たすため,年金制度は家計の金融資産の選択に影響を与える可能性もある.

(3) 社会保障制度が労働供給に与える影響

労働供給の基本的なモデルは,通常,消費と余暇の無差別曲線と実質賃金・非就労所得から構成される.家計は,「働くのか」,「働かないのか」,働く場合は「何時間働くのか」という意思決定を行っている.社会保障制度では,保険料負担などによる実質賃金の引き下げや現金給付といった労働以外からの所得により,就労行動が変化する可能性がある.経済学では,こうした影響を所得効果,代替効果(価格効果),そしてその弾力性という概念で分析する.この影響は基本的な労働経済学では以下のように説明される.

図 6 の横軸に余暇時間(可処分時間−労働時間),縦軸に手取り所得をとる.効用は余暇と所得に依存する.まず,就労所得しかない場合,労働時間は N

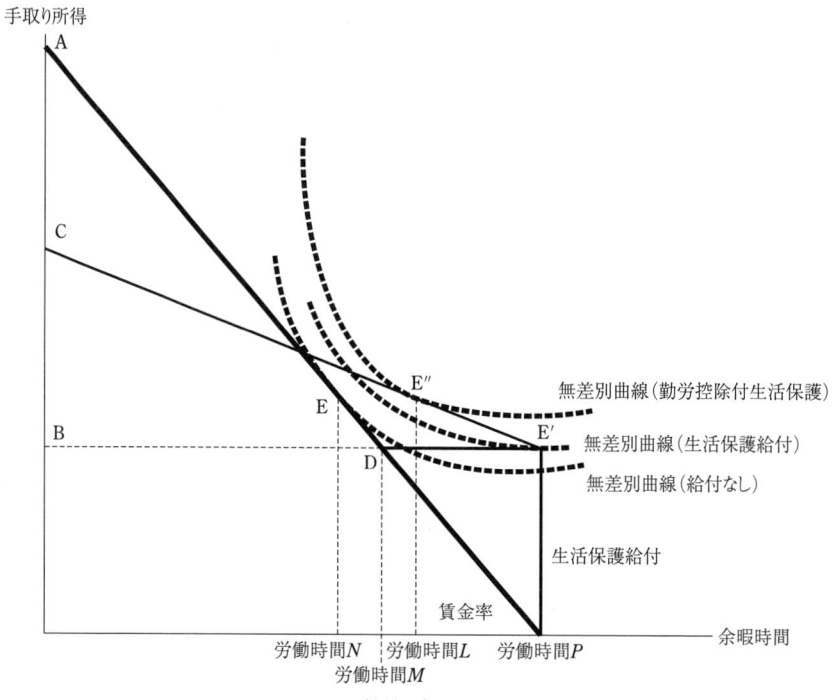

図6 所得保障と労働供給

となる点が均衡点 E である．しかし，勤労控除がない定額の生活保護制度（所得給付）が導入されると，予算制約線は ADE'P と屈折することになる．この場合，労働時間 N でも P でも同じ所得水準となるため，より効用の高い労働時間 P となる均衡点 E' が選択され，就業意欲を引き下げる「貧困の罠」が発生する．そこで，勤労控除を伴う生活保護制度を導入し，所得 B を上回っても，その上回った分の半額しか所得が増えなかったとみなし，生活保護給付を一部しかカットしないような仕組みにすると，予算制約線 CE' のようにした場合，新しい均衡点は E'' となり，より長い労働時間を選択するようになる．

このように，給付設計や，保険料・税負担が実質所得に影響を与え，労働供給を変化させることは，いくつかの研究で確認されている．

また，労働供給モデルを拡張すると，年金が退職に与える影響などにも適用

可能になる[6].

　現実には，①社会保障の給付額が労働所得によって変化する場合や，②社会保険料負担が労働所得に応じて変化する場合がある．前者については，在職老齢年金の仕組みがある．厚生年金の支給開始年齢は，従来は60歳からであったが，高齢化に対応するため徐々に引き上げられている．60歳以降で，部分的に年金を受給できるものの，その金額では生活するのに不十分な人は年金を受給しながら働くことができる．この場合，労働所得に応じて年金額は減額されることになる．かつての在職老齢年金制度では，不連続な給付カットの仕組みがとられており，労働者の直面する予算制約線が折れ曲っていた．清家(1993)は，一定所得以上働くと年金が減額されるため，高齢労働者が労働時間を調整することを確認している．

　②の社会保険料負担の代表的な事例として国民年金の第三号被保険者制度がある．サラリーマンに扶養されている専業主婦（夫）は，国民年金第三号被保険者として，自ら年金保険料を負担することなく，基礎年金を受給する権利を得る．この扶養条件は年収130万円未満ということになっている．このことは，130万円を超えると，月額約1万5,000円の国民年金保険料が発生することを意味している．したがって，国民年金第三号被保険者がパート労働者となった場合に直面する予算制約線が130万円で屈折することになる．無差別曲線の形（余暇選好の強さ）によるが，一部の人は，130万円未満（例えば時給1,000円とすると年間労働時間1,300時間）になるように労働時間を調整する可能性もある．また，個人単位の労働供給モデルに家事生産を組み合わせ，夫婦世帯の労働供給モデルに拡張し，夫婦のうちどちらが，どの程度働くのか，といった家族の経済学という分析も可能になる．

　このように社会保障給付や負担の設計によっては，労働供給に影響を与える可能性もあり，社会保障制度設計においては，なるべく個人や世帯の選択に中立的な制度設計を検討することが求められる．

(4) 行動経済学からのアプローチ[7]

　従来の経済学では，家計や個人は不確実な状況や遠い将来についても合理的な判断ができるという想定を行っていた．しかし，注目されている行動経済学

や神経経済学の研究によると，人間は不確実性や遠い将来に関する合理的な判断あるいは情報処理が苦手であることがわかってきた．さらに人々の選好がどのように形成されるかという「選好形成」，さらにたばこ依存症や生活習慣といった「習慣形成」が研究の対象となっている．目先の誘惑に我慢ができない人々の行動，つまり現在を過大に評価し，現在の選択を後悔するような行動をする人は，双曲割引型効用関数を持っていると理解される．こうした分野の研究蓄積が進めば，社会保険への強制加入や生活習慣病予防といった政府による温情的介入（パターナリズム）の是非，介入のあり方についても新たな研究分野になるであろう．

(5) **社会保険料が企業行動に与える影響**

社会保障制度は労働を需要する企業側にも影響を与える可能性がある．

給付や負担を通じた労働需要の変化

企業は，労働や資本を投入して生産し，利潤を生み出している．このため，社会保障制度による賃金の変化は労働需要に影響を与える．社会保障制度による影響は，①最低賃金制度や残業の割増し賃金などの価格規制による影響，②インセンティブ制度，③社会保険料の企業負担といったものがある．

①**価格規制** 価格規制は，最低賃金制度による規制と残業における割増し賃金制度などがある．

最低賃金は，労働者に最低生活にふさわしい生活を保障する仕組みである．ただし，最低賃金が高すぎる場合，雇用が失われる可能性も指摘される．しかし，これもまた，労働市場の状況次第である．複数労働市場で考えるのか，競争モデルで考えるのか，買い手独占モデルで考えるのかによって異なってくる[8]．労働政策研究・研修機構編（2005）によると，日本の実証研究では，最低賃金の効果は十分に検証されていない．

価格規制のもう1つの例として，残業代の割増賃金率（労働基準法）がある．割増率が低いと業務量が多い場合，新たな労働者を雇うコストより，すでに雇用している労働者に残業をさせた方が企業にとって割安になる可能性もある．残業時間による賃金の割増は，企業側からは残業時間の抑制につながる可能性

はある．逆に労働者側にはかえって残業時間を増やす動機につながるかもしれない．

②インセンティブ制度　社会保障制度では，失業者，高齢者や障害者の雇用を進めるために，企業・労働者に対し，賃金補助などのインセンティブ制度を導入している．その事例としては，障害者雇用率制度や高年齢雇用継続給付制度がある．ただし，こうした賃金補助が対象外の労働者の雇用機会を奪うという副作用もある点は忘れてはいけない．また，もともと企業側への給付を目的としていないにもかかわらず，実質的には企業の労働需要に影響を与える制度もある．先に述べた在職老齢年金であるが，賃金所得と年金の合計で在職年金額が変化する．このため，労働市場が独占的であれば，企業は，賃金を切り下げても，高齢者雇用が可能になる．就労している高齢者にとっても，賃金が切り下げられても，在職老齢年金が減額されないならば，実質所得に影響を与えない．この結果，高齢労働者への所得保障である在職老齢年金が実質的には企業への賃金補助の役割を果たしている可能性もある．

③社会保険料の企業負担の効果　企業が正規労働者を雇用した場合，社会保険・労働保険料の半額もしくは全額を負担する必要がある．たとえば，厚生年金，健康保険，雇用保険は原則，保険料は労使で折半し，労災保険は全額企業が負担することになっている．このため，企業が支払う実質賃金は保険料分だけ大きくなる．日本では，年金や医療保険が職業別に分立しているため，アルバイト，パートなどの非正規社員であれば，厚生年金，健康保険に加入する必要がなく，全額本人負担である国民年金，国民健康保険に加入することになる．このため企業は，労使折半分の費用を節約するため，正規労働者の雇用を減らし，実質賃金のより低い非正規労働者の雇用を拡大する可能性もある．

ただし，経済学においては，こうした社会保険料の負担については，転嫁・帰着まで考える必要がある．

社会保険料の帰着と転嫁

社会保険料の帰着についての標準的な部分均衡分析では，社会保険料をどのような「法定」割合で企業と労働者が負担するかは，「実際にどのような」割合で税を負担するかとは全く無関係である．それを図7によって説明しよう．

図7では,縦軸に賃金,横軸に雇用量を示し,労働供給曲線 (S) と労働需要曲線 (D) が描かれている.社会保険を導入する前の均衡点はA点であり,均衡賃金は $\hat{W}$,均衡雇用量は $\hat{L}$ とする.

ここで,社会保険制度が新たに導入され,各々の労働1時間あたりの賃金 W に対し,社会保険料 T が課せられたとする.しかも,社会保険料 T は「事業主が全額負担する」ことが法律で定められていたとする.企業にとっての労働者1人当たりの人件費 (W_f) は,労働者の1人あたりの手取り賃金 (W_e) と労働者1人当たりにかかる社会保険料 (T) となるはずである.すなわち,

$$\text{事業主にとっての人件費}:W_f = W_e + T$$

となる.企業にとっての労働需要は,W_e ではなく W_f によって決まる.反対に労働者の労働供給は,W_f ではなく W_e によって決まる.したがって,社会保険料 T を課した場合の新たな均衡雇用量は,図7で示されるように L^* に移る.

ここで,企業と労働者が各々,T をどのように負担しているのかその割合(帰着割合)を考えてみよう.企業にとっての帰着は,人件費の増大である BC 分 ($\hat{W} - W_f^*$) であり,労働者にとっての帰着分は,手取り賃金の減少である CE 分 ($W_e^* - \hat{W}$) である.すなわち,$T (= BE$ 分) を課せられた場合の社会保険料の帰着割合は,企業と労働者で各々,BC/BE,CE/BE となる.

このように,企業が全額負担することが法定されていても,実際には労働者も部分的負担していることが分かる.結局その割合は,名目の負担率ではなく,労働需要曲線と供給曲線に依存することになる.

もちろん,以上の分析は部分均衡の枠組であり,一般均衡の枠組で考えた場合,企業が実質的に負担する社会保険料の一部は,さらに財・サービス市場において,消費者に転嫁,すなわち前転される可能性もある.

給付と負担の対応関係の強さ

さらに,社会保険が給付と結びついている点に注目する必要がある.社会保険料の拠出は,それに対応する社会保険給付を伴う.もし,労働者が,社会保険給付の金銭的価値を認識・評価し,対応する社会保険給付もしくは社会保険

図7 社会保険料の帰着

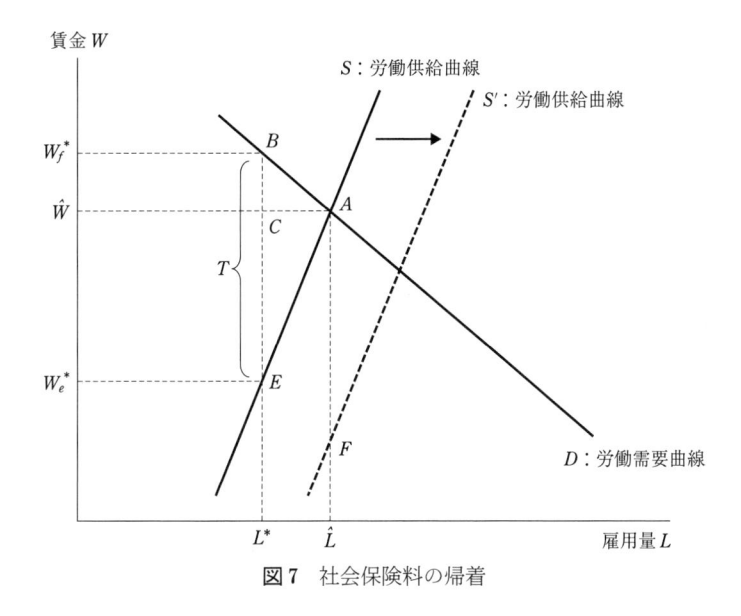

加入に伴う不確実性減少による厚生増大を，実質的な賃金上昇とみなすとすれば，労働供給曲線 (S) は，新たな労働供給曲線 (S') として，右にシフトする．この場合，新しい均衡点は図7の F になる．図7では AF が社会保険料 T に等しくなるように描かれており，社会保険料を課した後も，社会保険制度導入以前の均衡雇用量 $\hat{L}$ と等しくなっている．ここで，労働者の手取り賃金は，$\hat{W}-T$ となり，労働供給が賃金弾力的であっても，社会保険料が100％労働者に帰着する可能性を示している．

このように，税とは異なり，社会保険料拠出では，労働需要と労働供給の価格（賃金）弾力性以外の要因によっても，労働者と企業との間の実際の負担割合が左右される可能性がある．もし，企業の社会保険料拠出分を，社会保険給付（あるいは社会保険加入）の対価として労働者側が認識するならば，賃金弾力性とは関わりなく，労働者側が企業の社会保険料拠出分も実質的にすべて負担している可能性もある．

これまでの多くの実証研究は，社会保険料拠出の企業負担や給与税（payroll tax）のかなりの部分が，労働者に転嫁されていることを確認している．

5 対人社会サービス準市場の課題と政府の介入

　医療，介護，福祉といった社会保障制度における対人社会サービス市場は，消費者が身体的に様々なハンディを持っていたり，サービス提供者と利用者の間に情報の非対称性があるため，様々な規制が導入されている．また，生産・消費が一体に提供され，規模の経済が働くため，人口集積のある都市部では効率的であるが，人口密度の低い地方においては非効率になり，供給自体が存在できなくなる場合もある．このため，政府が対人社会サービス市場に一定の介入をしており，政策変更の影響をうけやすい．たとえば，医療サービスは，公的医療保険導入当初は，保険あって給付なしということにならないように，出来高方式の診療報酬と政府からの資金融資，医科大学による人材育成といった産業振興の色彩の強い政策で，医療サービス供給体制の整備が行われた．しかし，一転，80年代を境に医療費抑制が政策目標になると，診療報酬の見直し，病床規制など規制が行われるようになった．

　一方，介護・保育・福祉の分野は，従来は，税を財源に，行政が利用者を決め，それにサービス提供者を割り当てるという行政割り当て制度，すなわち措置制度で運営されてきたが，90年代後半からの社会福祉基礎構造改革により，措置制度からの脱却がはかられ，より市場メカニズムを活用する傾向となっている．このように，公費を財源にしつつも，公定価格において，利用者が競争的にサービス提供者を選択する仕組みを準市場と呼ぶ．

1) 所得格差に関する実証的な研究としては，大竹（2005），小塩・田近・府川編（2006），貧困研究については，橘木・浦川（2006）が最近の動向を紹介している．
2) 前田（2008）．さらに社会厚生関数とアトキンソン尺度の関係については小塩（2009）を参照せよ．
3) カクワニ指数，FGT 指数については，絵所・山崎編（1998）第3章を参照せよ．
4) 諸外国の所得保障制度については，OECD（2007）が参考になる．
5) 賦課方式の年金は，積立金を持たないため，資本形成を阻害する可能性もある．
6) 動学的な労働供給については，大森（2008）第3章．
7) 行動経済学については，ヴァリアン（Varian, 2005）参照．
8) 大森（2008）第7章参照．

文献

Barr, N. (2001) *The Welfare State As Piggy Bank : Information, Risk, Uncertainty, and the Role of the State*, Oxford University Press（菅沼隆監訳（2007）『福祉の経済学』光生館）.

絵所秀紀・山崎幸治編（1998）『開発と貧困』アジア経済研究所.

Hillman, A. (2003) *Public Finance and Public Policy*, Cambridge University Press（井堀利宏監訳（2006）『入門 財政・公共政策』勁草書房）.

駒村康平・山田篤裕（2005）「社会保険の事業主負担の帰着にかんする実証分析——組合管掌健康保険を例にして」城戸喜子・駒村康平編『社会保障の新たな制度設計——セーフティ・ネットからスプリング・ボードへ』慶應義塾大学出版会.

前田修也（2008）『経済統計入門講座』弓箭書院.

OECD（2005）*Pensions At A Glance : Public Policies Across OECD Countries*, OECD（栗林世監訳（2007）『図表でみる世界の年金』明石書店）.

OECD（2007）*Benefits and Wages 2007*, OECD（日本労働組合総連合会総合政策局訳（2008）『図表でみる世界の最低生活保障』明石書店）.

大森義明（2008）『労働経済学』日本評論社.

大竹文雄（2005）『日本の不平等』日本経済新聞社.

小塩隆士（2009）「分配問題へのアプローチ」『経済セミナー』No. 647, 2009 年 4・5 号.

小塩隆士・田近栄治・府川哲夫編（2006）『日本の所得分配』東京大学出版会.

労働政策研究・研修機構編（2005）『日本における最低賃金の経済分析』労働政策研究・研修機構.

清家篤（1993）『高齢化社会の労働市場——就業行動と公的年金』東洋経済新報社.

Stiglitz, J. (2000) *Economics of the Public Sector : Third Edition*, W. W. Norton & Company（藪下史郎訳（2003）『公共経済学』（上）東洋経済新報社）.

橘木俊詔・浦川邦夫（2006）『日本の貧困研究』東京大学出版会.

Varian, H. (2005) *Intermediate Microeconomics a Modern Approach, 7 edition*, W. W. Norton（佐藤隆三監訳（2007）『入門ミクロ経済学』勁草書房）.

3章　地域経済と社会保障

山重　慎二

1　はじめに

　地域経済と社会保障の問題は，いずれも少子高齢化・人口減少という構造変化に直面する日本の最重要課題の1つである．本章では，これらの問題は実は密接に関連していることを明らかにした上で，2つの問題を一体的に改善していく可能性について考えていく．

　地域経済と社会保障の関係を考える上で重要となるのは，人々の地域選択である．図1が示すように，日本では1970年代初めまでの高度成長期に人々が大量に都市圏に流入した．その後も東京圏への人口流入は，波はあるものの基本的には止まらず，各地域の人口分布・構造を大きく変化させた．この変化は，特に「地方」（以下では都市部から離れた地域を指す言葉として用いる）の雇用，財政に大きな影響を与え，介護や医療などの社会保障サービスにも影響を与えてきた．

　本章では，このような「人口移動」を媒介とする地域経済と社会保障制度の関係を明らかにし，少子高齢化・人口減少という構造変化の中で，社会保障制度を充実させることで，地域経済を再生させるというビジョンを提示する．

　まず次節では人々の地域間移動に関する理論的整理を行う．その理解に基づき，第3節では，日本の経済発展を振り返り，日本における地域経済と社会保障の相互依存関係について明らかにしていく．そして第4節において，上記のようなビジョンが日本で実現することを妨げる制度的要因を明らかにし，ビジョンを実現するための改革の方向性について考える．第5節はまとめである．

　本章では，私が専門とする経済学の観点から，「地域経済と社会保障」の問

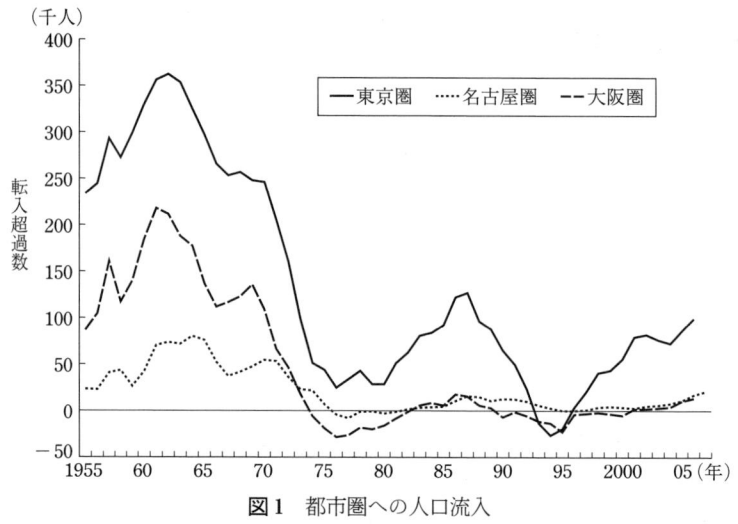

図1 都市圏への人口流入
出所：総務省統計局『住民基本台帳人口移動報告年報』．

題について，近年の研究成果も踏まえながら考察していく．地方分権の観点や社会学的な観点から，「地域社会と社会保障」に関する優れた調査・研究が数多く存在するが，今後ますます重要性を増すと考えられる「地域経済と社会保障」に関する調査・研究は必ずしも多くない．今後の調査・研究のさらなる発展に期待したい．

2 分析の枠組み

地域経済と社会保障の関係を考える上で，地域経済の変容をもたらす「人々の移動」に関する幾つかの理論を理解しておくことは有用である．人々が地域を移動する動機として，経済学的観点からは，市場経済のダイナミズムに起因する要因と，政策に起因する要因の2つが考えられる．以下では，まずそれぞれの要因について整理する．そして，人々の移動と家族・地域社会との関係および自治体の境界線の問題について，それぞれ理論的に整理しておく．

(1) 経済発展と地域間移動

まず，市場経済の要因としては，工業化による人々の移動が考えられる．例えば，新古典派的な2地域経済モデルでは，人々の移動費用が小さいならば，都市部での工業化にともなう賃金率の上昇は，賃金率が相対的に低い農村部から都市部へ勤労者を呼び込む．この結果，勤労世帯が都市へ集中し，工業部門での労働力となりにくい高齢者が地方に留まるという地域構造が生み出される．

しかしながら，都市部で勤労者の流入により労働供給が増えると，賃金率の低下により人口移動はやがて止まると考えられる．何らかの理由で賃金率が低下しない場合でも，失業が発生し期待賃金率が低下することで，都市への人口流入は止まると考えられる（例えば，Harris and Todaro, 1970）．

つまり，新古典派的な経済モデルでは，過疎化という継続的な人口流出現象は起こらない．しかし，現在日本で見られる「限界集落」や「過疎地の崩壊」といった現象は，人口流出が止まらず，崩壊する地域が存在しうることを示唆する．そのような現象を説明するためには，例えばKrugman (1991) のように，都市の規模に関する収穫逓増（規模の経済性）の特徴を考慮したモデルを考えることが有用である．この特徴の下では，都市は規模が大きくなるにつれて，さらに魅力的になり人々を惹き付ける力を持つ一方，人口が流出し規模が小さくなる過疎地では，さらに魅力が低下し，ある水準を超えると存続さえ難しくなると考えられる．

経済発展のプロセスで人口移動を生み出す要因として，上記のような賃金格差と都市規模に関する収穫逓増の特徴は重要である．

(2) 政策と地域間移動

次に，人口移動を生み出す要因として，政策が重要であるとする理論について概観しておこう．まず，Tiebout (1956) による「足による投票」の理論が重要である．この理論の基本的仮定は，政策は人々の効用（満足度）に影響を与える重要な要素であり，人々は効用を増大させるように行政区を選択するという行動原理である．

Tiebout自身は，一定の仮定の下で，人々のこのような選択行動が公共財供

給を最適にすることを証明しようとした．そのような最適性の議論に関しては理論的にも問題が多いと考えられているが，人々が「足による投票」を行っていること，そのような行動を考慮して行政も公共財供給の問題を考えていること，そして，公共財への選好が類似する人々が集まることで効率化が図られることなどに関しては，重要な指摘として高く評価されている．

政策は，Tiebout (1956) が指摘するような人々の地域間移動の重要な要因になるとともに，企業の地域間移動の要因ともなる．特に，法人への課税あるいは企業が生産要素として活用する物的資本（インフラなど）や人的資本（質の高い労働力）への公的投資は，企業の地域間移動の重要な要因となる政策変数である．

実際，いくつかの自治体は，成長あるいは生き残りをかけて，有能な人材や優良な企業の人材を惹き付けるための地域間の競争を意識した戦略的行動をとり始めている．このような戦略的行動は効率性を高める要因ともなるが，効率性そして公平性を低める要因ともなることが，ゲーム理論に基づく分析から明らかになっている．

たとえば，ある自治体が企業を惹き付けるために税率を引き下げると，当然，他の自治体の税率引き下げを招く可能性が高い．そのような税率引き下げ競争は，軍拡競争のように，いったん始まるともう引き下げられないという水準に至るまで続くことが予想される．言うまでもなく，税率引き下げ競争は自治体の税収減を招き，地方自治体の疲弊をもたらす．それは軍拡競争と同様，非効率性を生む可能性が高く「有害な租税競争」の問題として知られている[1]．

自治体間の競争は，優良企業誘致のための税率引き下げ競争にとどまらない．能力の高い個人を惹き付けるための個人所得税の最高税率の引き下げ競争，さらには，財政負担となりやすい低所得者層や障がいのある人々の流入を抑制するための税率引き上げ（補助金引き下げ）競争も引き起こし，不公平性を生む可能性がある．このように人々の地域間移動を考慮した場合，所得再分配あるいは福祉政策の観点からは，自治体に裁量権を与える地方分権はむしろ効率性や公平性を悪化させる可能性が高いことが知られている[2]．

地方分権の進展とともに，社会保障についても，地域間競争，そして，それが引き起こす人々や企業の地域間移動に関する理解を踏まえて考えていくこと

が重要となっている.

(3) 地域間移動と家族・地域社会

　市場要因や政策が人々の地域間移動を引き起こす要素として重要であるという経済学的分析を見てきたが，人々の地域選択は家族や地域社会の状況にも影響を受けるという社会学的認識も重要である．社会保障の問題は，家族や地域における相互扶助（共助）との関連が深いからである（宮島（1992，第2部）も参照のこと）．

　例えば，「子供の教育」が単身赴任や居住地選択の重要な要因になることはよく知られている．さらに，日本では，高齢者の同居率が高く，「親との同居」が地域選択の重要な要因となる．言うまでもなく，老齢の親が子供と同居するために子供についていくという状況にあれば，家族要因はそれほど重要とはならないが，通常，人々は長く住んだ場所に「愛着（attachment）」を感じる傾向があるため，場合によっては，家族の分離という状況が生まれる．これは，公的な社会保障への需要を高める要因となる．

　この地域への「愛着」は，地域間移動を抑制する要因として機能し，経済学的にも注目されている（例えば Mansoorian and Myers, 1993）．そのような地域への愛着が生まれる理由としては，例えば農業のように土地と分離することが難しい仕事に投下した人的資本投資の価値を維持するために，「住み慣れた土地」に留まるという経済的要因が考えられる．さらに重要と思われるのは，地域社会のネットワークという要因である．この要因については，近年，経済学でも注目されるようになってきたソーシャル・キャピタル（社会関係資本）の考え方が有用である[3]．

　ソーシャル・キャピタルの定義としては様々なものがあるが，「協力を容易にさせる規範・価値観・理解の共有を伴ったネットワーク」（OECD, 2001）という定義が比較的わかりやすい．地域社会には，確かに人々の間にネットワークが存在し，人々の協力が生まれている．地域に存在するネットワーク（ソーシャル・キャピタル）との関係を持つことで，人々は様々な便益を得ており，地域社会への「愛着」の重要な要因となっている．

　興味深いのは，ソーシャル・キャピタルが人々の地域間移動に影響を与える

要因になるとともに，人々の地域間移動が地域のソーシャル・キャピタルに影響を与えることである．Glaeser *et al.* (2002) が明らかにするように，人々の移動が多い地域では，人々のネットワークへの投資は低い水準に留まるため，ソーシャル・キャピタルの蓄積は低くなると考えられる．これは，地域における相互扶助の力を低め，公的な社会保障への需要を高める要因となる．

(4) 福祉サービスの効率的供給と自治体の境界線

人々は，よりよいサービスを求めて移動する．社会保障制度の効率化が求められるなか，病院などの社会保障サービス拠点に関しては，人口分布なども含む2次元あるいは3次元の地理情報を活用した効率的な配置が求められる．

その際の政策的問題の1つは，そのようにして求められる最適解，例えば最適医療圏は，一般に自治体の境界線という制約に縛られないものになることである．社会保障政策の分権化を前提とすると，それは自治体間の連携を密にしていくことの重要性を意味する．しかし，すでに見たように自治体間の競争も見られる状況で，そのような自治体間の連携がどこまで効率的に行われるかに関しては疑問も残る．

このような観点からは，社会保障制度の最適設計においては，分権化ではなく集権化が望ましい．ここで「集権化」とは，必ずしも国への権限の集中を意味しない．市区町村などの基礎自治体への分権化の反対の方向性としての集権化である．政令指定都市，都道府県，あるいは現在議論されている「道州」への基礎自治体からの権限委譲もまた集権化の考え方に呼応するものである．

人々の移動可能性の高さをふまえると，理論的な観点からは，基礎自治体の境界を社会保障制度の基本単位の境界とする現在の日本の仕組みは大きく見直す必要があると考えられる．

3 地域経済の変容と社会保障制度

前節の理論的考察では，地域経済は工業化といった市場経済の発展の中で変容していくものであるが，その変容は政策の変化を求め，それがまた地域経済のさらなる変容をもたらすことが示唆された．

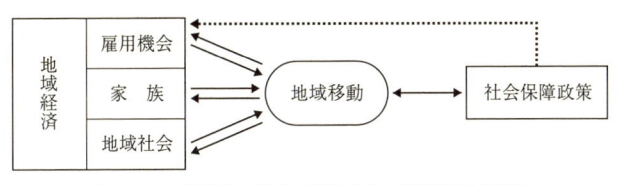

図2 地域経済と社会保障制度の相互依存関係

このような地域経済と社会保障政策の間に存在する相互依存関係は，図2のように整理される．そこでは，地域経済が自律的に変容していく要素を持ちつつも，人々の地域間移動を通して，社会保障政策（制度）に影響を与えるとともに，社会保障政策が人々の地域間移動に影響を与えることで，地域経済と社会保障政策の間に循環的な相互依存関係が生まれることが図式化されている（社会保障政策が地域経済に与える直接的な影響については後述）．

このような循環的構造が示唆することの1つは，地域経済の変化への対応として設計された社会保障制度は，地域経済の変化をもたらす要因にもなるということである．本来，このような政策の「副作用」が明確に理解された上で，政策設計が行われることが望ましい．しかしながら，現実の政策の変遷を見ると，副作用への理解を欠いたまま政策設計が行われてしまい，一種の悪循環が生まれ，地域経済が疲弊していくプロセスが発生してしまったようにも思われる．

この点に関する理解が，今後の社会保障政策の在り方に関する議論の中で重要な意味を持ってくる．以下では，日本のケースを取り上げて，地域経済と社会保障制度の相互依存関係を見ていく．

(1) 相互関連について

日本の地域経済と社会保障の関係についての本章の仮説は次のように説明される．まず高度成長期の工業化は，図1が示すように勤労者の都市部への集中を引き起こした．一方，住み慣れた地方に愛着を持つ高齢者は地方に残り，家族の分離が見られることになった．その結果，地方では，子供からの扶養・介護を受けることができない高齢者が生まれ，公的な社会保障を求める声が高まり，その充実が図られることとなった．

しかしながら，公的な社会保障の充実により，高齢者は子供に依存することなく生活することができるようになるため，地方から都市への勤労者のさらなる流出が生ずることになる．その結果，地方の経済基盤は脆弱化し，さらなる人口流出が起こった．

このような分析は，社会保障制度の充実がなければ，老後の生活保障を確保したい高齢者によって，若者が地方に引き止められていた可能性を示唆する．地方における社会保障制度の充実，そして過疎化する地方でそれを可能にする地域間再分配制度は，人々の地域間移動を抑制する要因を取り除くことで，都市部における経済成長を加速させる役割を果たしたと考えられる．

しかしながら，地方の過疎化，地方経済の衰退，そして職住近接が困難な都市部でのワーク・ライフ・バランスの取りにくい生活や少子化といった問題を振り返ってみると，このように経済成長に重きをおいた政策が果たして良かったのかという疑問も残る．

以下では，日本の社会・経済の変遷が上記の仮説と整合的であることを見る．そしてその考察を踏まえて，次節では社会保障の仕組みを見直すことで地域経済の再生を図る可能性について考察する．

(2) 地域経済の変容が社会保障制度に与えた影響

図1が示唆するように，日本では1950年代後半から始まる高度成長期に人口の都市部への集中が始まる．そして人口を都市部へ送り出した地方では，高齢者の夫婦あるいは単身者からなる高齢者のみの世帯（以下では「高齢世帯」ともいう）が徐々に増加していくことになった．図3は日本全体で高齢者のみの世帯が徐々に増加していく過程を示しているが，そのような世帯の増加は，特に人口が流出していく地方において大きかった．この点を確認しておこう．

図4の左図（A）は，1960年から1975年までの「人口の純転出率」を横軸に，同期間の「高齢世帯率の変化」を縦軸にとり，各都道府県のデータを示したものである．この図では，人口の純転出率が大きい都道府県ほど高齢世帯率の増加が大きいという右上がりの関係がおぼろげながら観察されるが，図の右下の領域に数多くの都道府県が位置し，その関係は必ずしも明確ではない．

この説明されえない領域に関する理解を深めるために，1960年時点の高齢

図3 高齢者世帯類型の推移

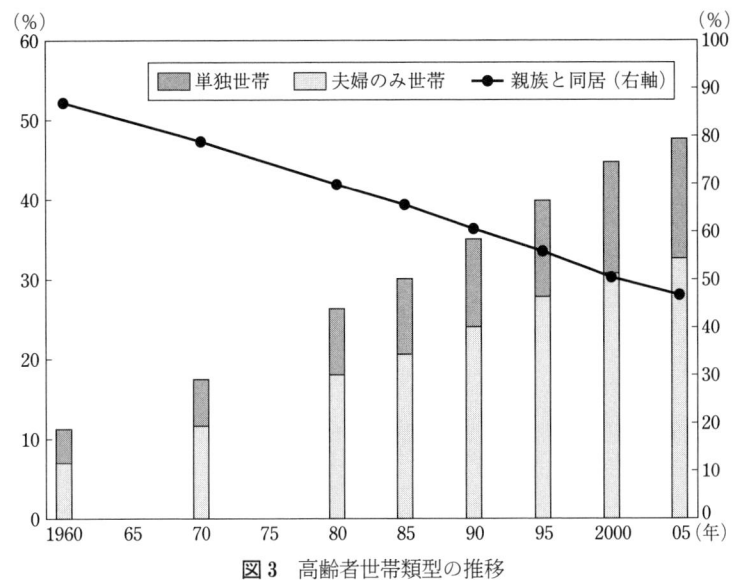

出所：各年度『国勢調査』．

図4 高齢者のみ世帯増加の要因分析（1960-75年）

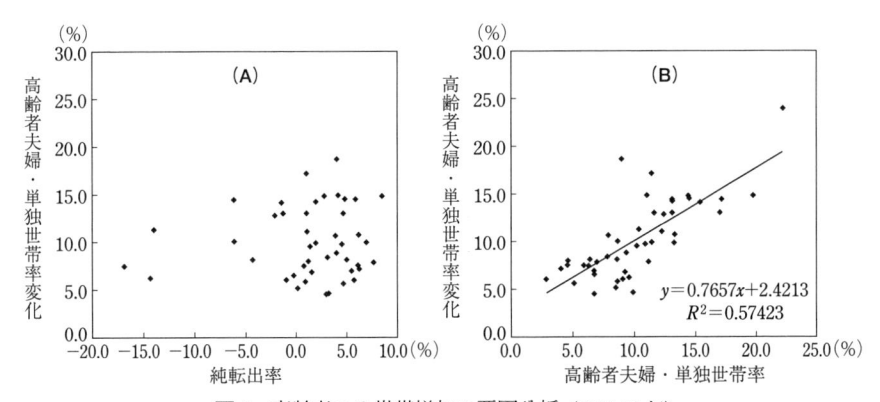

$y = 0.7657x + 2.4213$
$R^2 = 0.57423$

出所：『国勢調査』(1960年，1975年)，総務省統計局『我が国人口の概観』．

世帯の割合を横軸に，1960年から1975年までのその変化を縦軸にとってデータを示したものが図4の右図（B）である．

この図は，高齢世帯率が低い都道府県では，その増加が低く留まるという興味深い関係を示している．言い換えると，同居の規範が残る地域では，都市圏への人口流出が相対的に抑制され，高齢者のみの世帯の増加が抑制される傾向が見られるということである[4]．

さて，このような規範要因を考慮した上であらためて，高齢世帯の増加要因としての人口流出の問題について回帰分析を行ったところ，以下の結果が得られた[5]（括弧内はt値）．

高齢世帯率の変化 ＝ －5.08＋0.35［純転出率］＋0.81［高齢世帯率］＋1.37［自然増加率］
　　　　　　　　　　（－2.30）（3.36）　　　　　（9.04）　　　　　　（3.78）

ここで，「高齢世帯率の変化」は1960年から1975年の変化，人口の「純転出率」および人口の「自然増加率」は1960年から1975年の間の5年ごとの変化率の平均，「高齢世帯率」は1960年時点での割合である．この結果は，人口の転出が確かに高齢者のみの世帯の割合の増加に寄与していることを示している．

このような若者の流出による高齢世帯の増加にともない，地方では，取り残された高齢者の生活保障の問題が徐々に深刻になり，それが1960年代における社会保障制度の充実につながった．この点については，吉原・和田（1999，第18章）が次のように指摘している．

　昭和30年代の終わりころから目立ちはじめた経済の高度成長のひずみは，種々の社会問題を発生させ，とりわけ老人の生活に深刻な影響を与えた．第1次産業の比重の低下，若年層を中心とした農村から都市への人口流出により，農村には年寄りや高齢者のみが残り，過疎化が進んだ．（中略）老人問題に対する国民の関心の高まりとともに，国の老人対策としてまず登場してきたのが全国民を対象とした国民年金制度の創設であった．

こうして，1959年には国民年金法が制定され，1963年には老人福祉法が制

定される．そして「昭和 40 年代に入ると老人問題の重要性がさらに各方面から指摘されるようになり」(吉原・和田，1999, p. 231) 老人医療費の無料化を始める自治体が現れる．そして国も 1973 年から大部分の 70 歳以上の老人の医療費を無料化する．

社会保障制度の充実という流れの 1 つの頂点は 1973 年の福祉元年宣言であるが，それは高度成長期の地域経済の構造変化に伴う人口移動が生み出した現象であることを認識することは重要である．

(3) 社会保障制度の構造が地域経済に与えた影響

日本経済は 1973 年の第 1 次石油危機をひとつの契機として安定成長期に入る．そして「日本列島改造論」に象徴されるように，政府の公共投資も地方の開発に重点が移り始めた．その結果，図 1 に見られるように，1970 年代の後半からは都市圏への人口流入は低水準に留まるようになった（大阪圏では流出も見られた）．

しかしその一方で，図 3 に見られるように，高齢者のみの世帯は増加を続け，現在なお続いている．確かに，1980 年代後半の東京圏でのバブル期，1990 年代後半からの景気回復期，そして三位一体改革に伴う地方経済の収縮期などに東京圏への人口流入が見られ，高齢世帯増加の一因となった．

しかし，現在なお続く高齢世帯の増加の背後には，地域経済の構造変化への対応として整備されてきた社会保障制度が，老親の扶養を行うという規範意識の低下を招いたことがあるように思われる．

そのことを示唆する断片的ではあるが興味深いデータがある．例えば，厚生省人口問題研究所 (1996) および国立社会保障・人口問題研究所 (2003；2007) は，1993 年から 5 年ごとに家族に関する意識調査を行っているが，その中に「高齢者の経済的負担は，公的機関より家族が担うべき」という考え方について妻に意見を尋ねる質問項目がある．

この考え方については，すでに 1993 年時点において 69.1% の妻が反対[6]と答えている．同じ質問に関する反対の意見は，1998 年および 2003 年には，それぞれ 70.3% および 71.4% となっており，反対意見が高い水準で継続的に増加している．残念ながら 1993 年以前の調査はないが，例えば 1993 年時点の

反対意見割合は，年齢層が上昇していくにつれて低下傾向を示していることから，「子による親の経済的扶養」規範の低下傾向が示唆される[7]．

同様の特徴が，同居に関するアンケート結果にも現れている．「年をとった親は息子夫婦と一緒に暮らすのがよい」という考え方に関する反対意見は，1993年には38.5%であったのに対して，1998年には49.6%と大幅な上昇を見せた[8]．ここでも反対割合は高齢層ほど小さくなる傾向が明確にみられるため，同居を通じた扶養・介護に関する規範についても低下傾向がうかがえる．

さらに1998年には，「年老いた親の介護は家族が担うべきだ」との考え方への賛否が問われた．反対割合は，1998年には25.2%であったのに対して2003年には34.4%に大きく上昇した．この上昇については，国立社会保障・人口問題研究所（2007）は「第2回と第3回調査の間に介護保険法が施行され，介護の社会化の認識が広まったことの影響と思われる」としている[9]．

このような社会保障制度の充実を一因とする家族間扶養の規範の衰退は，高齢者のみの世帯を増加させる要因となる．その結果，若年者の都市部への移動を抑止するアンカーの力は弱まり，継続的な都市部への人口移動そして周期的な景気の波に浮動するような人口移動が起こったと考えられる．1960年代以降の社会保障制度の充実は，そのような人口移動の構造を生み出すことで地域経済に影響を与えてきたと考えられる．

このような人口移動の感応度の上昇は経済の効率性の観点からは，効率性を高める役割も果たす．さらに，以下で議論するような地方経済の再生という観点からは，移動性の高まりは再生のスピードを高める可能性を生む．しかし，その一方で，政策的には，家族による介護・扶養にはますます期待できなくなるということにも注意が必要である．取り残される高齢者の生活を支える民間サービスあるいは公的サービスの充実が一層求められることになるだろう．

4 社会保障制度と地域経済の再生

前節で見た地域経済と社会保障制度の相互依存関係は，社会保障制度の見直しが，豊かな自然やソーシャル・キャピタルを持つ地域経済を再生する原動力ともなりうることを示唆する．この点に注目して，以下では今後の社会保障制

度の在り方について考えていく．

(1) **社会保障制度の見直しと地域の再生**

　その基本的な考え方をあらかじめ明確にしておくために，まず次の3つの事実を指摘しておこう．①高齢化の進展に伴い，社会保障サービスを中心とする高齢者向けサービスは成長産業となる．②地方では高齢化の進行が早く，賃金，地価，物価が安いため低所得でも暮らしやすい．③ワーク・ライフ・バランスのとりにくい都市部では，社会保障制度の基盤を脅かす少子化が深刻である．

　これら3つの事実に基づくと，賃金，地価，物価が安い地方で高齢者向けサービスを成長させ，地方に雇用を生み出し，低所得期にある若者が地方で仕事と子育てを両立させながら生活できるようにすることで地域経済と社会保障の問題を一体的に改善できるのではないかというアイディアが1つのビジョンとして生まれる．

　基本的な考え方は，社会保障関連サービス産業を地方再生のための1つの原動力としようというものである．これは従来の「地方活性化のための公共事業」という発想とは異なり，少子高齢化の流れの中で地域経済を再生していくための持続可能な政策提案となる．

　本章において，基本的に地方の再生が必要であると考える理由は，過剰な人口移動のゆえに，地方の豊かな自然や人間関係（ソーシャル・キャピタル）が失われてしまうという非効率性が発生していると考えられることにある．例えば，日本の少子化の問題が最も深刻な地域は都市部であり[10]，地方には，仕事さえあれば，若者が限られた収入の中で働きながら子供を育てるという希望[11]がかなえられる環境が残っている．さらに，暮らしやすい環境があれば都市部よりも地方で老後を過ごしたいとの希望を持つ高齢者も少なくない．

　そこで，このような潜在的な希望を実現し，社会の効率性を高めるために，高齢者向けのサービス産業を地方で育て，若者の就労の場を確保するとともに，高齢者の地方への移動を同時に促すことが考えられる．地域によっては，医療と観光資源を組み合わせ，検査や療養のための施設等を整備することで，高齢者やその家族を呼び込み，安定的で調和のとれた地域を形成することも可能であろう．

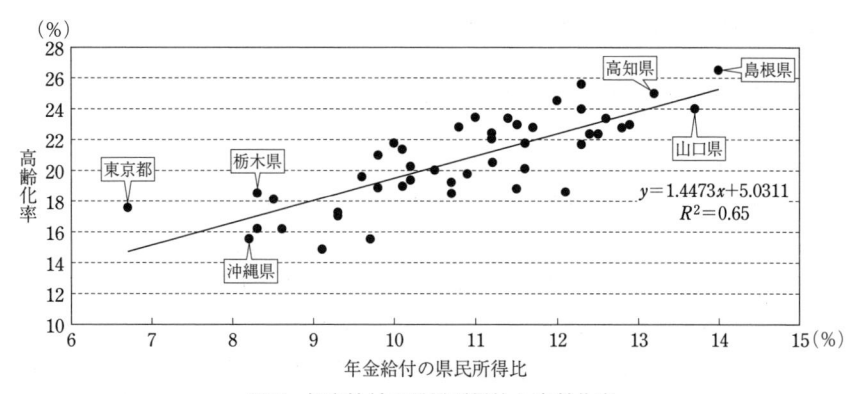

図5 年金給付の県民所得比と高齢化率

注：高齢化率は総務省統計局「平成15年10月1日現在推計人口」，年金給付の県民所得比は社会保険庁作成資料（平成15年度）の数値をもとに厚生労働省政策統括官付政策評価官室作成．
出所：『平成17年度 厚生労働白書』．

　言うまでもなく，すべての地方でそのような目標を実現することは難しい．また，日本の人口減少の流れの中で居住地域のコンパクト化が求められることを考えるとそれが望ましいとも言えない．高齢者そして若者にとって住みやすい地域において，重点的に高齢者向けサービスが充実していくことが望まれる．そのような拠点が点在していけば，その恩恵は近隣地域にも及ぶことが期待される．

　実は，日本の社会保障制度は，基本的にこのようなビジョンの実現をもたらす可能性を秘めている．たとえば，高齢者への所得保障を行う公的年金制度は，結果的に若年者の多く住む都市部から地方への所得移転の構造を持つ．平成17年度の『厚生労働白書』は，図5のように，年金給付が高齢者の多い地方の県民所得を底上げする役割を担っていることを明らかにしている．

　このような現象は，社会保障制度が結果的に地域間の再分配構造を持つことを示唆する．この点に関して，渋谷・根岸（2007）および渋谷ほか（2008）は，年金および高齢者向けの医療保険を通じて，都市部で集められた財政収入が地方に配分される再分配の構造が確かに存在していることを明らかにしている[12]（図6）．

　このような社会保障制度を通じた地域間再分配の構造は，日本の社会保障制度が基本的に国の仕組みとして設計されているなかで，高齢化が地方で速く進

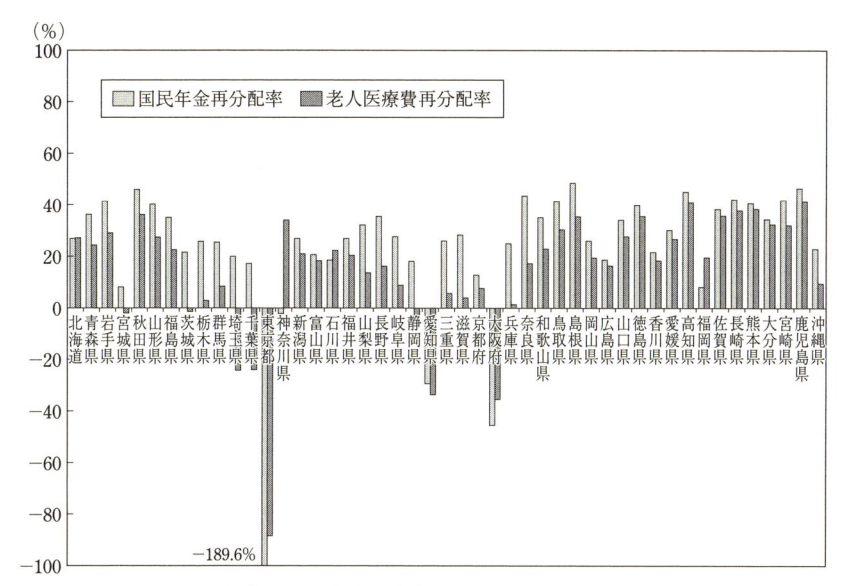

図6 年金および老人医療費を通じた都道府県間再分配
出所：渋谷・根岸（2007, 図1.4）および渋谷ほか編著（2008, 図2.6）をもとに作成.

行している結果として生まれているものであり，地域間の不公平性といった観点から批判されるべき現象ではない[13].

　さらに，地方では所得面で社会保障制度に依存する構造が存在するとともに，雇用の面でもそれに依存する構造が生まれている．図7は，高齢化率の高い都道府県では医療・福祉事業者の占める割合が高くなる傾向が示されている（中里（2007）も参照のこと）．

　このように，現在の日本の社会保障制度は，地方への所得移転を通じて地域経済を下支えする機能を持つが，実は，地域経済が高齢者向けサービスを充実させることを抑制する仕組みも持つ．そのため，地域の高齢者を活かし，高齢者を呼び込むといった地方の積極的な動きが生まれにくい構造が存在している．

　それは，社会保障給付の一定割合を自治体が負担しなければならないという社会保険の構造である（例えば，渋谷ほか（2008））．この仕組みは，次項で触れるように社会保障費の抑制という観点からはメリットを持つものである．しかし，良質な高齢者向けサービスを安価に提供していくために市場メカニズム

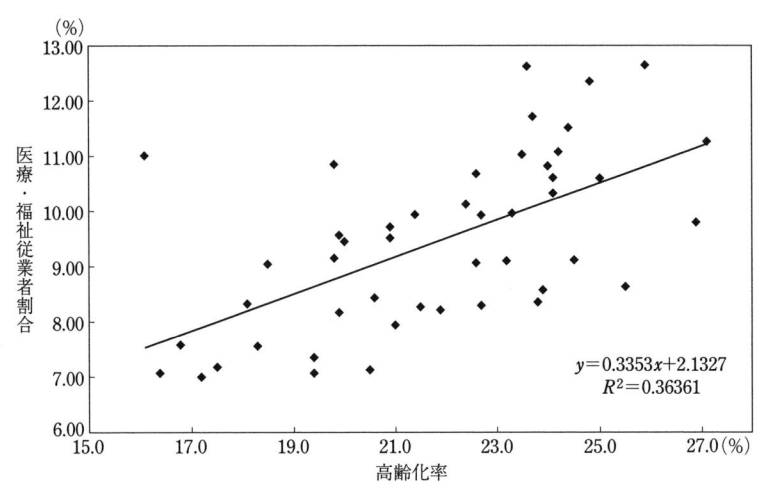

図7 高齢化率と医療・福祉従事者割合
出所:『平成17年度 国勢調査』.

回帰式: $y = 0.3353x + 2.1327$, $R^2 = 0.36361$

を活用するという観点からは,歪みをもたらす仕組みでもある.

　例えば,ある地域で良質な高齢者向けサービスを安価に提供できるならば,事業者が参入し,サービスが拡大すると他の自治体からも高齢者が流入してくる.社会保険でカバーされるサービスについては,利用者の自己負担を除く部分は,社会保険から支払いが行われるが,その一定割合を自治体が負担しなければならないということは,自治体の保険財政を圧迫する要因となる.

　したがって,自治体は,高齢者の流入や保険給付の対象となるサービスの利用を抑制しようとする可能性が高い.例えば,介護施設などの建設を自治体が認めないという行動が取られる可能性がある.結果的に,高齢者向けサービスの拡大は自治体の財政が豊かな都市部に限られるという歪みが生まれる.

　これに対して,地域の社会保障給付に関して自治体の直接的負担が全くなくなると仮定してみよう.この場合,社会保障サービスを提供する事業者の参入,そして他地域からの高齢者の流入を抑制しようとする行動は市町村には生まれない.その結果,良質なサービスを安価に提供できる地域に事業者が参入できるようになる.

　参入は結果的に利便性の高い都市部で起こるかもしれない.しかし,地価や

賃金が安く環境もよい地方に立地する事業者が生まれる可能性も高い．財政状況の悪い自治体でも魅力ある地域ならサービス産業が育つ．それは若年者が働く場を創り，地方を再生する力となる．

(2) 地方分権への示唆

　上記のような観点からは，保険料支払いの一定割合を自治体に負担させる仕組みは，潜在力のある地方の再生を抑制する仕組みとして機能するため，見直した方がよいことになる．このような改革案に対する批判は，社会保障サービスの拡大を自治体が抑制しなくなるため，社会保障費の膨張が生まれるというものである．さらにサービス利用拡大のコストを担う必要がなくなった自治体は，住民の健康を維持するための努力を行わなくなるとの懸念も提示される．

　しかしながら，そのようなモラルハザードの問題は，本来，保険制度そのものの見直しで対応すべきであり，自治体を介在させる形で対応すべき問題ではないと考えられる．民間保険のように自己負担の構造に工夫を加えることで，過剰利用といったモラルハザード問題を改善することもできるだろう．また自治体による住民の健康維持の取り組みが期待されるのであれば，そのような取り組みを自治体に促す仕組みを導入すればよい[14]．

　そもそも社会保険は保険であり，加入者が多いほど制度の安定性が増す．それゆえ保険者は，市町村のように小さな自治体ではなく，都道府県や国など規模の大きな政府が担う方が望ましい．医療保険に関しては，都道府県単位を軸とする医療保険者の再編・統合が進められているが，介護保険に関してはまだその道は見えない．

　福祉サービスに関しても，公立病院や介護施設をはじめとして，小さな市町村が提供者となっている例は少なくない．しかし，公立病院などでは，厳しい財政状況の中で，最低限の質の医療を確保できないケースも見られる．特に不採算医療と呼ばれる事業については，その赤字は自治体が担う構造になっているため，財政状況の厳しい市町村などでは医療サービスを維持できなくなり，社会保障制度の問題が地域経済の崩壊を招く一因となる[15]．

　また，公立病院などの配置を考える際には，それが人々の居住地選択に影響を与えることを考えながら，広域的に効率的な配置を考えることが重要である．

しかし，人口が減少していく中で重要となる地域全体のコンパクト化は，小さな市町村が介護や医療のサービス拠点形成に大きな役割を果たす場合には進みにくい．

むしろ都道府県あるいは民間事業者が，広域的なネットワークを活かしたサービス供給体制を整えることで効率化が図られる．それにより，医療・福祉従事者などが，広域的なサービス・ネットワークの中で，多様なキャリア・パスを選択できる可能性が高まるため，過疎地域でも人材確保を行いやすくなるといったメリットも生まれる．

現在，道州制の議論が行われているが，社会保険そして福祉サービスの効率的な提供の観点からも，道州制は市町村や都道府県単位の行政区構造よりも望ましい特性を持っている．社会保障制度が地域経済に与える影響も考慮した分権社会の在り方を考えることが重要である（詳しくは山重（2008）を参照のこと）．

5 おわりに

社会保障制度と地域経済の問題は，いずれも少子高齢化・人口減少という構造変化に直面する日本にとっての最重要課題である．本章の分析は，それらが密接な相互依存関係を持つがゆえに，社会保障制度の基盤を安定させ，充実させることで，2つの問題が同時に改善される可能性があることを示唆している．

言うまでもなく，そのような一挙両得が生じるためには，社会保障制度を充実させるための国民負担の引き上げが，ある程度必要となるだろう．その選択は国民に委ねられているが，資源を有効に活用しながら効率的に社会保障制度を充実させるという明確なビジョンが提示できるなら，その方向性への賛同が得られる可能性はある．

今後，さらに社会保障の充実を公的負担の引き上げでなく，私的負担（利用者負担）の引き上げで賄うことも真剣に検討すべきであろう．「社会保障の充実＝公的負担の引き上げ」という思い込みが，高齢者向けサービスの拡充の抑止要因になり，潜在力のある地方の成長の機会を奪っているのではないだろうか．特に，所得の高い高齢者は確実に存在しており，「公的負担の引き上げな

き社会保障の充実」の追求も可能であろう．それは，社会保障サービスの拡充による地方経済の再生という観点からは大きな意味を持つ方向性である．

地域経済と社会保障の間に存在する興味深い相互依存関係への理解を深めながら，その両方を改善する道を探っていくことは，急速な高齢化を迎える日本経済の将来を考える上でも，今後ますます重要になってくるように思われる．

1) Wilson（1999）やOECD（1998）などを参照のこと．
2) 例えば，堀場（1999）などを参照のこと．
3) ソーシャル・キャピタルに関する研究は数多い．例えば，内閣府（2003），宮川・大守編（2004），稲葉編著（2008）およびそこでの参考文献を参照のこと．
4) 同居の規範が経済的要因に基づく人口移動を抑制する要因となりうるという仮説に関しては次のような推計結果が得られた．

$$\text{純転出率} = -2.62 + 0.35 [\text{高齢世帯率}] - 16.67 [\text{成長率}] + 0.44 [\text{第1次産業割合}]$$
$$(-0.43)\ (1.98) \qquad\qquad (-2.31) \qquad\qquad (7.10)$$

ここで，人口の「純転出率」および県民所得の「成長率」は1960年から1965年の間の変化率，「高齢世帯率」および就業者の「第1次産業割合」はいずれも1960年時点での割合である（データは高齢世帯率が『国勢調査』，成長率が『県民所得統計』，他は国立社会保障・人口問題研究所『人口統計資料集』各年度版）．この結果は，高齢世帯率が大きい地域ほど人口の転出率は大きくなっていることを示しており，同居の規範が人口転出の抑止効果を持つことが示唆されている．なお，自由度修正済み決定係数は0.532であった（括弧内はt値）．

5) 推計式の当てはまりを示す自由度修正済み決定係数は0.662であった．データは高齢世帯率が『国勢調査』，成長率が『県民所得統計』，他は国立社会保障・人口問題研究所『人口統計資料集』各年度版．
6) 「どちらかと言えば反対」（45.5％）および「まったく反対」（23.6％）の合計．
7) 反対意見割合は，30歳代の74.1％をピークとして，66.0％（40歳代），58.6％（50歳代），48.1％（60歳代），35.4％（70歳以上）となっている．
8) この質問は1998年に「年をとった親は子供夫婦と一緒に暮らすのがよい」という質問に変更され，反対割合は1998年と2003年のいずれも49.6％であった．
9) さらに，平成19年版『国民生活白書』では，高齢者の医療・介護は，個人や家族の責任か，国や地方自治体の責任かと尋ねたアンケート結果に関して，「国や自治体の責任と考えている人の割合が6割以上となっており，医療や介護は個人や家族だけが担うのではなく，国や自治体，すなわち社会全体で支えていくことが望ましいという意識が見て取れる」（48頁）としている．老親の介護に関する意識のさらなる変化がうかがえる．
10) 例えば合計特殊出生率は，東京都の1.02人に対して沖縄県では1.74人である（2006年）．これらはやや特殊なケースであるが，市町村レベルでの出生率格差は，

やはり出生率の低下が都市部において深刻であることを示唆している．
11) 現在でも，既婚者，未婚者を問わず，人々の希望子供数は平均で2人を超えている（国立社会保障・人口問題研究所『出生動向基本調査』(2006年)）．
12) 同様の再分配構造は介護保険にも存在する（櫻井・井上 (2008)）．
13) もちろん社会保障制度を国の仕組みとすることへの批判はあり得る．
14) このような制度の下では，地域振興を目指して，例えば自治体が住民の医療費を無料化するといった利己的な行動を取る可能性も考えられる．そのような利己的な行動に一定のペナルティを与える仕組みも必要だろう．
15) そもそも不採算医療は診療報酬が低いことから生まれるものであり，社会保障制度が人為的に作り出していることを認識することは重要である．厚生労働省では，2006年度の医療法人改革において，これまで公立病院が担ってきた役割を担うことが期待される社会医療法人に関して「救急医療，災害医療，へき地医療など社会の基盤を整備するために必要不可欠ではあるが，資金面で困難な不採算を伴う事業を担う」と説明しているが，最低限度の医療サービスを遍く提供するという観点からは，不採算となりやすい地域の住民や医療法人が，不採算を伴う医療サービスを受けるための追加的な負担を強いられる現在の診療報酬制度は問題を抱える．そのような構造が地域経済に与える影響という観点からも不採算医療が生まれないような社会保障制度改革が求められる．

文献

Glaeser, E. L., D. Laibson and B. Sacerdote (2002) "The Economic Approach to Social Capital," *Economic Journal*, 112: 437-458.

Harris, J. and M. Todaro (1970) "Migration, Unemployment and Development: A Two-Sector Analysis," *American Economic Review*, March 1970, 60(1): 126-142.

堀場勇夫 (1999)『地方分権の経済分析』東洋経済新報社．

稲葉陽二編著 (2008)『ソーシャル・キャピタルの潜在力』日本評論社．

国立社会保障・人口問題研究所 (2003)『現代日本の家族変動――第2回全国家庭動向調査 (1998年)』．

国立社会保障・人口問題研究所 (2007)『現代日本の家族変動――第3回全国家庭動向調査 (2003年)』．

厚生省人口問題研究所 (1996)『現代日本の家族に関する意識と実態――第1回全国家庭動向調査 (1993年)』厚生統計協会．

Krugman, P. (1991) "Increasing returns and economic geography," *Journal of Political Economy*, 99: 483-499.

京極髙宣 (2007)『社会保障と日本経済――「社会市場」の理論と実証』慶應義塾大学出版会．

Mansoorian, A. and G. Myers (1993) "Attachment to Home and Efficient Purchases of Population in a Fiscal Externality Economy," *Journal of Public Eco-

nomics, 52(1): 117-132.
宮川公男・大守隆編（2004）『ソーシャル・キャピタル——現代経済社会のガバナンスの基礎』東洋経済新報社.
宮島洋（1992）『高齢化時代の社会経済学——家族・企業・政府』岩波書店.
内閣府（2003）「ソーシャル・キャピタル——豊かな人間関係と市民活動の好循環を求めて」(http://www.npo-homepage.go.jp/data/report9_1.html).
中里幸聖（2007）「人口構造変化の地域間格差とその影響」『経営戦略研究』第13号, 34-43頁.
OECD (1998) *Harmful Tax Competition: An Emerging Global Issue*, Paris.
OECD (2001) *The Well-Being of Nations: The Role of Human and Social Capital*, OECD.
櫻井潤・井上洋一（2008）「介護保険」渋谷博史・根岸毅宏・木下武徳編著『社会保障と地域』学文社.
渋谷博史・根岸毅宏（2007）「医療保険と地域再分配——20世紀的な福祉国家の仕組み」渋谷博史・水野健二・櫻井潤編著『地域の医療と福祉』学文社.
渋谷博史・根岸毅宏・木下武徳編著（2008）『社会保障と地域』学文社.
渋谷博史・木下武徳・根岸毅宏・吉田健三（2008）「年金システム」渋谷博史・根岸毅宏・木下武徳編著『社会保障と地域』学文社.
Tiebout, C. (1956) "A Pure Theory of Local Expenditures," *Journal of Political Economy*, 64(5): 416-424.
Wilson, J. (1999) "Theories of Tax Competition," *National Tax Journal*, 52(2): 269-304.
山重慎二（2008）「地域社会の構造変化と政策的対応——活性化から調和社会の創造支援へ」樋口美雄・財務省財務総合政策研究所編著『人口減少社会の家族と地域——ワークライフバランス社会の実現のために』日本評論社, 第12章.
吉原健二・和田勝（1999）『日本医療保険制度史』東洋経済新報社.

4章　公的年金・企業年金と年金資金運用

米澤　康博

1　年金財政方式

　年金制度は引退期に支払われる年金給付とその財源としての勤労期の年金掛金とからなる．この両者を予算制約（財政）的に結びつけるのが年金財政である．その財政方式を大きく分けると賦課方式と積立方式とからなる．年金給付を所与とするとその財源としての掛金を同時点の勤労世代に求めるのが賦課方式である．公的年金の財政方式はこの賦課方式が標準である．それに対して勤労期に掛金を拠出してそれを積み立てて元本およびその運用からの収入も含めて引退期の年金給付に当てるのが積立方式である．企業年金の財政方式はこの積立方式が標準である．

　このことからもわかるように賦課方式には積立金はないので運用の概念はない．しかしわが国の公的年金のように完全な賦課方式ではなく，一部積立金を保有している年金は少なくなく，それを修正賦課方式等と呼んでいる．他方，私的な企業年金は完全な積立方式であり，これら両制度では積立金の運用次第で年金財政は影響を受けることになる．

　本章ではこの年金積立金の運用のあり方に関して解説する．最初に公的年金積立金の運用に関して，次に私的年金としての企業年金積立金の運用に関して説明していく．

表1 公的年金の積立金（2008年3月末現在）

制度区分	適用者数（国民年金では被保険者数）（万人）	積立金 簿価ベース（兆円，カッコ内は時価ベース）	積立比率* 簿価ベース（％，カッコ内は時価ベース）
国民年金保険	6,976	8.8 (9.4)	3.8 (4.0)
厚生年金保険	3,379	130.1 (139.8)	4.9 (5.2)
国家公務員共済組合	108	8.8 (9.2)	7.1 (7.4)
地方公務員共済組合	304	39.7 (42.0)	10.6 (11.2)
私立学校教職員共済	46	3.4 (3.6)	10.3 (10.8)
合　計	10,813	190.8 (204)	

注：*積立比率とは，前年度末に保有する積立金が実質的な支出のうち保険料拠出によってまかなう部分の何年分に相当しているかを表す指標である．

2 公的年金積立金の運用

(1) 積立金の意義と運用組織の変遷

年金財政と公的年金積立金の関係——修正賦課方式

わが国の公的年金は表1の各制度からなり，基本的には現役（勤労）世代の保険料負担で高齢者（引退）世代を支えるという賦課方式で運営されている．このため，年金給付を行うために必要な資金を企業年金のようにすべてあらかじめ積み立てているわけではない．

しかし，国民年金，厚生年金においては福祉元年と言われる1973年の年金改正のスキームにおいて立ち上がりの保険料は安く，給付乗率はかなり高めに設定されたのであるが，当初は年金を受け取る高齢者の既加入期間が少なく，現役世代からの保険料は十分に入ってきたので保険料は積み上がり，積立金が形成されたのである．その後，少子高齢化が急速に進行しており，現役世代の保険料のみで年金給付をまかなうこととすると保険料負担の急増または給付水準の急激な低下は避けられない．そこでこの積立金の運用収入も活用する財政計画となり，これを修正賦課方式と呼んでいる．他の公的年金である共済組合長期部門もほぼ同様な状況であり，それらの積立金は表1にまとめられている．

積立金の下，これまでの財政方式では，将来にわたるすべての期間を考慮しており，将来にわたり一定規模の積立金を保有し，その運用収入を活用するこ

ととなっていた（永久均衡方式）．その際に給付を完全に固定化していたので，それに合うように5年ごとに財政再計算がなされ，保険料が見直され上昇した．保険料の段階的な改定は労使にとって負担増となったことから，国民年金，厚生年金の場合，2004年の年金制度改正により，保険料の上限（18.30％）を設定して，おおむね100年間にわたる財政収支均衡を計画し，かつその期間の最終年度の積立度合を支出の1年分とする財政方式（有限均衡方式）とすることとした．保険料に上限が課されたことからこの有限均衡方式の下では年金財政が悪化する場合には給付を抑える必要がでてきた．マクロ経済スライド調整がそれであり，少なくとも5年に1度の財政検証の際，おおむね100年間の財政均衡期間にわたり年金財政の均衡を保つことができないと見込まれる場合は，年金額のスライド調整を開始するのがその主旨である[1]．

すなわち年金額は通常の場合，賃金や物価の伸びに応じてスライドしていくが，年金額の調整を行っている期間は，年金を支える力の減少や平均余命の伸びを年金額の改定に反映させ，その伸びを賃金や物価の伸びよりも抑えるこの仕組みをマクロ経済スライドという．その後の財政検証において年金財政の均衡を保つことができると見込まれるようになった時点で，年金額の調整を終了することになる[2]．

年金福祉事業団から年金積立金管理運用独立行政法人へ

2000年度までは，年金積立金は郵貯資金などとともに全額を旧大蔵省資金運用部（現，財務省財政融資資金）に預託することを義務づけられており，財政投融資の原資として活用されてきた．従来の年金積立金の運用は，旧年金福祉事業団が財政投融資制度を通じて借り入れた資金を原資として運用する方法により，間接的に年金積立金の一部を市場運用してきたものである．

財政投融資制度は，2001年4月から従来の郵便貯金や年金積立金の全額預託義務を廃止し，特殊法人等の施策に真に必要な額について，直接市場から調達することとするなどの抜本的な財投改革が行われた．この過程で，従来，年金積立金の運用を行っていた年金福祉事業団は廃止され，新たな組織として年金資金運用基金が設立され，年金資金運用は，従来の仕組みとは大きく変わり，厚生労働大臣が，年金積立金に最もふさわしい方法で直接運用する仕組みとな

った（なお，旧年金福祉事業団の資産と負債は，年金資金運用基金に引き継がれ，引き続き市場で運用あるいは負債の返済がなされていた）．

さらに，特殊法人改革の一環として，2006年4月に年金積立金管理運用独立行政法人（以下「管理運用法人」あるいは英文の Government Pension Investment Fund の頭文字をとって GPIF と呼ぶ）に組織変更され，これまで年金資金運用基金が行ってきた年金積立金の運用業務は，管理運用法人に引き継がれることとなった．

これまでの年金積立金の運用は，厚生労働大臣が策定した「年金積立金の運用の基本方針」に沿って，年金資金運用基金が行っていたが，2006年4月以降は，管理運用法人が自らその中期計画において運用の基本方針を定めることとなった．資金の流れ等に関しては図1を参照されたい．

(2) 年金積立金運用の実際とその評価

中期目標としての運用への基本的な要請

年金積立金は被保険者から徴収された保険料の一部であり，かつ，将来の年金給付の貴重な財源となるものであることにとくに留意し，もっぱら被保険者の利益のために長期的かつ効率的に年金積立金の運用を行うことにより，将来にわたって年金事業の運営の安定に資することが運用の目的となっている．そのために，

・年金財政上の観点から，名目運用利回り3.2%から賃金上昇率2.1%を差し引いた実質的な運用利回り1.1%を長期的に確保
・特性の異なる複数の資産に分散して投資を行うという「分散投資」
・長期的な観点から基本となる資産構成割合を決めて，これを維持する「基本ポートフォリオの策定・維持」

等が厚生労働大臣より中期目標として要請されている[3]．

中期計画としての基本ポートフォリオの策定

上記の中期目標を受けて，管理運用法人では中期計画を作成して認可を受け

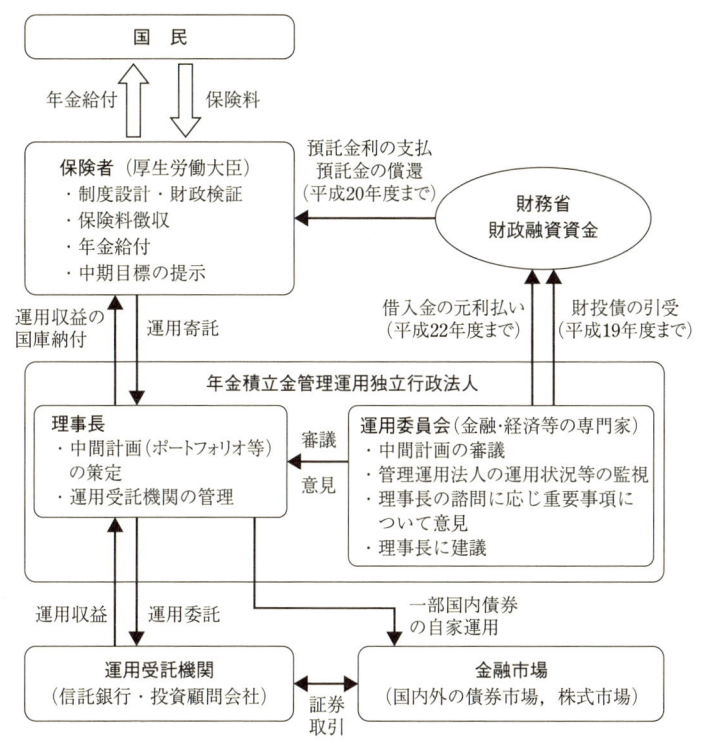

図1 公的年金積立金運用の仕組み
出所:http://www.gpif.go.jp/shikumi/.

る必要がある．中期計画の中で最も重要な計画が基本ポートフォリオの策定である．これは債券や株式等リスク・リターン特性の異なる複数の資産を組み合わせるとリターンを損なうことなくリスクを抑制することができる分散投資効果にもとづく運用手法である．

標準的には国内債券，外国債券，国内株式，外国株式の4資産を資産クラスとして選び，その配分比率を決めることになる．各資産クラスのリスク・リターン，あるいは相関係数が推計されると有効フロンティアと呼ばれる運用者にとって望ましい領域（フロンティア）を求めることができる．最終的にはその中から1点を最適ポートフォリオとして選ぶことになる．その最適ポートフォリオの決定基準に関しては必ずしも明確なものがあるわけではないが，一般に

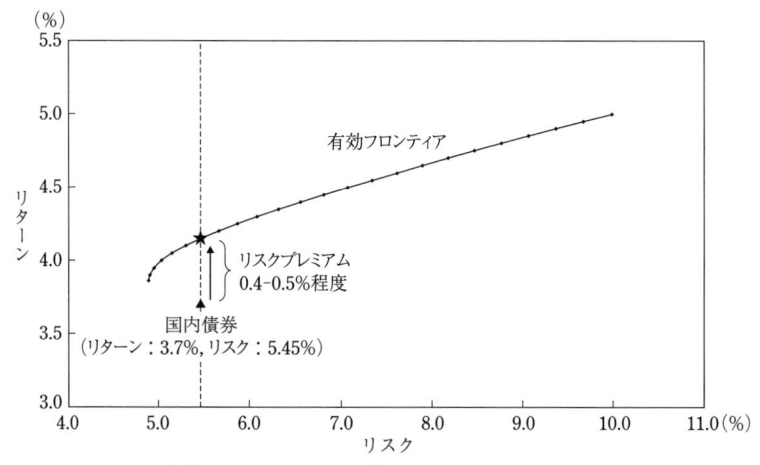

図2 有効フロンティアと分散投資による上積み分について

は「リスク許容度」と呼ばれる概念に基づき，その年金資金がどの程度リスクをとれるか（負担できるか）といった視点から最適なポートフォリオを決定する方法がよく採用されている．

　実際，公的年金の積立金においても基本的には同様な方法が採られている．具体的には全額（100%）国内債券ポートフォリオを策定した場合のリスクを計算し，それと同程度のリスクまで許容するという方針である．国内債券と同じリスクと規定しても4資産への分散投資を行えばリスク分散効果によってポートフォリオのリターンは国内債券のみの場合のリターンより高いリターンを獲得することができるのである（図2を参照）．

　基本ポートフォリオをあらかじめ定め，それを年金財政や経済等の前提条件に著しい変化がない限り長期的に維持するように運用することは長期運用の基本であり，機関投資家の運用でも企業年金でも広く行われている方法である[4]．

実際の運用

　運用は管理運用法人自体が自家運用をしている部分（財投債，国内債券パッシブ等）を除き，外部の運用受託機関に委託している（図1を参照）．委託先の選定に関しては外資系も含めて極めて競争的に行われ，運用成果が悪い機関には資金配分の減少，あるいは契約の見直しが行われる．

表2 内外の主要公的年金積立金の運用状況（2008年末現在）

	CalPERS （アメリカ）	CPPIB （カナダ）	GPF-G （ノルウェー）	GPIF （市場運用分）
残高（兆円）	24	12	38	91
資産構成割合（％）				
株　式	52.6	62.7	48.0	27.0
債　券	26.9	25.6	52.0	73.0
その他資産	20.5	11.7	0.0	0.0

運用成果に対する評価

運用の成果に関しては複数の段階，機関で評価される．運用受託機関の運用成果は管理運用法人自体が，またそれらの集計値としてのポートフォリオ全体が基本ポートフォリオに沿って運用されたか否かは内部の運用委員会がそれぞれ評価，検討する．ここでは資産価値が増えたか減ったかとの絶対的な視点からではなく，基本ポートフォリオに沿って運用されていたか否かの相対的な視点から評価される．

さらに中期計画全般に関しては外部の厚生労働省，総務省内における独立行政法人評価委員会で評価される．加えて年金財政の安定性の視点からの評価は年金数理会で5年ごとに財政検証が行われる．これら評価機関においては賃金上昇率を差し引いた実質的な運用利回り1.1％が長期的に確保されているか否かの視点から評価される[5]．

(3) 諸外国の公的年金の運用実態

2008年末における諸外国の主要な公的年金の規模，運用資産の動向等が表2にまとめられている．アメリカの基礎年金である公的年金（OASDI）にも積立金の概念はあるが，それは100％非市場性国債で運用しているのでいわゆる積立金の運用を行っている基金とは異なり，表には加えていない．非市場性国債で運用するとは，積立金に相当する国債を保有しているわけではなく全く帳簿上で管理されているに過ぎない[6]．政府は一般会計上で積立金に相当する負債を認識しているだけであり，積立金を取り崩す場合にはその時点での財政から拠出することになる．

CalPERS（カリフォルニア州職員退職年金基金）は 1932 年に設立された基金であり，カリフォルニア州政府職員に対する退職給付を目的とする．その運用姿勢は，年金基金としては極めて積極的であり，新興国の株式やヘッジファンドへの投資なども行っている．その資金規模と常に情勢を先取りしてきた運用手法や，突出した資金力から大きな影響力を持っており，全世界の金融関係者から常にその動向が注目されている．機関投資家としての CalPERS は投資先企業の経営への介入なども行う，いわゆるアクティビストの代表格である．

　CPPIB（カナダ年金制度投資委員会）は 1997 年に設立された基金であり，カナダの公的年金 CPP の積立金の運用を行う．CPPIB の運用は，外部委託の株式インデックス運用で開始されたが，その後，ガバナンス体制確立の下で，投資対象の拡大，インハウス運用の開始など，変化を遂げてきた．社会的責任投資も積極化している．

　GPF-G（ノルウェー政府年金基金）は 1990 年に設立された基金である．ノルウェー年金基金運営は，Pension Fund Norway（旧 National Insurance Scheme Fund）と，Pension Fund Global（旧 Government Petroleum Fund）とに分けられる．ノルウェー年金基金全体は財務省の管轄下にあるが，Pension Fund Global（政府年金基金グローバル）については，ノルウェー中央銀行に運営が委託されている．ノルウェー政府年金基金の政府系ファンド (SWF)[7] といった場合，Pension Fund Global を指し，その財源にはノルウェーの北海油田の石油収入が充てられている．ファンド総額はヨーロッパ最大であり，同国の石油収入から得た利益を財源に，ノルウェーの国家財政と将来の年金給付金の支援を目的に運用が行われている．全資産が外国で運用されている．

　表には記載していないが，この他に運用に特徴のある基金としてスウェーデンの公的年金基金をあげることができる．スウェーデンの公的年金は現在，新制度への移行過程にある．新制度は「国庫負担による最低保証年金」がついた「賦課方式による概念的確定拠出制度である所得比例年金」と「積立方式による確定拠出制度であるプレミアム年金」から構成される．このうち多額の積立金を保有しているのは前者の所得比例年金である．積立金の運用は一元的にではなく，政府から完全に独立した 4 つの国民年金基金（AP 基金）において各

基金の工夫の下に行われているのが特徴である．当然，運用成果は異なるが，現在のところその成果によって資金配分を傾斜させるといった方法はとられておらず等分に配分されている．

海外年金基金の株式の保有割合が管理運用法人に比して高いことがわかる．それはそれら基金の目標運用利回りが CalPERS が 7.75%，CPPIB が物価上昇率プラス 4.2%，GPF-G が物価上昇率プラス 4% と高く設定されていることによる．GPF-G は給付が遠い将来なのでリスクがとれるのは理解できるが，CalPERS，CPPIB はわが国の管理運用法人と同じ給付がある基金であるので条件はほぼ同じである．このような状況から管理運用法人もよりリスクを採るべきである，具体的にはより株式投資の比率を高めるべきであるとする議論が政府内からも起こった．当然ながら 2008 年頃からの金融危機時には管理運用法人の資産価値下落率の方が低く済んでいる．

3 企業年金の運用

企業年金は，公的年金を補完して多様化した老後生活のニーズに対応する目的で設立され，公的年金を土台として，両者を組み合わせて老後の収入を確保している．一時退職金と一定期間支払われる年金とは形式的には区別は可能であるが，異なるのはこの支払い形態のみであり，かつ両者に関しては一般に選択可能であるので実質的には差異はない．特に運用に関しては全く区別する必要がないので一様に年金として説明する．

財政方式に関してみると，公的年金の賦課方式と異なって事前積立方式である．したがって運用に関するリスクは不可避である．すなわち運用に失敗して積立不足になる可能性は避けられないのである．しかしそのリスクを誰が負担するかによって大きく次の 2 つの制度がある．

(1) 確定給付年金（DB）と確定拠出年金（DC）

積立方式なので勤労期に掛金を払い，それを積立，運用しながら年金給付の原資とする．この掛金と給付との関係において「確定給付年金（Defined Benefit）」と「確定拠出年金（Defined Contribution）」とに大きく分けることが

表3 確定給付年金・確定拠出年金の比較表

	確定給付企業年金,厚生年金基金等	確定拠出年金
年金額	企業などが将来の年金額を約束	企業などは年金額を約束せず,運用収益によって額が決定
運用の主体	企業などが運用方法を決定	個々の加入者が運用方法を決定
資産の管理	資産を一括して管理	個人ごとに資産を管理

できる．前者の確定給付年金は予め将来年金額給付を決めて，それがまかなえるように掛金を拠出，運用する．他方，後者の確定拠出年金は予め拠出額を決めて，年金給付はもっぱらその運用次第で決まるとする年金制度である．両制度をまとめると表3のようになる．

　確定拠出年金の場合は運用からのリターンが高ければ高い給付額が，逆に低い場合には低い給付額しか得られないことになり，この運用リスクは年金受給者が負担することになる．他方，確定給付年金の場合には多少複雑である．この両者の関係を簡単に表すと，「掛金×予定利率＝給付」となっており，実際のリターンが予定利率より低ければ予め決まった年金給付は不可能となるが，その場合には母体企業が不足額を拠出しなければならない．具体的には積み立て不足を引当金として認識し，それを一定期間で償却する必要がある．償却の原資は企業利益なので，要するに株主が運用リスクを負担することになる．母体企業による負担が完全であれば給付は確実なものとなり，受給者にとっては運用リスクを負担することがないので老後の生活設計がしやすくなるのが特徴的である[8]．

　母体企業の株主から見ると確定拠出年金の場合には運用リスクを負担する必要がないのに対し，確定給付年金の場合には負担する必要がある．この違いから母体企業の株式が上場されているような大企業は株主が分散投資をすることによって運用リスクも分散できるので確定給付年金は大企業に適していると言われてきた．ところが企業の国際競争力が問われるような時代，欧米の多くの大企業が確定給付年金を凍結，廃止し，運用リスクを負担しない確定拠出年金に移行しているのが最近の実態である．

表4 企業年金改革後の主要企業年金の特徴

	掛金の拠出者	管理・運用主体
適格年金 (2012年3月末で廃止)	50%まで従業員が可	事業主が信託銀行,生命保険会社,投資顧問会社に運用を委託
厚生年金基金	代行部分は労使で折半,加算部分は全額事業主も可	基金が信託銀行,生命保険,投資顧問会社に運用を委託 基金自身による自家運用も可
確定給付企業年金 事業主が運営機関と契約して直接実施する規約型企業年金と,基金を設立して実施する基金型企業年金(厚生年金の代行は行わない)	50%まで従業員が可	規約型は事業主が信託銀行,生命保険,投資顧問会社に運用を委託 基金型は基金が信託銀行,生命保険,投資顧問会社に運用を委託,また基金自身による自家運用も可
企業型確定拠出年金	事業主のみ* 拠出額に限度あり:他の企業年金がない場合は月4.6万円,ある場合は2.3万円	加入者は自ら個人別管理資産を預金,金銭信託,投資信託,有価証券,生命保険,損害保険などから運用方法を選定し,それぞれの運用方法に充てる金額を決定し,その旨を記録関連運営管理機関または事業主に通知する

注:*2009年度の税制改正要綱に,事業主拠出額を限度とし,かつ,事業主拠出と合計して拠出限度額の範囲内で行う個人拠出(いわゆるマッチング拠出)の導入が盛り込まれたが,実現されていない.

(2) 制度改革後の企業年金

　代表的な企業年金が厚生年金基金と適格年金であった.厚生年金基金は公的年金制度のうち,厚生年金の報酬比例部分の年金運用,給付の代行を行い,これに加えて企業の実態に応じた独自の上乗せ給付(プラスアルファ)を上乗せした年金運用,給付を行っている[9].適格年金は基金は作らず,また代行も行わない全くの私的年金制度であり,2012年3月までに廃止し,他の制度に移行しなければならないことが決まっている.

　わが国においては,2001年に制定された確定給付企業年金法及び確定拠出年金法により,企業年金は,厚生年金基金のほか,代行を行わない確定給付企業年金,確定拠出年金等に多様化し,様々な組み合わせの選択が可能となった(表4を参照).これを受けて,厚生年金基金の多くは2002年より代行を返上し,確定給付企業年金等に移行していることが図3からもわかる[10].

　なかでも米国の401Kにならった確定拠出型年金の導入は労使ともに選択肢

図3 企業年金残高推移

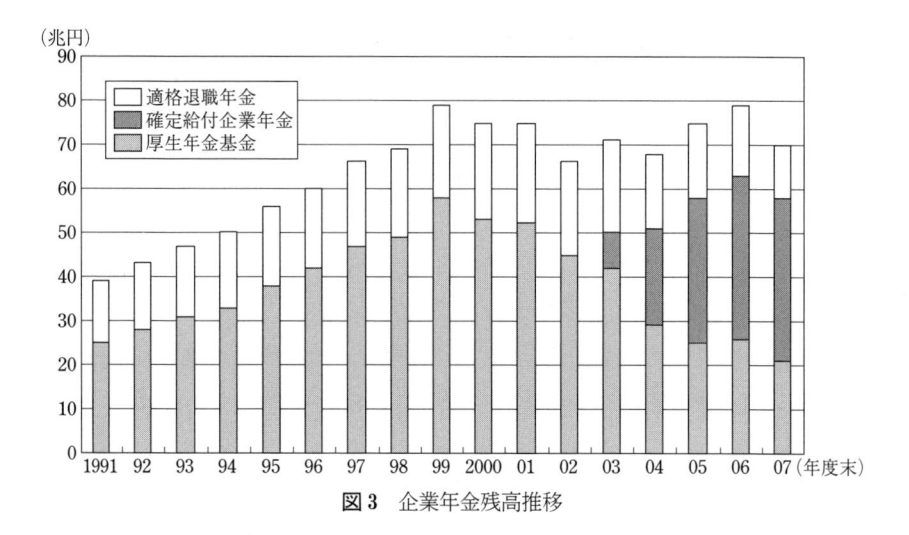

が広がった[11]．企業側から見ると運用に伴うリスクを負担する必要がなくなったのでそのメリットは大きい．他方，加入者である従業員が新たに自己責任で運用資産を決めなければならない点は，その負担増のみならず，運用がうまくいかなかった場合のリスクも負担しなければならないことも含めて大きい．ただし転職時の年金の移管に関しては年金資産が個人別に管理されているので資産移管が他の制度に比べて容易であり，ポータビリティーがあるといわれる．

(3) 運用を取りまく制度と実際

資産管理・運用担当者の受託者責任

「受託者責任」という言葉は，近年ではより広義に英米法の fiduciary duty に近い意味で，企業年金の資産管理や運用に関与する者が負う様々な義務と責任の総称として用いられている．年金資産の運用がうまくいかなかったときに，責任を取らなければならない可能性があるのが受託者である．

アメリカの企業年金法であるエリサ法は，fiduciary を以下のように定義している[12]．実質的にこの定義を満たす者は，肩書きや形式とは関係なくすべて受託者となるのである．

- 制度の管理に関し裁量性のある権限または支配力を有する者
- 制度の資産の管理または処分に関し権限または支配力を有する者
- 制度の資金またはその他の財産に関し直接的または間接的に有償で投資の助言をする者
- 制度の運営に関し裁量性のある権限を有する者

アメリカ法における受託者の具体的な義務は，忠実義務と注意義務である．忠実義務は，もっぱら加入者および受益者の利益のために職務を遂行しなければならないという一般的な義務である．つまり，企業年金の運営や資産運用にかかわる者は，加入者以外の者の利益のために行動してはならないのである．

注意義務とは，fiduciary がその義務を遂行するにあたり，「当該状況下で，同様の立場で行動し同様の事項に精通している思慮深い人（prudent man）が，同様の性格および目的を有する事業の運営にあたり行使するであろう注意，技量，思慮深さおよび勤勉さを用いること」である．しばしば「プルーデントマン・ルール」と呼ばれ，たとえば分散投資を行う義務などがこれに該当する．

日本法における受託者責任

これに対して日本にはすべての企業年金制度を包括的に規制対象とする法令は存在しないので，受託者責任一般に関する規定もない．しかし各法令が個別に，受託者に相当する者の義務と責任について定めている．いずれも大きく分ければ忠実義務もしくは注意義務のどちらかの系統に分類されるものである．

森戸（2003）によれば「『忠実義務や注意義務は，企業年金の資産管理や運用に関与する者が契約上あるいは信義則上当然負っている義務である』と考えれば，たとえ特別な規定が存在しなくても契約上の義務違反つまり債務不履行という形で受託者の責任を問うことはできるであろう．また民法上委任契約または準委任契約に該当する契約形態であれば，プルーデントマン・ルールに相当する善管注意義務（民法 644 条）の対象とすることもできる．さらに信託契約であれば信託法の適用も考えられる．ただいずれの場合も，具体的に誰のどのような行為が禁止されるのかが不明確であり，予測可能性に欠ける．また契約上の義務違反という構成をとる以上，直接契約関係にない者の間では責任追

及ができない」としている．

運用規制（5・3・3・2規制）の緩和を図るとともに，英米における「受託者責任」に関するルールのように，資産運用関係者の役割及び責任を明確化，具体化したルールの確立を図り，基金が自己責任で運用を行うことができる環境を整備することが重要であるとの認識の下，「厚生年金基金の資産運用に係る受託者責任ガイドライン」が1997年に策定された．基金の資産運用関係者の義務や責任については，厚生年金保険法等に規定されているが，これらの具体的内容は必ずしも明らかでなく，その結果，一般的には，関係者の責任意識は高いとはいえない状況にあり，早期に関係者の責任意識の醸成と運用管理体制の向上を図るためには，関係者の義務や責任を明確化，具体化するためのガイドラインを策定し，普及・定着させていくことが必要であったからである．

ガイドラインの策定に当たっては，米国のエリサ法における概念，義務等の基本的な考え方や精神をできる限り参考としつつ，わが国の実状に応じたものとなるよう留意している．ガイドラインは，現行法における「善管注意義務」や「忠実義務」の概念を，基金が管理運用業務を行う場面を想定して，具体的な行動指針として示している．なお，ガイドラインは，法令そのものではなく，どのような事項に注意すれば，理事等に求められる職務を全うできると考えられるかを示したものである[13]．

運用への規制，会計制度

運用規制の緩和 日本の企業年金は1962年の適格年金制度に始まる．そこでは「5・3・2規制」（安全性資産50％以上，国内株式30％以下，不動産20％以下）と運用に関する規制が定められていた．さらに厚生年金基金においては「5・3・3・2規制」（安全性資産50％以上，国内株式30％以下，外貨建て資産上限30％，不動産20％以下）の運用規制があった．この規制は1997年に撤廃され，代わりに政策アセットミックス（基本ポートフォリオ）策定が義務付けられ現在に至っている．

予定利率の弾力化 すでに説明したように確定給付年金の企業年金の場合，掛金と給付との関係は予定利率で関係付けられる．掛金およびそれからなる積立金の運用が予め定められた予定利率で運用されるならば，そこからの元利合

計はちょうど給付をまかなうことが可能となる．給付を所与とすれば予定利率を高くし，それが運用で実現すればその分掛金を低くすることができ，企業にとっては好都合となる．しかし運用からの実現収益率がそれよりも低い場合にはその時点に積み立てておかなければならない積立金を下回り，それが続くと予定の給付ができなくなる．

予定利率は当初5.5％とされていたが，実勢金利は金利低下を受けて下回り，最近は多くの期間でそれを実現することが不可能となっていた．これらを受けて，1997年に自由化され，「厚生年金基金および確定給付企業年金においては，下限予定利率以上で決定しなければならない」と弾力化された．この下限予定利率は「直近5年間に発行された10年国債の応募者利回りの平均または直近1年間に発行された10年国債の応募者利回りの平均のいずれか低い率」を基準に厚生労働大臣が決定するとされている．

退職給付会計の導入　企業年金会計とは，年金資産を時価で評価する一方，その時点で確定した将来の年金支払額の現在割引価値，すなわち退職給付債務を計算し，不足額があればそれを貸借対照表で認識するという会計手法のことである．退職給付債務はPBO（Projected Benefits Obligation）と呼ばれ，前述した，その時点で積まれていなければならない積立金であり，それは将来の年金支払を一定の割引率で割引くことによって計算される[14]．2001年3月期決算より年金や退職一時金といった退職給付債務の開示が義務づけられ，積立不足については退職給付引当金として貸借対照表に計上しなくてはならなくなった．

積立不足が多額になると株価の低下，格付け低下等による資金調達コストの上昇などの影響が懸念されるため，厚生年金基金の代行返上や確定拠出年金への移行など企業の年金財政健全化の動きが加速される．

実際の運用状況

企業年金も基本ポートフォリオを作成して，それに基づいて運用されている．その平均的な中身を見たものが表5である．1997年までは予定利率が5.5％と高かったため株式の組み入れ比率は公的年金のポートフォリオに比して高かった．その後，予定利率の低下とともに，また株式市場の低迷もあって特に国

表5 企業年金の資産保有比率 (2007年度末現在) (%)

	国内債券	国内株式	外国債券	外国株式	一般勘定	ヘッジファンド	その他	短期資金
厚生年金基金	22.55	26.92	12.54	18.06	7.05	6.33	3.50	3.06
確定給付企業年金	27.06	20.45	13.57	14.61	12.81	4.98	2.65	3.85

内株式の保有比率が下がったが,まだ公的年金に比して株式の比率が高いことがわかる.また生保の一般勘定,ヘッジファンドの保有比率が高いことも特徴的である.いずれも伝統的な4資産の運用成果が悪いことから代替的に選択されたものである.確定拠出年金の運用状況は統計が把握し難いが,企業型,個人型ともに預貯金の比率が40%以上と高いのが特徴である.以下,有価証券が40%弱,生保・損保が20%弱となっている.

　退職給付会計の進捗によって年金積立不足を発生させないように運用を行わなければならない要請は一段と強まった.より具体的には割引率を下回らないような運用である.さらに金利の低下時期には割引率も下がることになるので,その場合にはPBOも増加してしまい,年金資産価値が十分に増加しないと積立不足が生じる可能性が出てくる.これらPBOの変化に対応するように年金資産を組成,運用する必要がでてくる.この目的に沿った運用手法がLDI (Liability Driven Investment) であり,欧州を中心に開発,導入された.具体的には負債であるPBOの金利感応度と同じような金利感応度のポートフォリオを構築する必要があり,債券の保有割合が高まることになる.負債側を考慮して資産選択を行うので典型的な資産・負債管理 (Asset Liability Management) である[15].

4 年金基金とコーポレート・ガバナンス

　年金基金によるコーポレート・ガバナンス(株主権としての企業統治)活動への取り組みが一般化している.この背景には,加入者や受給者の利益の増大を目指して株主価値を最大化させ,中長期的な株式リターンを向上させることがある.特に年金基金の株式運用では,資産規模の拡大とともにパッシブ運用比率が拡大しており,業績,経営が悪い企業でも株式売却の余地が少なくなっ

ていることによる．株式を保有したまま，投資先企業に対して議決権行使等のコーポレート・ガバナンス活動を通じて経営の効率化を求め，株主価値を高めさせることも年金基金が運用資産のパフォーマンスを向上させる重要な手段となっている[16]．

年金基金によるコーポレート・ガバナンス活動については，特に米国の州公務員年金 CalPERS や教職員年金等が先進的な動きを示している．米国では，1980-1990 年代にかけて年金基金のコーポレート・ガバナンス活動が活発になり，年金基金の企業経営への監視機能が定着している．最も一般的に行われているのは株主議決権の行使であるが，大規模な公務員年金基金等は，ガバナンス原則の策定，株主提案，企業との対話，問題企業の公表や訴訟等の方法による積極的なコーポレート・ガバナンス活動も行っている．なお，一般の企業年金については，株主議決権の行使は行われているものの，取引先等とのビジネス関係が考慮され，積極的なコーポレート・ガバナンス活動が行われているわけではない．

日本の年金基金に目を転じると，コーポレート・ガバナンス活動の取り組みが始まってから日が浅いため，コスト面等で最も取り組みやすい株主議決権の行使が中心になっている．また，一般の企業年金よりも，厚生年金基金連合会や管理運用法人といった資産規模が大きく，公的な性格を持つ年金基金の活動が先行している点は米国と同様である．このうち，最も積極的な活動を行っている厚生年金基金連合会では，株主議決権の行使のほか，コーポレート・ガバナンス・フォーラムの運営，ガバナンスの優れている企業に投資するコーポレート・ガバナンス・ファンドの創設等が行われている．管理運用法人は「コーポレート・ガバナンスの重要性を認識し，議決権行使の目的が長期的な株主利益の最大化を目指すものであることを踏まえて方針を定め，これに基づいて適切に行使するものとすること」とし，議決権行使のあり方は各運用受託機関に任せているが，「株主議決権の行使に関する方針を管理運用法人に提出するもの，また，毎年度，株主議決権の行使状況を管理運用法人に報告するもの」としている．

他方，欧州では 90 年代以降，単に企業の収益性だけではなく，社会的責任のある企業としてのあり方に対する投資家の関心が急速に高まっている．企業

においても，社会的責任を果たすことが，社会の発展とともに自らの新たな価値の創造にもつながるとの認識が広がりつつある．このような動きの中で企業の収益性など財務的観点に加えて，環境，倫理，地域といった企業の社会的評価を考慮して投資する社会的責任投資（SRI）が欧米を中心に拡大している．GPF-G（ノルウェー政府年金基金）でも財務省内に倫理審議会を設けて明確な倫理基準の下で投資判断をしている．かつて，ウォルマート社が労働者を正当に扱っていないからとの理由から同社の株式を売却したことは有名な話である．

1) 公的年金の年金財政に関しては盛山（2007）が分かりやすい．
2) マクロ経済スライドの仕組みは，「賃金再評価制」における平均賃金上昇率の反映のさせ方と，「物価スライド制」による物価上昇率の反映のさせ方をともに抑制することによって，年金の支給水準の自動的な上昇に抑制をかけるものである．賃金や物価の伸びが小さく，適用すると名目額が下がってしまう場合には，調整は年金額の伸びがゼロになるまでにとどめる．したがって，名目の年金額を下げることはない．2005年から2023年までマイナス0.9%の調整がかかっているが，デフレ下では実施されていない．
3) この目標値は5年ごとの財政検証の際に見直される．当数値は2004年の財政検証時のものである．
4) 各資産クラス内においてはそれぞれの市場平均並の収益率の確保を目指す「パッシブ運用」が中心となっている．年金の運用理論に関しては，例えばBlake（2006），ローグ，ラダー（2000）等を参照．
5) 運用が計画通りにいかず，長期的に1.1%が確保できなくなると財政均衡は達成されず，マクロ経済スライド調整が行われる（継続する）ことになる．
6) 積立金は2007年末で22,385億ドルである．
7) Sovereign Wealth Fund（SWF）は政府系ファンド，あるいは国富ファンドと呼ばれており，外貨準備や年金，石油輸出収入などで蓄積された政府資金を債券や株式等の資産に投資する運用・管理機関．UAEなどの産油国やシンガポール（GIC）では経験が長く，最近では中国の外貨準備運用会社（SIC）が有名である．ノルウェー政府年金基金を除き，運用の開示内容は極めて乏しく，実態は不明な点が多い．
8) この区別の他に，確定給付年金の方が終身雇用制を促進し，それは従業員のスキルを高めるので生産効率的であるとの見方も見逃せない．たとえばイポリット（2000）を参照．
9) 基金とは，厚生年金保険法により設立を認められた「特別法人」であり，公法上の特別の権能が与えられ，また，国の特別の監督規制を受けるといった性格をもった組織である．

10) 厚生年金基金の代行部分を，厚生労働省の認可に基づいて国に返上することをいう．2002年4月の法改正により認められた．代行返上を行った基金は当該部分の退職給付債務の計上を免れるが，国に返還すべき積立金のほうが小さい場合が多いため，代行返上による特別利益を計上する企業が多くなっていた．
11) 確定拠出年金にはここで述べる企業型の他に国民年金基金連合会が実施する個人型もある．企業年金制度に関しては森戸（2003），坪野編（2005）が詳しい．
12) エリサ法とはアメリカにおいて1974年に制定された企業年金制度の設計や運営を統一的に規定する法律であり，Employee Retirement Income Security Act（従業員退職所得保障法）の頭文字をとってERISA（エリサ法）と呼ばれている．制度に加入している従業員の受給権を保護することを最大の目的としており，(1)加入員や行政サイドに対する情報開示，(2)制度への加入資格や受給権付与の最低基準，(3)年金資産の最低積立基準の設定，(4)制度の管理・運営者の受託者責任，(5)制度終了保険，などが規定されている．
13) ガイドラインの内容は，次のとおり．
    (1) ガイドラインの目的・性格・対象
    (2) 基金の資産運用関係者の役割分担
    (3) 理事（一般的義務，基本的な留意事項，運用の基本方針，運用の委託，資産管理の委託，運用コンサルタント等の利用，自己研鑽，利益相反，理事の責任）
    (4) 代議員
    (5) 監事
    (6) 資産運用委員会
    (7) その他（記録，情報提供）
14) 退職給付債務（PBO）を算出する際に使用する割引率の基準は，安全性の高い長期の債券の利回りとして，長期の国債，政府機関債及び優良社債の利回りとされ，一定期間（おおむね5年以内）の債券の利回りの変動を考慮して決定することができるとされている．過去の金利により割引率を決定できるとする指針は，日本特有のものであり，米国基準や国際会計基準では，期末時点の利回りとされている．この割引率は予定利率とは異なるもので，予定利率＞PBO割引率となっている．
15) LDIに関しては，米澤・三井アセット信託銀行年金運用研究会（2003），Scherer（2005）を参照．
16) 年金基金のコーポレート・ガバナンスへの取り組みに関しては，みずほレポート（2004年9月30日）が参考になる．

文献

浅野幸弘・金子能宏編（1998）『企業年金ビッグバン』東洋経済新報社．
アムバクシア，キース・P.（野村総合研究所・野村證券・野村アセットマネジメント訳）（2008）『年金大革命』金融財政事情研究会．
Blake, David (2006) *Pension Finance*, Wiley.

イポリット, リチャード・A. (みずほ年金研究所監訳) (2000)『企業年金の経済学――年金制度と生産性』シグマベイスキャピタル.
ローグ, デニス・E., ジャック・S. ラダー (刈屋武昭監訳, 年金工学研究会訳) (2000)『年金学入門』金融財政事情研究会.
森戸英幸 (2003)『企業年金の法と政策』有斐閣.
Scherer, Bernd (2005) *Liability hedging and portfolio choice*, Risk Books.
盛山和夫 (2007)『年金問題の正しい考え方』中公新書.
坪野剛司編 (2005)『総解説 新企業年金――制度選択と移行の実際』[第2版] 日本経済新聞社.
米澤康博・三井アセット信託銀行年金運用研究会 (2003)『年金運用と債券投資戦略』東洋経済新報社.

II 社会保障と財政・税制

5章　社会保障と財政・税制

宮島　洋

1　社会保障制度と財政制度の関連

(1) 本章の目的・対象および制度の定義

　本章の目的は，わが国における社会保障と財政・税制の関連について次の3つの主要テーマを設定し，財政学・租税論の見地から，国際比較を交えつつ，近年の制度改革や政策論議の主要な論点・争点を整理・検討することにある．第1に社会保障の基幹制度である社会保険の財源構成，運営主体等に着目し，社会保障と財政との実態的な制度関係を解明する．第2に財政民主主義と財政健全化を旨とする財政運営の実態と推移を踏まえて，国一般会計の社会保障関係経費に対する近年の財政運営の基本方針と歳出抑制の手法を考察する．そして，第3に社会保障財源としての付加価値税の位置づけを中心にしつつも，社会保障給付・負担の課税方法，社会保障給付と社会保障目的租税支出の代替性，社会保障給付・負担への税務行政の影響等，社会保障と税制との多面的な関連を分析する．

　本章における社会保障制度とは，ILO（国際労働機関）が定義する公的扶助，社会福祉，社会保険等の制度であり，財政制度とは予算政策，税制改正等の財政運営の基本となる一般財政制度（国・地方の一般会計）である．財政制度の範囲を狭く定義するのは，わが国では一般財政制度から分離・設置された特別会計や特別法人の運営による社会保険制度が社会保障制度の主柱であり，表1（最新の2006年度実績）にみられる両制度の財源関係の把握が議論の出発点になるからである．すなわち，社会保険制度は，社会保障支出合計約94兆円の91.1%，財源合計約104兆円の91.9%を占めているが，その財源合計の29.8

表1 社会保障支出・財源合計および公費の制度別構成と制度別財源における公費（2006年度）（単位：億円，％）

社会保障制度	運営制度	支出総額	（構成比）	財源総額	（構成比）	公費合計	（構成比）	（割合）	うち国庫負担	（割合）	うち地方負担	（割合）
生活保護	一般会計	26,742	2.8	26,742	2.6	26,742	8.6	100.0	20,062	75.0	6,680	25.0
社会福祉	一般会計	32,534	3.5	32,534	3.1	32,534	10.5	100.0	15,267	46.9	17,266	53.1
公衆衛生・公費医療	一般会計	5,710	0.6	5,710	0.5	5,710	1.8	100.0	4,341	76.0	1,370	24.0
戦争犠牲者援護	一般会計	10,325	1.1	10,325	1.0	10,325	3.3	100.0	10,325	100.0	0	0.0
家族手当	一般・特別会計	8,843	0.9	9,109	0.9	6,976	2.2	76.6	2,270	24.9	4,705	51.7
社会保険	特別会計	856,243	91.1	959,293	91.9	228,463	73.5	23.8	166,435	17.3	62,027	6.5
政府管掌健康保険	特別会計	42,273	4.5	76,068	7.3	9,371	3.0	12.3	9,371	12.3	—	—
組合管掌健康保険	特別会計	38,031	4.0	69,585	6.7	80	0.0	0.1	80	0.1	—	—
国民健康保険	特別会計	95,599	10.2	106,562	10.2	60,245	19.4	56.5	36,414	34.2	23,831	22.4
老人保健	特別会計	103,340	11.0	45,666	4.4	45,666	14.7	100.0	30,458	66.7	15,208	33.3
介護保険	特別会計	64,153	6.8	47,524	4.6	33,476	10.8	70.4	14,583	30.7	18,894	39.8
厚生年金保険	特別会計	223,866	23.8	346,762	33.2	48,701	15.7	14.0	48,701	14.0	—	—
厚生年金基金等	特別法人	17,509	1.9	34,149	3.3	5	0.0	0.0	5	0.0	—	—
国民年金	特別会計	155,015	16.5	58,251	5.6	18,890	6.1	32.4	18,890	32.4	—	—
雇用保険	特別会計	18,782	2.0	34,165	3.3	3,918	1.3	11.5	3,981	11.5	—	—
労働者災害補償保険	特別会計	11,192	1.2	13,778	1.3	12	0.0	0.1	12	0.1	—	—
私立学校振興・共済事業団	特別法人	3,454	0.4	6,885	0.7	635	0.2	9.2	561	8.1	74	1.1
国家公務員共済組合	特別法人	19,169	2.0	24,593	2.4	1,629	0.5	6.6	1,629	6.6	—	—
地方公務員等共済組合	特別法人	51,536	5.5	75,727	7.3	4,055	1.3	5.4	35	0.0	4,020	5.3
総計		940,397	100.0	1,043,713	100.0	310,750	100.0	29.8	218,703	21.0	92,048	8.8

注：1）支出総額は給付費，管理費，その他経費の合計であり，財源総額は公費のほか，社会保険料，資産収入，その他収入を含んだ合計である。「割合」とは，制度別の財源総額にしめる割合である。ただし，二重計算を避けるため，「構成比」は支出・財源間移転には除外している。
2）「構成比」は支出・財源総額および公費合計の制度別構成比である。
3）社会保険の制度内訳は主要な制度のみである。
4）家族手当には，児童手当のほか，児童扶養手当および特別児童扶養手当を含む。
5）戦争犠牲者援護は，旧軍人遺族恩給等，遺族・留守家族援護費，引揚者等援護費等である。
6）一般会計には地方一般会計を，特別会計には地方の特別会計を含む。
7）総計には，国家公務員恩給および地方公務員恩給を含む。

出所：国立社会保障・人口問題研究所『平成18年度 社会保障給付費』（平成20年11月）。

%は一般財政制度の財源負担すなわち公費負担である．そして，社会保険以外の諸制度では財源全額が公費負担であるが，社会保障制度全体の公費負担約31兆円の73.5%は社会保険財源に充当され，社会保険財源の23.8%を占めている．こうした社会保障全体および社会保険の制度的・財源的特徴の形成は世界的な社会保障制度の発展史に見出すことができる．

(2) 社会保障と財政の制度分離と財源関係

社会保障制度の発展と財政制度からの自立

社会保障制度の歴史を財政の観点から捉えれば，1880年代にドイツで一連の労働者保険法が成立するまで，社会保障制度とは公的扶助等の救貧制度であり，その運営と財源（財政収入）・給付（財政支出）は一般財政制度に包摂されていた．しかし，産業共済組合を起源とし，ドイツの労働者保険法の成立を契機に第1次大戦や世界恐慌を経て世界的に普及し，第2次大戦後には福祉国家の主柱となった社会保険制度では，その運営が特別制度（特別公会計や特別法人）に，基本財源も特別制度固有の独立財源（社会保険料）にそれぞれ転換され，社会保障制度の一般財政制度からの自立化が進められた．こうした制度間関係の変化は，国民福祉の長期安定性と権利性の観点から財政運営の分離を求める社会保障の論理と，財政負担軽減の観点から社会保障の分離を求める財政の論理とが合致したことによる．そして，社会的・政治的には保険料拠出の見返りとして受給権を普遍的に保障し，救貧制度のスティグマを解消するという基本的人権論が社会保険制度の発展を促したのである[1]．

しかし，社会保険制度の加入要件を満たせない，また，社会保険給付では不十分な人々への補完的な公的扶助，あるいは，加入と拠出を条件とする社会保険制度には必ずしも馴染まない家族・児童福祉，障害者福祉，失業対策等がなお必要であった．加えて，今日，わが国での基礎年金国庫負担割合の引上げ（さらには全額税方式化の提案），高齢者医療や介護保険の公費負担増の要請等にみられるように，近年では少子高齢化や経済グローバル化の進展にともなって，給付・負担の世代間公平性の改善や社会保険料（労働コスト）の抑制が求められ，社会保険制度への公費負担や特定税財源の増額を求める傾向が強まっている．

社会保険制度の運営

　特別会計や特別法人による社会保険制度の運営は国際的にもほぼ共通している．アメリカでは老齢年金の修正積立方式化にともない，1939年に一般財政制度の連邦資金（Federal Fund）とは分離された社会保障信託基金（Trust Fund）が，イギリスでは，「社会保険基金は，一定の責任と一定の収入源をもつ独立会計とすべきである」というベヴァリジ報告（Beveridge, 1942, 邦訳 167頁）に従って，1946年に予算外基金としての国民保険基金（National Insurance Fund）がいずれも社会保険拠出・給付関係の明確化を目的に設置された．これらが政府会計制度の一部であるのに対し，社会保険制度の分立と自律性を伝統とするドイツでは社会保険料全体の徴収機関を兼ねた疾病金庫（Kranken Kasse）が，フランスでもこれに類似した各種金庫，徴収連合会等の特別法人が社会保険制度運営の中核を担ってきた[2]．

　表1のように，わが国の主な社会保険制度の運営は政府経理の明確化等を目的に，国・地方とも一般財政制度から分離された特別会計で行われており，1926年の健康保険特別会計と1942年の労働者年金保険特別会計を起源に，その後，社会保障制度審議会（1950）の社会保険事業の特別会計設置勧告，新たな社会保険制度の導入（国民年金，国民健康保険，介護保険等），最近の国特別会計制度の大幅な統廃合などを経て今日に至っている．そして，社会保険関係特別会計には，社会保険料は一般会計を経由せず特別会計固有の歳入になる，決算剰余金は特別会計固有の準備的資金に積み立てられる，保険料収入の増額を限度に見合い給付支出を増額できる（弾力条項）といった，一般会計とは異なる財政運営が認められている．また，特別会計への統合が進んではいるが，健康保険組合，厚生年金基金，共済組合等の特別法人も保険料徴収を含む社会保険制度運営のなお重要な担い手である．

　こうした社会保険の運営・経理制度の把握，一般財政制度との財源関係の分析，そして，それらの国際比較には本来は国際標準の国民経済計算（以下 SNA）が最適である．「一般政府」制度部門を構成する「社会保障基金（Social Security Fund）」に，より包括的かつ厳密な経済的基準に基づいて社会保険制度の運営主体が分類され，その収入・支出が記録されているからであ

る[3]．しかし，SNA の利用には限界がある．1つは資料上の制約であり，たとえば，本章の関心事である「社会保険財源の公費負担」に該当する，「社会保障基金の中央・地方政府からの経常移転受取」を OECD やわが国の SNA 統計から社会保険制度別に把握するのは困難である[4]．もう1つは方法上の制約であり，たとえば，第2節の財政運営や予算政策の論点で議論する経費分類や概算要求基準は，当然のこととはいえ，SNA 基準ではなく，財政制度基準で定義・記述・計数化されていることである．

(3) 社会保障財源における公費[5]

「公費」に関する論点

公費とは，社会保障制度では財源（収入）であるが，一般財政制度では社会保障関係経費という歳出に他ならないため，予算の単年度原則と歳出抑制優先の財政健全化を旨とする財政運営の影響をもっとも受けやすい．また，公費の一般財政制度財源は公債収入等も含む一般財政収入であり，その基本財源とはいえ租税に限定されるわけではない．したがって，公費負担の増加は租税負担もしくは公債発行の増大を招くことになる．今日，わが国では社会保険行政への不信感から社会保険料への批判，逆に公費への期待が高まり，社会保険給付の充実または保険料や自己負担の軽減という観点から大幅な公費増の要請が強まっているが，後述のように，中長期的には，債務残高の累増を背景に基礎的財政収支の改善を目指す財政健全化が財政運営の基本課題とされており，実際には，純増税型の大規模かつ抜本的な税制改革の難しさから，公費負担の保険料負担への切換えを含め，歳出の抑制が主要な課題とされる可能性が強い．

こうした社会保障財源における公費負担の現状を資料の得られる欧州諸国で比較した表2によれば，欧州主要国の社会保障（Social Protection）部門全体の公費負担に相当する「一般政府拠出」の構成割合および GDP 比の水準が高いのは，公費負担の無拠出年金や国民保健サービスの双方または一方を柱とする北欧諸国やイギリスであり，逆に水準が低いのは社会保険制度を中心とする西欧大陸諸国である．資料が異なるため厳密な比較は難しいが，わが国の全体的な公費負担割合 29.8％はフランスとほぼ同水準にあるが，わが国の場合は，高齢化の進展が著しいにもかかわらず，社会保障支出および収入の対

表2 欧州主要国における社会保障（Social Protection）部門の財源構成（2005年）

(単位：%)

	高齢化率	社会保障支出GDP比	社会保障収入GDP比	社会保障収入構成割合			
				一般政府拠出	(GDP比率)	保険料拠出	資産収入等
デンマーク	15.1	30.1	34.4	63.2	21.8	28.8	8.0
ノルウェー	14.7	23.9	24.2	55.8	13.5	44.1	0.1
イギリス	16.0	26.8	26.7	50.5	13.5	47.9	1.6
スウェーデン	17.3	32.0	34.7	48.0	16.7	49.8	2.2
フィンランド	15.9	26.7	29.6	43.7	12.9	50.2	6.1
イタリア	19.3	26.4	26.7	41.4	11.0	57.0	1.6
ドイツ	19.2	29.4	30.3	35.6	10.8	62.7	1.7
スペイン	16.8	20.8	22.2	33.4	7.4	64.5	2.1
オーストリア	16.3	28.8	28.3	33.1	9.4	65.3	1.6
フランス	16.4	31.5	30.9	30.5	9.4	65.6	3.9
ベルギー	17.6	29.7	34.5	24.7	8.5	73.4	1.9
オランダ	14.1	28.2	32.6	19.9	6.5	67.8	12.3
日本(2006年度)	20.8	18.4	20.4	29.8	6.1	53.8	16.4

注：1) 社会保障支出には給付費のほか，管理行政経費，利払費等を含む．
　　2) 一般政府拠出（政府財政負担）には，フランスの社会保障目的税である一般社会拠出金（CSG）が含まれる．
出所：Eurostat: *European Social Statistics, Social Protection Expenditure and Receipt 1997-2005*, 2008.
　　国立社会保障・人口問題研究所「平成18年度 社会保障給付費」（平成20年11月）．
　　高齢化率は，国立社会保障・人口問題研究所『人口統計資料集2008』(2008)，『人口問題研究』64巻3号 (2008)．

GDP比がかなり低い水準にとどまっているため，公費負担のGDP比も6.1%という低い水準にある．

　もう1つ公費負担に注意すべきは，たとえば基礎年金のいわゆる税方式化，つまり，給付財源の公費負担または租税負担への転換は拠出制から無拠出制へという年金制度の根本的な質的変化を招くことである．保険料拠出の見返りに受給権が保障される拠出制と異なり，無拠出制では，居住・所得基準で受給権が決定されるため，ベヴァリジ報告（前掲）や社会保障制度審議会（1950）が強調した就業・拠出への誘因や受給権の普遍化という拠出制の社会保険方式固有の経済社会的な長所が失われる恐れが強い[6]．また，無拠出制では，拠出制固有の保険料徴収問題は解消するが，基本財源の租税に脱税，租税回避，滞納等の固有の問題が生じることになる．なお，わが国では，社会扶助方式ないし公費負担方式と「税方式」とは必ずしも区別されないが，特定税収・支出の直

接連動，特別会計への直入等の条件を満たす目的税が財源の場合のみ，「税方式」というべきであろう．

社会保険財源への公費負担

　一般財政制度負担の公費が社会保険財源の約4分の1を占めているわが国の現状に対しては，リスク分散の保険原理と所得再分配の扶助原理（福祉原理）が混合した一貫性に欠ける社会保険制度であるという批判がある．本章では保険原理の定義は争点とせず，「給付財源は保険料で賄うこと」を社会保険制度の保険原理と理解しておく．まず表1のように，公費負担割合が明らかに高いのは，高齢退職者，自営業・農家，非正規労働者，無職者等の非被用者を被保険者とする老人保健，介護保険，国民健康保険および国民年金である．要するに，主として公費負担は保険料拠出能力が脆弱かつ不安定な人々に対する，保険料の減免，最低給付の保障，高額医療・介護費用の負担軽減等を目的とした財政補助であり，国民皆保険・皆年金制度を維持する再分配的な政策コストである．さらに興味深いのは生活保護受給期間でも国民年金は法定免除，介護保険は生活・介護扶助でともに被保険者資格が維持されるという生活保護と社会保険の制度関係である（唯一の例外は医療扶助による国民健康保険の適用除外である）．こうした公費負担のあり方はわが国固有の特徴であろうか．

　そこで次に，OECDと日本の一般政府SNA統計から，社会保障基金の経常収入合計にしめる公費負担（主に一般財政制度からの繰入・補助による経常移転受取と社会保険への使途特定税収の合計）の割合等を国際比較したのが表3である．外国の社会保険制度の実態は必ずしも詳らかではないが，公費負担の割合およびGDP比の比較からは，社会保険制度を主柱とする欧州大陸諸国でも保険原理と扶助原理との混合的な構造と度合はわが国に類似していることが分かる．欧州大陸諸国の社会保険では保険料拠出能力に欠ける低所得者は適用除外または任意加入の扱いになるという制度面が強調されるが，その実態は限定的なのであろう．実際，SSA and ISSA（2007）によれば，欧州大陸諸国の社会保険制度にも低所得の自営業・農家，失業者，育児者，学生等への保険料補助や最低給付または補足給付，さらには保険料不足分の赤字補塡等を公費負担によって賄う制度が相当程度組み込まれている[7]．わが国のように皆保険・

表3 主要国の社会保障基金経常収入における公費負担の割合とGDP比(2006年) (%)

	公費負担割合			公費負担合計
	合計	経常移転受取割合	租税収入割合	対GDP比
ベルギー	32.5	28.5	4.0	6.3
フランス	30.7	3.5	27.2	7.1
日本	29.5	29.5	0.0	4.7
イタリア	28.2	28.2	0.0	5.0
フィンランド	26.3	26.3	0.0	4.7
オーストリア	26.1	26.1	0.0	4.2
ドイツ	19.6	19.6	0.0	4.0
オランダ	15.3	15.3	0.0	2.6
スウェーデン	12.7	12.7	0.0	0.9

注:1) 資料が得られる主要国のみ掲載した．ちなみに，イギリスのSNAには社会保障基金部門がない．
2) 経常収入合計は社会保険料，資産所得，経常移転受取，目的税（フランスのCSG）等の合計である．
出所：OECD, *National Accounts of OECD Countries*, Vol. Ⅳ, *General Government Accounts*, 2007.
日本は，内閣府経済社会総合研究所国民所得部編『平成20年版 国民経済計算年報』（平成20年6月）における2006年度計数．

皆年金体制を謳う国だけでなく，社会保険制度を重視する大陸諸国でも，公費負担という再分配的な扶助原理を同様に採り入れ，低所得者への社会保険制度の適用拡大に努めているのは，生活困窮の救済は自立支援による就業復帰までの一時的な措置と考えられていること，そして，受給権利の普遍化（資力調査の行政コストとスティグマの排除）という社会保険制度の長所が評価されていることからであろう．

2 財政運営と社会保障関係経費

(1) 財政運営の基本的考え方

財政民主主義と財政健全化の財政運営原則

財政運営とは，国民への公共サービスの提供，不公平な所得分配の是正，経済や雇用の安定化等を目的に，主に予算の形式で課税や起債およびそれを財源とした経費支出を行うことであるが，行政府（内閣）が執行する財政運営の手

続きと規律の基本原則は法律で定められている．最高法規の憲法に規定された財政運営手続きの基本原則は，財政処理の国会議決主義に集約される財政民主主義の原則であり，特に厳格な租税法律主義や予算の単年度原則が重要である．その上で財政法に規定された財政運営規律の基本原則が財政健全化であり，収支均衡の基本原則と公債発行（財政赤字）の建設公債原則が重要であるが，問題は財政民主主義の実態が財政健全化を軽視しがちなことにある．すなわち，現実には，国民（有権者）の支持を得やすい減税や歳出増加を選好し，国民の反発を招きやすい増税や歳出削減は忌避するという政治的意思決定の非対称性が深刻な問題となる[8]．したがって，財政健全化の実効性を確保するには，景気変動に応じた裁量政策から中長期の構造ルール政策への財政運営の転換，そして，財政運営の決定と実施に国会の同意を取り付ける財政民主主義実態の変革が必要となる．その最近の事例が財政構造改革法の制定であり，それが挫折した後の「骨太方針」（経済財政運営と構造改革に関する基本方針）の閣議決定であった．

前者の1997年制定「財政構造改革の推進に関する特別措置法」には大きく2つの特徴があった．1つは，従来のような内閣の財政運営方針ではなく，財政構造改革と財政運営の目標や方針，個別歳出分野の改革方針と集中改革期間の量的縮減目標等を定めた「法律」として国会議決を得たこと，つまり，国会自らが予算の単年度・議決原則を実質的に棚上げにしたことである．もう1つは，EUのマーストリスト条約におけるユーロ参加財政基準を模範に，財政健全化への新しい財政運営ルールとして「財政赤字（SNAベース）の対GDP比3%以内」を財政構造改革目標の第1に掲げたことである[9]．しかし，すでに成立段階から懸念されていた不況の深刻化から，翌年には財政構造改革法は凍結されてしまった．

「骨太方針」の基本戦略と財政健全化

2001年成立の小泉内閣では，総理大臣および内閣の政治主導性の強化を主目的に実施された中央省庁等改革の成果をフルに活用し，国会（与党）に対する内閣の主導性が格段に強められるとともに，単年度の概算要求基準の閣議了解に先立って，経済財政諮問会議の審議を経た「骨太方針」で財政規模，財政

収支,歳出削減,税制改正等の中期的な財政運営の基本方針が閣議決定される段取りとなった.そして,その骨太方針では,「官から民へ」と「国から地方へ」,すなわち,経済・財政機能の意思決定権限を国家から消費者(市場)に移譲する民営化と住民(地方)に移譲する地方分権という二重の分権化(decentralization)[10]を基本戦略に,「小さくて効率的な政府」を目指す経済財政構造改革の基本方針が一貫して掲げられた.要するに,前述した財政民主主義実態の温床である大規模な国家財政の再分配機能を民営化と地方分権によって縮小し,いわゆる三位一体改革(国庫補助負担金の縮減,税源移譲,地方交付税改革)で強調されたように,「受益・負担関係の明確化」を通じ,財政責任に基づく自主決定を人々に促し,政府の肥大化と非効率を是正する戦略である.こうした分権化の基本戦略の下で,「骨太方針」に一貫して掲げられた財政健全化の目標は,財政破綻に至る恐れのある政府債務残高の累増を抑制するために基礎的財政収支(公債金を除く歳入と公債費を除く歳出との収支)を黒字化すること,そして,高齢化に伴う社会保障給付費の増大等による政府規模の増大に歯止めを掛けるために潜在的国民負担率(租税・社会保障負担と財政赤字との合計額の対国民所得比)を50%以下に抑制することであった.

そして,基礎的財政収支の黒字化に向けた歳出・歳入一体改革の第1原則に掲げられた「小さくて効率的な政府」原則とは,「"歳出削減なくして増税なし"の考え方の下,歳出削減,行政改革を徹底し,必要となる税負担増を極力小さくする」ことであった.こうした財政健全化への歳出削減優先の方針に従えば,後述のとおり,最大の主要経費であり,しかも特に高齢化の自然増圧力が強い社会保障関係費が歳出削減の実際の標的になるのは当然の帰結であったが,それには大きく2つの問題点が指摘できる.第1に,わが国の財政構造の特異さは,2005年における高齢化率と一般政府財政を国際比較した表4から浮き彫りにされるように,高い水準の財政赤字や債務残高の主因は歳入要因の租税負担率の低さにあり,問題の歳出要因の柱である社会支出は高齢化率の割には著しく低い水準にあることである.第2に,歳出削減政策は社会保障の生涯という超長期の時間軸を財政運営の単年度原則の時間軸に分割・圧縮することに他ならないことである.

表4 2005年における主要国の高齢化率と一般政府財政規模・収支の対GDP比(%)

	日本	イタリア	ドイツ	スウェーデン	フランス	イギリス	アメリカ
高齢化率(65歳以上人口割合)	20.2	19.3	19.2	17.3	16.4	16.0	12.4
政府総支出	38.4	48.2	47.0	54.0	53.5	44.9	36.7
うち公的社会支出	18.6	25.0	26.7	29.4	29.2	21.3	15.9
租税・社会保障負担	27.4	40.9	34.8	49.5	43.9	36.3	27.3
租税負担	17.3	28.3	20.9	36.3	27.7	29.5	20.6
社会保険料負担	10.1	12.6	13.9	13.2	16.2	6.8	6.7
財政収支	▲6.7	▲4.4	▲3.4	2.0	▲3.0	▲3.5	▲3.6
基礎的財政収支	▲5.9	▲0.3	▲1.0	1.7	▲0.6	▲1.6	▲1.6
長期債務残高	175.3	120.1	71.0	59.7	75.7	46.8	62.4

注:SNAにおける一般政府は中央政府,地方政府および社会保障基金から構成される.
出所:政府総支出,財政収支・基礎的財政収支,長期債務残高は,OECD, *Economic Outlook*, 83 Database 2008.
　　租税・社会保険料負担は,OECD, *Revenue Statistics 1965-2007*, 2008, OECD.
　　公的社会支出は,OECD, *Social Expenditure Database* (SOCX2008).
　　高齢化率は,国立社会保障・人口問題研究所『人口問題研究』第64巻第3号,2008年.

(2) 国一般会計における社会保障支出の構造と推移

財政収支の推移とその主な歳入・歳出要因

地方財政の議論は次章に譲り,まず,このほぼ10年間における国一般会計の財政収支(基礎的収支を含む)の推移をみると,表5①のように,歳入総額に占める税収の割合が5割台にまで低下するなど,不況の深刻化と不況対策減税の実施を反映した税収の大幅な落ち込みから,1998年度以降,巨額の赤字基調が続き,ようやく2006年度に至って景気回復による急激な税収増加から収支の改善が進んだものの,2008年度にはアメリカの金融危機に端を発した金融・経済不況から税収が大きく減少し,再び大幅な収支の悪化に転じている.

他方,こうした財政収支の悪化を招いた歳出面の要因としては,表5②のように,急速な高齢化にともなう社会保障関係費のほぼ一貫した増加傾向が挙げられる.とりわけ一般歳出(政策的経費)に占める社会保障関係費の割合が2003年度には40%を超え,さらに高齢化という自然増要因から増大傾向が続くことに,後述のように,財政健全化の観点から,政府および財務省が強い危機感を募らせたのである.

表 5　国一般会計の財政状況および社会保障関係費の推移

① 国一般会計財政の推移（決算：2008 年度は補正後予算）

(単位：億円)

年度	1998	1999	2000	2001	2002	2003	2004	2005	2006	2007	2008
財政収支（国債発行額）	▲340,000	▲375,135	▲330,040	▲300,000	▲349,680	▲353,450	▲354,900	▲312,690	▲274,700	▲253,820	▲331,680
基礎的財政収支	▲163,015	▲172,416	▲115,579	▲141,711	▲193,677	▲198,010	▲179,751	▲125,329	▲94,331	▲60,916	▲132,279
税収の対歳入総額割合(%)	55.1	50.0	54.3	55.2	50.2	50.6	51.3	55.1	58.1	60.3	52.2

② 社会保障関係費の推移（決算：2008 年度は補正後予算）

(単位：億円)

年度	1998	1999	2000	2001	2002	2003	2004	2005	2006	2007	2008
社会保障関係費	156,749	190,224	176,364	193,443	196,300	197,201	202,860	206,031	205,550	211,410	228,313
対一般歳出割合(%)	29.9	35.2	33.9	37.0	38.0	41.4	41.9	42.7	44.0	44.4	42.8
生活保護費	12,977	13,979	14,837	15,820	16,769	18,102	19,409	19,738	20,062	19,820	20,473
社会福祉費	46,716	58,539	40,129	19,064	17,620	18,831	17,229	16,630	15,626	15,120	20,046
社会保険費	87,040	104,372	111,334	143,902	144,822	149,765	156,441	160,741	162,673	170,803	179,652
保健衛生対策費	5,998	5,881	5,749	5,424	5,227	5,625	5,144	5,104	4,851	4,154	4,685
失業対策費	4,019	7,453	4,314	9,234	11,861	4,877	4,637	3,818	2,338	1,513	3,457

③ 部門別の社会保障関係費（厚生労働省所管）の推移（当初予算）

(単位：億円)

年度	1998	1999	2000	2001	2002	2003	2004	2005	2006	2007	2008
社会保障関係費	148,431	161,123	167,666	173,069	181,116	188,291	196,391	202,242	204,188	209,659	216,132
年金	42,455	50,390	51,529	53,416	54,919	56,284	58,246	62,695	66,578	70,305	74,375
医療・介護	68,632	72,353	80,545	85,985	89,366	93,366	99,366	100,380	100,729	103,770	104,706
福祉・雇用等	37,344	38,380	35,592	33,668	36,831	38,641	38,779	39,167	36,881	35,584	37,052

出所：財務省主計局「社会保障関係予算等のポイント」（各年度）、財務省主計局編「決算の説明」（各年度）．

主要経費別および部門別にみた社会保障関係費の推移

国一般会計の主要経費別分類による社会保障関係費は，表5②のように，社会保険費と社会福祉費を中心に大きく5つの経費から構成されており[11]，前者の社会保険費が国・地方社会保険関係特別会計への繰入・補助すなわち社会保険国庫負担である．そして，1998年度以降の社会保障関係費の動向を主に社会保険費と社会福祉費の関係からみる場合，介護保険の導入，三位一体改革，そして，高齢化による自然増の一律削減政策に注目する必要がある．

まず，2000年度の介護保険実施の影響は1999年度の1兆円近い社会福祉費増（補正予算）に，そして，2000年度以降は社会福祉費から社会保険費への巨額の振替として明瞭に現れている．三位一体改革における税源移譲に対応した国庫補助負担金の整理・縮減の影響は必ずしも明瞭ではないが，2005-2006年度における社会福祉費の減少（児童手当，児童扶養手当等の国庫負担率の引き下げ），社会保険費の増勢の鈍化（国民健康保険国庫負担金の大幅な減額）等に窺うことができる．次項で考察するように，2003年度以降，高齢化による自然増への厳しい歳出削減政策がとられたものの，それを上回る自然増の影響が社会保障関係費の増加傾向を規定したのである．

次に，表5③における社会保障関係費の部門別分類では，年金部門と医療・介護部門の比較が重要である．社会保障給付費では年金部門がもっとも大きいが，表1のように，国民健康保険，老人保健，介護保険の国庫負担割合が特に高いため，一般会計歳出予算では医療部門がもっとも大きく，これに関連の深い介護部門を加えれば，社会保障関係費のほぼ半分を占める．財政健全化の観点からは，医療問題がもっとも重視され，歳出抑制の手法として保険給付範囲の縮小等による公的医療費の抑制が強調される所以であり，また，年金部門に限定された租税財源論の視野の狭さが批判される所以である．

(3) 近年の社会保障関係費への財政健全化政策の実態

「骨太方針」の社会保障経費抑制方針と単年度・一律削減手法

小泉新内閣が本格的に取り組んだ2003年度予算の編成について，「骨太方針2002」では一般会計歳出総額および一般歳出を前年度水準以下に抑制することが基本方針とされたが，社会保障関係費の具体的な抑制方針は示されなかった．

しかし，骨太方針を受けて財務省が提出し閣議了解を得た平成15年度概算要求基準では，年金・医療等の経費の高齢化等に伴う自然増を制度・施策見直しによって削減し，その要求増の上限を2,200億円減の6,900億円とする方針が明記され，この抑制手法が一連の社会保障制度改革を控えた「骨太方針2003」自体に明記されたのである．すなわち，一般歳出の約4割を占め，年々増加する社会保障関係費の伸びの抑制が財政上の最大の課題であるため，概算要求段階から社会保障関係費の自然増を放置することなく，年金・医療・介護・その他分野の制度改革等や近年の物価・賃金の動向を踏まえた給付・コストの見直しにより，その抑制を図る，と．

こうして2003年度予算以降，社会保障関係費の高齢化に伴う自然増（7,200億円から1兆800億円）の毎年度・一律2,200億円削減（5年間1.1兆円削減の年度均等割額）という財政健全化への典型的な単年度歳出抑制手法が一貫して実施されたのである．そのための自然増削減措置のうち，物価下落に連動した各種給付水準の引き下げ，薬価の引き下げ改定，三位一体改革の税源移譲に対応した国民健康保険国庫負担の減額等には合理性が認められるものの，診療報酬および介護報酬の引き下げや公的保険給付の縮小（高齢者医療や食住費の自己負担引き上げ），生活保護老齢・母子加算の段階的廃止，雇用保険国庫負担の大幅削減や政府管掌健康保険国庫負担の削減等をみると，少子高齢社会の政策重要度ではなく経費規模の大きさを問題視する財政健全化の論理，そして，経費の長期的抑制効果ではなく短期的削減成果を求める単年度財政運営の論理がもっぱら優先された結果と考えざるを得ない．

年金国庫負担の抑制──事務費と基礎年金

社会保障制度審議会（1950）の勧告に沿って，わが国では社会保険事務費の公費負担を原則としてきたが，第2次臨時行政調査会の第1次答申（1981年）を契機に，財政構造改革法（1997年）に至り，歳出削減措置の一部として，年金事務費のうち保険事業運営の直接経費部分（年金事務費の5割前後）が国庫負担から保険料負担に切り換えられた．翌年，財政構造改革法は停止されたが，この保険料財源負担は特例法で継続され，結局，2008年度には恒久化されるに至った．また，基礎年金国庫負担割合を2分の1に引き上げる年金制度

改革の実現が難航したのも財政運営の制約によるところが大きい．2004 年度の与党税制改正大綱により当面の国庫負担増財源の捻出に年金課税の強化と定率減税の廃止が行われ，平年度 3 兆円近い税収増が見込まれたものの，地方交付税の財源に加え，特例国債の減額にも充当されたため，2008 年度予算までの国庫負担の増額 6,281 億円は所要財源の 4 分の 1 弱に過ぎなかったのである．そして，2009 年度を目途とした消費税を含む抜本的税制改革が先送りされたため，結局，2009 年度予算において財政投融資特別会計剰余金の特例繰入という「隠れ借金」手法で 2 兆 3,002 億円の巨額の引上げ財源が手当されることになった．

3 社会保障と税制の多面的関連[12]

(1) 社会保障財源としての租税

社会保障と付加価値税——欧州諸国と日本

Kato (2003, pp. 22-27) は，第 2 次大戦後の福祉国家と付加価値税との関連について，1970 年代までの経済成長期に逆進的だが税収安定的な付加価値税を基幹税として確立できた国はその後の経済停滞下でも福祉国家を維持できたのに対し，確立できなかった国は財政の悪化から福祉国家縮減への圧力に晒される傾向にあったと論じている．表 6 で読み取れるように，前者が欧州諸国，後者が日本であるが，第 1 次大戦期に戦費調達やインフレ対策を目的にドイツやフランスで導入された課税累積型の取引高税を原型に，第 2 次大戦後の欧州諸国で付加価値税が急速に普及・確立された理由は大きく 2 つある．第 1 に，EC 結成（1967 年）による域内貿易促進の要請から取引高税の欠陥をインボイス方式の仕入税額控除によって是正したのが共通付加価値税であり，普及・確立の原動力は共通税制の採用義務という外圧にあった．第 2 に，西欧諸国は 1960 年代には高齢化率が 10% を超えるという高齢化に直面し，社会保障の整備財源に付加価値税の基幹税への強化が不可欠であった．

他方，わが国では第 2 次大戦直後に導入された取引高税の短期間での廃止，高度成長による所得・法人課税の多額な自然増収の発生，1980 年代以降の少子高齢化の進展等，そもそも付加価値税の早期導入の必要性が乏しかった．今

表6 OECD加盟主要国における一般売上税の沿革と現状

	国名	旧一般売上税 導入年	旧一般売上税 税種	付加価値税 導入年	付加価値税・標準税率(%) 導入時	付加価値税・標準税率(%) 1985年	付加価値税・標準税率(%) 2005年	一般売上税収GDP比(%) 1965年	一般売上税収GDP比(%) 1985年	一般売上税収GDP比(%) 2005年
EU	フランス*	1917	小売売上税	1968	16.7	18.6	19.6	7.9	8.5	7.5
	ドイツ*	1916	取引高税	1968	10	14	16	5.2	5.7	6.2
	オランダ*	1934	製造売上税	1969	12	19	19	4.1	6.9	7.6
	ベルギー*	1921	取引高税	1971	16	19	21	6.6	7.0	7.2
	イタリア*	1919	取引高税	1973	12	18	20	3.3	4.9	6.0
	デンマーク	1962	卸売売上税	1967	10	22	25	3.0	9.3	10.0
	フィンランド	1941	製造売上税	1969	11.1	19.05	22	5.6	7.3	8.7
	スウェーデン	1941	小売売上税	1969	11.1	23.5	25	3.6	6.6	9.2
	イギリス	1940	卸売売上税	1973	10	15	17.5	1.8	6.0	6.8
	オーストリア	1923	取引高税	1973	16	20	20	6.3	8.6	7.9
EU外	ノルウェー	1934	製造売上税	1970	20	20	25	6.4	7.8	7.9
	ニュージーランド	1933	卸売売上税	1986	10	—	12.5	1.8	3.2	8.9
	日本	1948	取引高税	1989	3	—	5	—	—	2.6
	カナダ	1923	製造売上税	1991	7	—	7	4.6	4.3	5.0
	オーストラリア	1930	卸売売上税	2000	10	—	10	1.5	2.2	4.1
	アメリカ	1932	州小売売上税	—	—	—	—	1.2	2.0	2.2

注:*印はEC結成当時の加盟国。アメリカでは付加価値税が導入されていない。わが国の取引高税は1950年に廃止された。
出所: OECD, Consumption Tax Trends, 2007 および, OECD, Taxing Consumption, 1988.

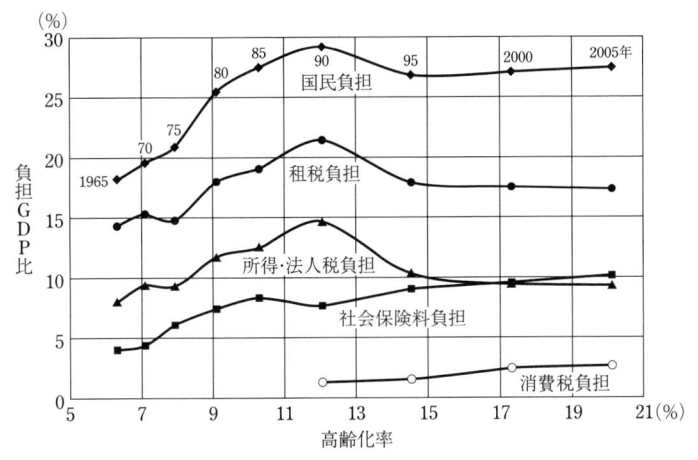

図1 日本における高齢化率・国民負担率相関の長期推移（1965-2005 年）
出所：表4出所2, 4と同じ.

日，社会保障の税財源は消費税，そして，EU 諸国の標準税率（表6参照）に比べ低税率の消費税には増税余地が十分あるという論調は EU 型付加価値税の沿革と特質を無視した単純な国際比較と言わざるをえない．特に EU 結成にともなう税関の廃止で従来の税率の国境調整が困難となり，15% 以上の標準税率の採用という税率の共通化が加盟国に義務づけられたという共通税制固有の事情が重要である．

消費税の大幅増税の政治的可能性

日本の税制に焦点を絞れば，高齢化率を基準に各種負担率の長期推移をみた図1のように，高齢化がまさに加速した 1990 年代以降，逆に，租税負担率は所得税等の景気対策減税や長期不況による自然減収から低下に転じている．そして今日，消費税との関係でより直截的には，予算総則により基礎年金・老人医療・介護保険の国庫負担に充当すべき国の消費税収が 2009 年度では必要額の半分にも満たないのである[13]．したがって，高齢社会の社会保障整備や財政健全化の観点から消費税率の大幅引上げが提唱される根拠は一見明確ではあるが，政治的には低税率だからこそ大幅増税は困難と考えるのが現実的であろう．純増税型の税制改革がそもそも困難な低成長下では，逆進的な消費税の増

税にはそうした政治的リスクが特に大きく，実際，与野党とも経済成長による自然増収，歳出の削減，特別会計剰余金の活用等を強調し，当面は消費税増税の回避を重視せざるをえないのである[14]．

こうした閉塞状況を打破する戦略が消費税の社会保障目的税化に他ならないが，EU諸国の付加価値税にはほとんど例がないように，基幹税たる付加価値税の目的税化は財政健全化と両立しない恐れがある．また，社会保障目的税提案の多くが基礎年金税方式化という当面の争点にほぼ集中し，社会保障全体の制度・財源一体改革の視点が希薄な上に，歳入中立性（消費税増額と社会保険料減額）を前提に財政健全化を棚上げしているのも問題である．2008年11月の社会保障国民会議「最終報告」の試算によれば，2025年における社会保障（年金・医療・介護・少子化対策）の公費負担追加所要額は消費税率換算で，基礎年金が社会保険方式の場合6%程度，税方式の場合9-13%という．ただ，消費税増税の展望を判断するには，さらに債務残高GDP比の発散防止に要する追加所要額等の検討が必要である．

社会保障財源としての付加価値税の適性

税制調査会答申が強調しているように，付加価値税の社会保障財源としての適性の第1は税収の安定性にある．確かに累進所得税や法人税に比べた税収の安定性は長期安定性を旨とする社会保障の財源，特に低成長下の基盤財源として価値が高いため，わが国でも消費税への期待が大きいのは当然である．付加価値税収の安定性は消費の安定性つまり消費の定額的要素（定額税的な税率構造）に由来し，これを一定期間の所得基準で測った税負担構造が逆進性に他ならない．遺産なしの生涯所得を基準とすれば，むろん税負担は比例的となるが，高所得層の遺産を考慮すれば，生涯税負担もやはり逆進的である．この税収安定性イコール負担逆進性という付加価値税の特徴こそ社会保障との相互関係の根拠であり，北欧諸国の高水準の付加価値税率と社会保障支出との相関が容易に理解できるのである．

適性の第2は世代間公平と経済的中立性を導く負担の一般性にあるとされる．付加価値税と社会保険料（労働所得税）は，スティグリッツ（Stiglitz, 2000, 邦訳［下］648-650頁）の議論のように，生涯負担の等しい公課であるが，社

会保険料は勤労世代のみ負担するのに対し，付加価値税は物価スライド制のない年金制度では高齢世代も負担し，したがって，井堀（2005, 155-160 頁）の指摘のように，勤労世代の社会保険料負担が軽減される分，貯蓄促進効果が期待できるからである．ただ，この貯蓄促進効果の実証的裏づけは乏しい．また，しばしば論争の的となる事業主拠出社会保険料の負担問題は，まず納付義務と最終負担を区別した上で，生産要素または生産物への転嫁・帰着が実証的に検証されるべきである[15]．なお，社会保険料から付加価値税への転換に期待できるのは国境税調整による輸出促進効果である．

(2) 社会保障給付・負担の課税システム

社会保障給付課税の意義と影響——年金所得課税を中心に

Adema（1999, pp. 27-29）は，社会保障給付・負担の実質的な水準・配分の評価における現金給付への所得税や可処分現金給付（消費）への付加価値税という課税要因の重要性を明らかにし，グロス給付（課税前）とネット給付（課税後）を区別した上で，社会保障給付水準の評価は税収超過分の実質支出であり，税負担控除後の実質受給であるネット給付に拠るべきと論じた．この議論に依拠した OECD・SOCX（2008）の国際比較からは，たとえば，北欧諸国の高いグロス給付水準が給付課税の負担水準の高さからネット給付水準ではかなり低下するという興味深い傾向が検出されるとともに，ネット給付水準は等しくても，給付課税の負担水準が高いほどグロス給付水準および租税負担率は高くなるため，社会保障給付課税の強化と「小さな政府」とは両立し難いという示唆に富む仮説が導き出されている．

こうした社会保障給付課税，とくに年金課税の強化は，少子高齢社会における賦課方式年金の世代間公平と報酬比例型被用者年金の垂直的公平の改善に重要な意味をもつ．老齢年金課税は消費税よりも直接的に世代間公平を改善できるし，受給権の普遍的保障という社会保険の本旨を維持しつつ，年金を含む合計所得に累進税負担を求めることで，資力調査等に拠らずに世代内の公平も改善できる．世代間・世代内公平を同時に改善するには年金制度改革に累進所得税の再分配機能を組み合せるというポリシーミックスが必要であり，小西（2006, 14 頁）の指摘のように，給付課税政策は社会保障基本制度の決定に参

画できない後世代に給付・負担調整の権利を認めるものである．

社会保障給付・負担（社会保険料）の課税上の取り扱い

従来から，前述の賦課方式年金制度における給付と拠出保険料の課税上の扱いは所得税改革の争点の1つであった．後者の社会保険料控除については，拠出の貯蓄性の欠如，強制加入・拠出義務・支給開始年齢・終身給付等の法定制，標準報酬の上限制，そして，所得課税からの独立性を考慮すれば，全額所得控除は妥当と考えられる[16]．他方，受給権と消費者主権が保障される社会保険現金給付については原則課税とする税制論が有力であり，実際，1980年代後半から国際化した「課税対象の拡大と税率構造の簡素化」というグローバル化対策の所得税改革では，高齢化に対応する社会保障財源の確保とも相まって，欧米諸国では年金，失業保険金等の社会保険現金給付の課税が一般に強化されてきた．

しかし，わが国では社会保険現金給付にも原則非課税の考え方が強く，唯一の例外である老齢年金も公的年金等控除等により実質非課税とされてきた．これに対し，近年，高齢者の所得・資産状況の特徴は全体的な水準の低さではなく，格差の大きさにあるため，老齢年金の実質非課税には，高齢世代内の垂直的公平を損なうという批判が強まっていた．そして，2004年の年金制度改革を受けた税制調査会答申で課税ベースの浸食や世代間・世代内負担の不公平という実質非課税の悪影響が指摘され，基礎年金国庫負担の暫定引き上げ財源の確保とも併せ，公的年金等控除等の縮減という年金所得課税の強化が行われた．

社会保障目的の給付支出と租税支出（特別減税措置）

一般に，社会保障制度は制度の包括性と給付水準の高さを基準に北西欧諸国がそのモデルと評価されてきた．この通説に対し，Howard（1997, pp. 3-5）は社会保障目的の租税支出（特別減税措置）の普及と規模を強調し，アメリカを「隠れた（hidden）福祉国家」と位置づけた．また，財政当局の一元的な政策運営が可能なため，政策効果や行政効率の観点から租税支出の優越性を説く議論も少なくない．しかし，租税支出には，医療等現物給付の有効な代替政策にならない，議会審議を毎年受ける財政支出よりも乱用や既得権化が生じや

すいといった問題に加え，減税効果の把握が恣意的になりやすいという基本的な難点がある．

その中で比較的明確に把握できるのは，所得控除の不公平是正，低所得層の雇用促進や育児支援などの目的から普及している家族現金給付に代替的な還付型税額控除であるが，OECD（2004）によれば，実質的な賃金補助による最低賃金の抑制や事業主保険料負担の抑制という経済対策，あるいは，低所得雇用者の社会保険料負担の軽減という社会保険料控除の代替政策でもあった．こうした還付型税額控除をわが国で導入するには，還付額（給付支出額）の財源確保問題に加え，控除資格や控除額の調査・確定に低所得層の確定申告の義務化，納税者番号の導入等の税務行政の整備が不可欠となるが，アメリカでの経験では，控除資格や控除額の確定には詳細な個人情報が必要なため，行政面での公平性と確実性を確保するのは容易ではない．GAO（2003）の調査が指摘しているように，実際，1999課税年度の勤労税額控除申告313億ドルのうち実に3割程度が不正な受給請求であった．

(3) 租税の執行問題と社会保障

所得税の執行と社会保障給付・負担の配分

社会保障財源をめぐる議論では，社会保険料の執行問題への強い関心とは対照的に，租税の執行問題への関心は薄く，社会保険料への執行面の優越性を暗黙の前提とする論調が一般化している．しかし，たとえば個人所得税の執行問題は公的扶助，社会福祉等の受給資格や社会保険の保険料減免，自己負担等を判定する「所得基準」を通じ，給付・負担の公平性を損なう恐れがある．所得基準による受給制限や負担減免は公平性の観点から是認できるが，実際には租税の執行問題が所得基準自体の公平性と信頼性を損ねているのである．

第1に個人所得課税の所得には非課税所得に加え，税務行政簡素化のための源泉分離課税や申告不要の対象所得が反映されていない．第2に税制調査会答申の指摘のように，必要経費への家事関連経費の混入を防止できないため，事業所得の所得把握が不完全である．IRS（2006）による2001課税年のアメリカ連邦所得税の「納税漏れ（tax gap）」検査によれば，源泉徴収および納税者番号の適用という条件をともに満たす給与所得の納税漏れ率がわずか1.2%

に過ぎないのに対し，適用条件をともに満たさない各種事業所得は軒並み50％を大きく上回っている．租税も社会保険料もその確定・徴収の効率性と確実性は源泉徴収と納税者番号の適用の可否に依存しているのであり[17]，社会保険料を税務行政対象の「租税」に変えれば徴収率が改善できるという議論は根拠に乏しい．

社会保障目的税としての消費税の執行問題

　国民年金の未納問題にみられるように，執行が制度を左右する傾向が強まるなか，消費税への高い期待の1つの理由は徴収の確実性・効率的という一般の評価であろう．この消費税徴収の社会保険料への優越性は納税義務者を事業者（企業等）とする間接税であること，したがって，最終負担者と負担額がそもそも特定できないことに尽きる．消費税財源では未納や納付記録が問われないと同時に，負担・給付の公平論議の根拠が失われる所以である[18]．しかし，実は消費税徴収の確実性と効率性という前提的な理解自体が疑わしい．

　第1に，アカウント方式の不透明な仕入税額控除では消費者の負担した税額が事業者から国庫に全額確実に納付される保証はない．この益税問題は簡易課税制度の選択や免税事業者からの仕入だけでなく，課税売上割合95％以上の場合には仕入税額全額の控除を認める本則でも発生する．また，消費税で国税最大の新規滞納が発生し続けている実態も重要である．第2に，たとえ未納の個人事業者（第1号被保険者）も消費税だけは漏れなく負担するので空洞化問題が解決されるという年金目的消費税の皆負担論[19]も疑わしい．税法では個人事業者の家事関連経費（消費）の仕入税額算入が否認されているが，前述のように事業経費と家事関連経費の区別は実際には困難なため，家事関連経費の仕入税額への混入によって消費時に支払った税額を取り戻す方法で消費税の負担も実質的に回避できるからである．消費税を目的税や「みなし拠出」に位置づけるには，インボイス方式への転換，家事関連経費の厳格な識別，徹底した滞納対策など税務行政の抜本改革が不可欠である．

　　1) この点は宮島（2005）を参照されたい．なお，1908年にドイツに対抗してイギリスが無拠出年金を導入した際，厳しい財政制約から受給資格年齢の引上げや欠格

事由の拡大を余儀なくされ，この教訓がイギリスでの社会保険の発展を促した．財政と社会保険の論理が基本的に合致するのは今日でも同様である．
2) 海外主要国の社会保障制度の歴史や現状は，足立正樹編著 (2003) を，最新の詳しい制度解説と国際比較は SSA and ISSA (2007) を参照されたい．
3) 93SNA の社会保障基金とは，①社会全体または大部分への社会保障給付を目的に，②加入が法律で義務づけられ，③資金を積立方式以外の方法で運営している組織であり，社会保険特別会計，共済組合，健康保険組合は含まれるが，積立方式の厚生年金基金等は除外される．
4) わが国は，内閣府経済社会総合研究所国民経済計算部編『国民経済計算年報』，OECD は，*National Accounts of OECD Countries, Vol. IV : General Government Accounts* である．
5) 本テーマに関する議論としては，小塩隆士 (2005) の第1章および第2章が優れている．
6) ベヴァリジ報告 (Beveridge, 1942, 邦訳 13-14 頁) は，英国民が拠出と引き換えの給付を希望し，無拠出給付と資力調査へ強い抵抗感を示すのは，不時に備えて倹約・貯蓄することを義務であり喜びであると考えてきたからであると論じ，また，社会保障制度審議会は，国民の自主的責任の観念を害さない意味で社会保障の中心は自らをして必要経費を拠出せしめる社会保険制度でなければならないと論じた．
7) たとえば年金制度では，保険料不足分補填 (ドイツ，イタリア)，約26% の国庫負担 (オーストリア)，毎年度補助 (ベルギー)，住宅・育児・障害・遺族等補助 (フィンランド) 等である．
8) こうした議論の代表は，Buchanan and Wagner (1977) である．
9) 新しい財政政策ルールの背景や目的は，林伴子 (2003) の第1章，第9章，第10章が詳しい．
10) 二重の分権化の意義や国際的動向については，Bennett, ed. (1990) を参照されたい．
11) ただし，雇用保険国庫負担金は失業対策費に分類されている．なお，2009 年度予算では「社会保険費」が「年金医療介護保険給付費」に変更され，経費内容にも若干の組替が行われた．
12) 本節は，宮島 (2009) をベースに論点および叙述を大幅に整理し修正を施したものである．
13) 基礎年金国庫負担割合の 1/2 への引き上げを織り込んだ 2009 年度予算では，充当必要額 16 兆 2,306 億円に対し，地方交付税分を除いた国の消費税収は 7 兆 1,417 億円にすぎない．
14) 最近実施された一連の社会保障制度改革において，社会保障給付費の自然増の抑制と拠出 (支え手) の強化に向け予防・自立・就業支援が強調された理由の1つは，こうした財源制約への厳しい見通しにあった．この点は，社会保障の在り方に関する懇談会「今後の社会保障の在り方について」(2006 年 5 月) を参照されたい．
15) 最近の実証研究としては，酒井 (2009) の議論が興味深い．

16) 社会保険料控除の問題点は,税制調査会答申が繰り返し指摘するように,国民年金基金への拠出のような任意適用で貯蓄性掛金にも適用範囲が拡大されていることにある.
17) 所得比例一本化という一元化構想もあるが,アメリカのような純粋な所得比例制ではなく,最低保証年金の組合せでは,脱税等の所得過少申告への誘因が強まり,年金制度の公平性は確保できない.国民年金で定額保険料を採用せざるをえなかった主因も申告所得税の是正困難な税務行政問題にあった.
18) 税方式でも橘木（2005, 63頁）の提唱する累進支出税では,納税者・税額が個人単位で特定できるため,公平論ないし損得論は排除できない.
19) 代表的な議論は橘木（2005）である.なお,年金目的消費税で第3号被保険者問題も解決するとの主張も疑わしい.無業配偶者の消費（消費税支払い）は被用者配偶者の労働所得による世帯消費の一部であって,世帯消費を個人受給権に結びつける論理は整合性に欠ける.

文献

足立正樹編著（2003）『各国の社会保障』[第3版] 法律文化社.
Adema, W. (1999) "Net Social Expenditure," *Labour Market and Social Policy: Occasional Papers*, No. 39, OECD.
Bennett, R. J., ed. (1990) *Decentralization Local Governments, and Markets: Towards a Post-Welfare Agenda*, Clarendon Press.
Beveridge, W. (1942) *Social Insurance and Allied Services*, Cmd 6404, HMSO（山田雄三監訳（1969）『ベヴァリジ報告──社会保険および関連サービス』至誠堂）.
Buchanan, J. M. and R. E. Wagner (1977) *Democracy in Deficit*（深沢実・菊池威訳（1979）『赤字財政の政治経済学』文眞堂）.
GAO (2003) *IRS Modernization, U. S. General Accounting Office, Testimony Before Congressional Committees.*
林伴子（2003）『マクロ経済政策の「技術」──インフレ・ターゲティングと財政再建ルール』日本評論社.
Howard, C. (1997) *The Hidden Welfare States*, Princeton University Press.
井堀利宏（2005）「公的年金における保険料と税の役割」国立社会保障・人口問題研究所編『社会保障制度改革』東京大学出版会.
IRS [Internal Revenue Service] (2006) *National Research Program: Updates Tax Gap Estimates.*
Kato, J. (2003) *Regressive Taxation and Welfare State*, Cambridge University Press.
小西秀樹（2006）「社会保障の規模と財源調達」『季刊社会保障研究』42巻1号.
宮島洋（2005）「社会保障改革の歴史」日本経済新聞社編『歴史から読む現代経済』日本経済新聞社.

宮島洋 (2009)「社会保障と税制」国立社会保障・人口問題研究所編『社会保障財源の制度分析』東京大学出版会.
OECD (2004) *Recent Tax Policy Trends and Reforms in OECD Countries*, OECD.
OECD・SOCX (2008) *Net (after tax) social expenditure for 2005*, OECD.
小塩隆士 (2005)『社会保障の経済学』[第3版] 日本評論社.
酒井正 (2009)「社会保険料の事業主負担と賃金・雇用の徴税」国立社会保障・人口問題研究所編『社会保障財源の効果分析』東京大学出版会.
社会保障制度審議会 (1950)『社会保障制度に関する勧告』.
SSA [Social Security Administration] and ISSA [International Social Security Association] (2007) *Social Security Programs Throughout the World: Europe, 2006*, Bernan, a division of The Kraus Organization.
Stiglitz, J. E. (2000) *Economics of the Public Sector*, 3rd. Ed., W. W. Norton (藪下史郎訳 (2004)『公共経済学 (下)』東洋経済新報社).
橘木俊詔 (2005)『消費税15%による年金改革』東洋経済新報社.

6章　社会保障の役割と国民負担率

田中　滋

1　国民負担率をめぐって

(1) 国民負担率の考え方と数値

国民負担率の定義

　本章で社会保障の役割（規模・機能）と国民負担率との関係を論ずるにあたり，まず「国民負担率という言葉に世界共通の定義はあるのだろうか」「研究者間で見解が一致した国民負担率をめぐる経済法則や理論は存在するのだろうか」などの問いに簡単に答えるところから始めたい．

　わが国では「租税負担額と社会保障負担額合計の国民所得に対する比率」を「国民負担率」と呼ぶケースが多く，少なくとも政府（特に財務省）はこの定義に基づいて統計を作成し，政策議論に利用してきている．加えて，「租税負担額と社会保障負担額に財政赤字を足した値を国民所得で割った率」と定義された「潜在的な国民負担率」も，1977年の財政構造改革法に記されて以降，しばしば目にするようになった．

　しかし，日本における政策議論で用いられてきた上記の定義による国民負担率（および潜在的国民負担率）は，「租税負担額と社会保障負担額の合計値がマクロ経済に占める比率」を表す指標としては，学術上も国際的にも一般的に広く使われている概念ではない．さらに次節で紹介するように，国民負担率という言葉を使うかどうかによらず，租税社会保障負担額対マクロ経済数値比の高低と，社会保障制度の役割と機能，および経済水準や成長率との関係にかかわる見解も一通りではない．

表1　国民負担率の推移（対国民所得比）

年度	国税 ①	一般会計税収	地方税 ②	租税負担 ③=①+②	社会保障負担 ④	国民負担率 ⑤=③+④	財政赤字 ⑥	潜在的な国民負担率 ⑦=③+④+⑥	国民所得（NI）
1970	12.7	12.0	6.1	18.9	5.4	24.3	0.5	24.9	61.0
1975	11.7	11.1	6.6	18.3	7.5	25.7	7.5	33.3	124.0
1980	14.2	13.5	8.0	22.2	9.1	31.3	8.2	39.5	199.6
1985	15.0	14.7	9.0	24.0	10.4	34.4	4.9	39.3	260.3
1986	15.8	15.4	9.1	24.9	10.6	35.5	4.2	39.7	271.1
1987	16.8	16.5	9.6	26.4	10.6	37.0	2.6	39.6	283.9
1988	17.3	16.9	10.0	27.3	10.6	37.9	1.3	39.2	301.4
1989	17.7	17.0	9.9	27.6	10.8	38.4	0.8	39.2	322.1
1990	18.0	17.3	9.6	27.6	10.6	38.2	―	―	348.3
1991	17.0	16.1	9.5	26.5	10.6	37.1	0.4	37.5	371.1
1992	15.5	14.7	9.4	24.9	11.1	36.0	4.3	40.2	369.3
1993	15.5	14.7	9.1	24.6	11.3	35.9	6.5	42.4	369.0
1994	14.4	13.6	8.7	23.1	11.6	34.8	8.0	42.7	374.1
1995	14.7	13.9	9.0	23.7	12.5	36.2	9.1	45.3	374.3
1996	14.5	13.7	9.2	23.7	12.7	36.4	8.7	45.2	380.6
1997	14.6	14.1	9.5	24.0	13.1	37.1	7.7	44.9	382.0
1998	13.9	13.4	9.7	23.6	13.5	37.2	10.6	47.7	368.9
1999	13.5	13.0	9.6	23.1	13.6	36.7	12.2	48.9	364.3
2000	14.2	13.6	9.6	23.7	13.6	37.3	9.9	47.2	371.8
2001	13.8	13.3	9.8	23.7	14.3	38.0	9.4	47.4	361.3
2002	12.9	12.3	9.4	22.3	14.5	36.8	11.1	47.9	355.8
2003	12.7	12.1	9.1	21.8	14.5	36.3	10.5	46.8	358.1
2004	13.2	12.5	9.2	22.4	14.3	36.8	8.2	44.9	363.9
2005	14.3	13.4	9.5	23.8	14.6	38.4	6.3	44.7	365.9
2006	14.5	13.1	9.8	24.3	14.8	39.1	4.6	43.7	373.6
2007	14.1	13.6	10.7	24.8	15.2	40.0	3.8	43.9	374.8
2008	13.0	12.6	10.7	23.7	15.7	39.4	7.3	46.7	369.0
2009	13.0	12.5	10.0	23.0	15.9	38.9	8.8	47.7	367.7

注：1）単位は，国民所得は兆円，その他は%である．
　　2）2007年度までは実績，08年度は実績見込み，09年度は見通しである．
　　3）1990年度以降は93SNAに基づく計数であり，89年度以前は68SNAに基づく計数である．
　　　ただし，租税負担の計数は租税収入ベースであり，SNAベースとは異なる．
　　4）財政赤字の計数は，国及び地方の財政収支の赤字であり，一時的な特殊要因を除いた数値．具体的には，1998年度は国鉄長期債務及び国有林野累積債務，2003年度は本四公団債務の一般会計承継，05年度は道路関係四公団の民営化に伴う資産・負債承継の影響，2006年度，08年度及び09年度は財政投融資特別会計（06年度においては財政融資資金特別会計）から国債整理基金特別会計または一般会計への繰入れを除いている．

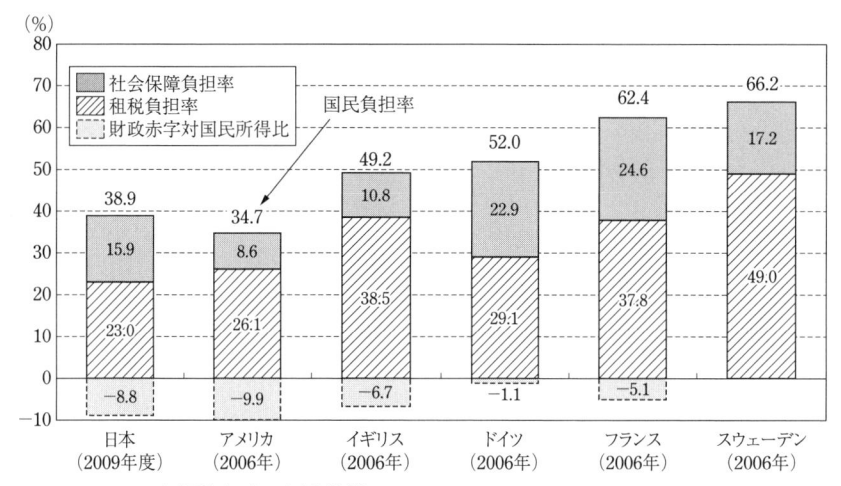

図1 国民負担率の国際比較（国民負担率＝租税負担率＋社会保障負担率）

注：1) 日本は2009年度（平成21年度）見通し．諸外国は2006年実績．ただし，諸外国の財政赤字対国民所得比は，「Economic Outlook 84」（OECD）における2009年の財政赤字対GDP比に，「National Accounts 2008」（OECD）における直近の国民所得対GDP比の実績値（2006年）を乗じて算出した2009年の推計値．
2) 財政赤字対国民所得比は，日本及びアメリカについては一般政府から社会保障基金を除いたベース，その他の国は一般政府ベースである．
出所："National Accounts"（OECD），"Revenue Statistics"（OECD）等（諸外国）．

国民負担率の推移と国際比較

わが国における国民負担率の推移を表1に，日本の定義に合わせた租税社会保障負担率の主要国国際比較を図1に，同じく日本の定義に合わせた租税社会保障負担率の国際比較（OECD 29カ国）を図2に示す[1]．

表1によると，わが国の国民負担率の値は高度経済成長後の1970年代と1980年代には継続的に上昇を続けたが（1970年の24.3％から1989年の38.4％），1990年以降は一転して大体のところ同じ水準で推移してきた（2008年に39.4％）．潜在的な国民負担率を見ても，2000年以降は，ピークであった1999年の値（48.9％）に達したことはない（2008年に46.7％）[2]．また図1と図2から明らかなように，米国とスイス，および人口の平均年齢がまだ若い韓国を除く経済的先進国に比べ，日本の国民負担率はかなり低い水準にとどまり，OECD 30カ国のうちデータのある29カ国中の下から5番目，25位にランクされている．図2によれば，西北欧ではこの数値がわが国より10％ポイント

124

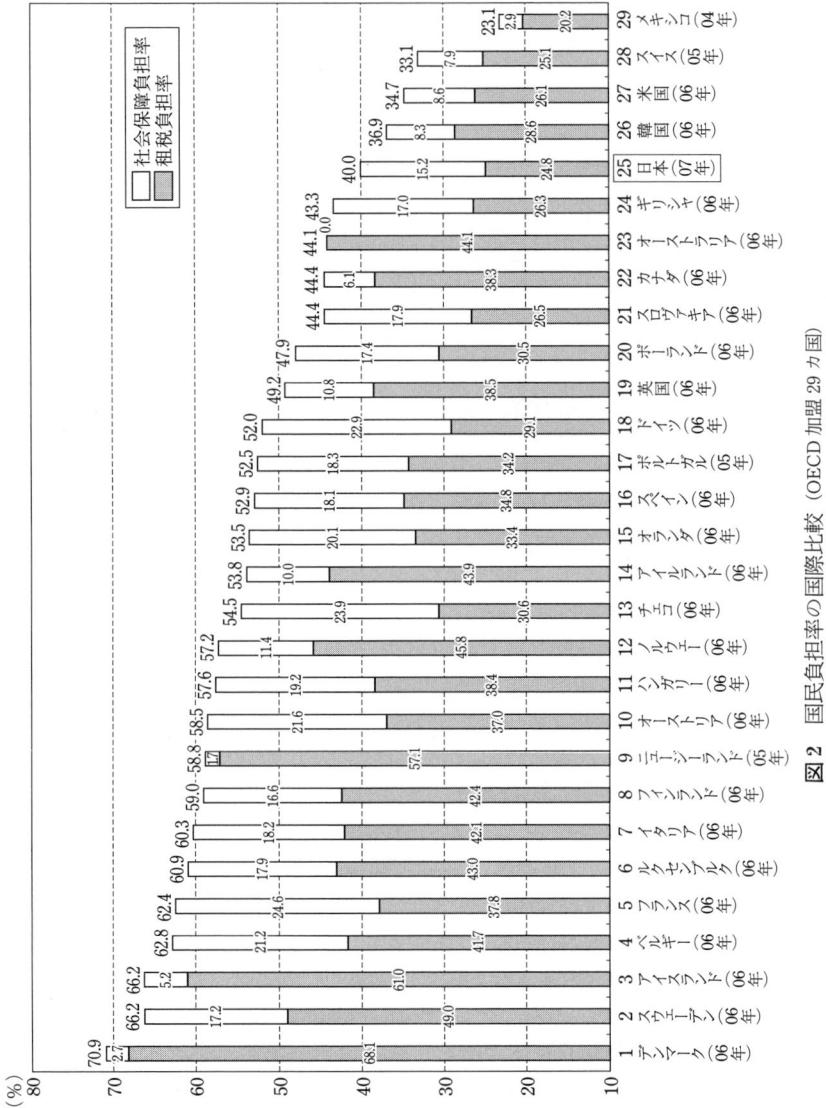

図 2 国民負担率の国際比較（OECD 加盟 29 カ国）

凡例: □ 社会保障負担率　▨ 租税負担率

順位	国（年）	租税負担率	社会保障負担率	合計
1	デンマーク（06年）	68.1	2.7	70.9
2	スウェーデン（06年）	49.0	17.2	66.2
3	アイスランド（06年）	61.0	5.2	66.2
4	ベルギー（06年）	41.7	21.2	62.8
5	フランス（06年）	37.8	24.6	62.4
6	ルクセンブルク（06年）	43.0	17.9	60.9
7	イタリア（06年）	42.1	18.2	60.3
8	フィンランド（06年）	42.4	16.6	59.0
9	ニュージーランド（05年）	57.1	—	58.8
10	オーストリア（06年）	37.0	21.6	58.5
11	ハンガリー（06年）	38.4	19.2	57.6
12	ノルウェー（06年）	45.8	11.4	57.2
13	チェコ（06年）	30.6	23.9	54.5
14	アイルランド（06年）	43.9	10.0	53.8
15	ギリシャ（06年）	33.4	20.1	53.5
16	スペイン（06年）	34.8	18.1	52.9
17	ポルトガル（05年）	34.2	18.3	52.5
18	ドイツ（06年）	29.1	22.9	52.0
19	英国（06年）	38.5	10.8	49.2
20	ポーランド（06年）	30.5	17.4	47.9
21	スロヴァキア（06年）	26.5	17.9	44.4
22	カナダ（06年）	38.3	6.1	44.4
23	オーストラリア（06年）	44.1	0.0	44.1
24	キプロス（06年）	26.3	17.0	43.3
25	日本（07年）	24.8	15.2	40.0
26	韓国（06年）	28.6	8.3	36.9
27	米国（06年）	26.1	8.6	34.7
28	スイス（05年）	25.1	7.9	33.1
29	メキシコ（04年）	20.2	2.9	23.1

注：OECD 加盟 29 カ国の最新の実績値。トルコについては、計数が足りず、国民負担率が算出不能であるため掲載していない。
出所：日本：内閣府「国民経済計算」等、諸外国：National Accounts 2008（OECD），Revenue Statistics（OECD）．

表2 社会支出対 GDP 比（2005 年）
(%)

日　　　本	19.1
ア メ リ カ	16.3
イ ギ リ ス	22.0
ド　イ　ツ	27.1
フ ラ ン ス	29.4
スウェーデン	30.1

出所：OECD Social Expenditure Database 2008.

以上高い 50％ 台後半に達している国も 12 カ国存在する．

　少子高齢社会，また格差拡大社会にあっては，社会支出（医療・年金・介護・保育や児童手当等の子育て支援・就労支援・低所得者向け住宅・生活保護など）に対するニーズは高いはずなのに，給付も相対的に低い水準に抑えられている（表2）．財源となる税社会保障負担が少ない以上，必然的な結果と言えよう．

租税社会保障負担率の分母

　租税社会保障負担率に近い考え方は他の経済的先進国でも使われている．ただし OECD 等の統計では通常は分母に GDP が用いられているようだ．要素費用表示の国民所得には消費税等の間接税額は含まれないため，GDP を分母とする表示よりも日本でいう「国民負担率」の方が分母が小さくなり，分子は同じ租税負担と社会保障負担の合計であっても，算出される分数値は大きく見える．

　経済統計の時系列比較および国際比較の観点からは，分母には GDP を用いるほうが好ましい．間接税率を変化させると，例えば税収総額が変わらないように所得税減税と間接税増税が同時に行われ，GDP も変化しなかった場合でも，国民所得が小さくなるため，国民負担率は前よりも大きな値に変化することになる．また，国際比較を行う場合にも，GDP を分母にした税社会保障負担率の方が，各国の税構造（直間比率）の違いの影響[3] を相対的に受けずにすむからである．

(2) 国民負担率の大小とマクロ経済および社会保障の関係

「国民負担率が低い方が経済に活力があり，負担率が高ければ人々の生活が苦しくなる」という主張が正しいのか，反対に「望ましい社会給付のための財源としてならば国民負担率の高さは決してマイナスではない．20年以上にわたり1人当たり所得が世界のトップクラスを維持している北欧諸国の経済がその証拠である」と唱える意見を傾聴すべきなのだろうか．双方の主張については，すでに1999年の厚生白書と2003年の経済財政白書に，新たな解説が不要と思われるほど要領よくまとめられているので，以下にそれを引用することとしたい．

厚生白書1995年版第2章第3節4「国民負担率をめぐる議論」より

社会保障給付費の増大及びそれに伴う社会保障関係費の増大は，他の政策的経費を圧縮し財政の硬直化を招いたり，国民経済の停滞を招く可能性や，将来の現役世代の負担が過重なものとなる可能性が懸念されており，国民負担率を高齢化のピークにおいても50％以下にとどめるべきとの指摘が1982年の臨時行政調査会答申でなされ，第2次，第3次行革審においても同旨の指摘が行われてきている．（中略）

なお，社会保障制度審議会の勧告「社会保障体制の再構築——安心して暮らせる21世紀の社会を目指して」(1995年)においては，

○社会保障に係る公的負担（社会保険料と社会保障公費財源）は，望ましい公的給付の水準と私的負担とを併せて考慮し，選択・決定されるべきもので，公的負担だけが前もって給付水準と切り離されて数量的目標として決定できるわけではないこと

○社会保険料や租税といった公的負担が増大したとしても，社会保障制度が充実されるならば，家族による扶養，介護，育児等の個人負担や，福利厚生面での企業の負担等が軽減され，逆に公的負担を抑制すれば，個人負担や企業負担が増大すること

という旨の指摘がなされている．またこの他，国民負担率の高い国が必ずしも経済成長率が低いわけではないこと，家計収入に対する非消費支出（直

接税や社会保険料の本人負担分等）の割合は全勤労者世帯の平均で約16%であるが，国民負担率（約37%）がそのまま家計における税や社会保険料の負担であるとの誤解を招く恐れがあること等の指摘もある．税や社会保障負担からは，医療・年金・福祉など社会保障制度による給付が行われており，社会保障給付は政府から家計への移転支出で，そのための支出も含めた負担と，社会保障給付分を差し引いた政府による公共財供給のための負担とは性格が異なることなどから，実際の国民の「負担」をみるためには税・社会保障負担率（税・社会保障負担の対GDP比）から社会保障給付率（社会保障給付費の対GDP比）を差し引いた「純負担率」という概念でみるべきとの指摘もある．

　社会保障は，病気や老齢等の生活上のリスクに備える社会的な仕組みであり，一方，貯蓄は個人の自助努力で生活上の不安に備えるものである．社会全体として，社会保険料や税を財源とした社会保障制度中心の対応に力点を置くのか，それとも貯蓄のように個人の自助努力に力点を置くのか，最終的には各国の国民の選択の問題であるが，第1章で論述しているように，生活上のリスクに対しては，社会保障制度は，個人で備えるよりも合理的かつ効率的な仕組みである．

経済財政白書2003年版第3章第1節1「国民負担の増加と公的部門の課題」より

　国民負担の高まりにより現役世代を中心とする家計や企業の可処分所得が低下し，民間部門における貯蓄や資本蓄積が抑制されると考えられるほか，現役世代における労働意欲の減退や企業の競争力の低下，海外移転などを通じて，経済活力が低下する可能性が挙げられる．また，財政赤字を考慮した潜在的国民負担率は負担面からみた公的部門の大きさを示す指標となるが，一般的に民間部門に比べて非効率になりやすい公的部門のウェイトが過度に拡大すれば，経済全体の生産性が低下する可能性がある．（中略）

　国民負担率の高まりが経済活力を低下させるという議論に対しては，①租税・社会保障負担の対価として種々の行政サービス，社会保障給付の提供を受けていることも事実であり，負担面だけを強調するのはバランスを欠いている，②公的部門が民間部門よりも非効率的となる傾向があったとしても，

国民が行政サービスの提供や所得移転を望むのであれば一概に問題とすることはできない，③公的な所得再配分は単なる経済効率性の観点からは計り得ない社会的公正の観点から重要な役割を果たしているのであり，一概に所得再配分に伴う問題のみを強調するのは適当でない等の指摘もある．

(3) 国民負担率の正しい理解

1人当たりGDPは，スピリチュアルな面を含めた幸せ度の指標ではないにしても，豊かさの基礎指標たりえるだろう．一方，犯罪率の低さは社会の安全と安心に関係する．また乳児死亡率は広義のヘルスケアシステムの成果指標として国際的に広く使われている．

一方，数値の高低が当該国社会の良し悪しを表すとは一概には言えない指標も多数指摘できる．思いつくままに並べれば，「ある宗教を信ずる人の率」「持ち家率」「夫婦の家事分担率」「平均結婚年齢」「嫡出児の比率」「高齢者の就業率」「人口のうち首都に住む人の割合」「平均投票率」等々である．国民負担率の国ごとの高低は，ここに列挙した指標と同じく，何らかの結果と因果関係をもつ原因指標とは異なる．つまり，税社会保障負担率は，文化的・歴史的背景を踏まえて人々が選んだ，社会のあり方にかかわる意思決定がもたらした配分を示す指標である．したがって，経済活力や国民生活の豊かさの違いと関連づけて論ずることに意味はない．医療・介護・年金・保育等に関してその国が選択した公私の役割分担を表す数値と考えてよい．

こうした理解の下，国民負担率と社会保障規模の関係を図示してみよう．図3の縦軸は国民負担率を，横軸は社会保障給付，すなわち広義の「福祉」の度合いを表す．第2象限（左上）のように，税社会保障負担を高くとりながら，それを生活に還元しない政府は結局のところ国民の支持をえられず，現代では持続できないだろう．他方，第4象限（右下）は，反対に低い税社会保障負担と高い給付の組み合わせという，こちらも現実には持続不可能な夢物語の世界と言える[4]．

つまり，ありえる持続可能な選択は，図4に示す左下から右上にかけての組み合わせ（本来は連続的であるがイメージを捉えるため分かりやすく離散的に区分すれば「低負担低福祉」「中負担中福祉」「高負担高福祉」）しかありえな

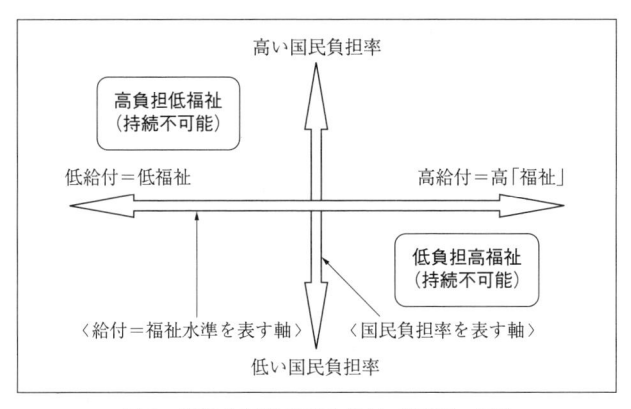

図3 税社会保障負担と給付（福祉）水準

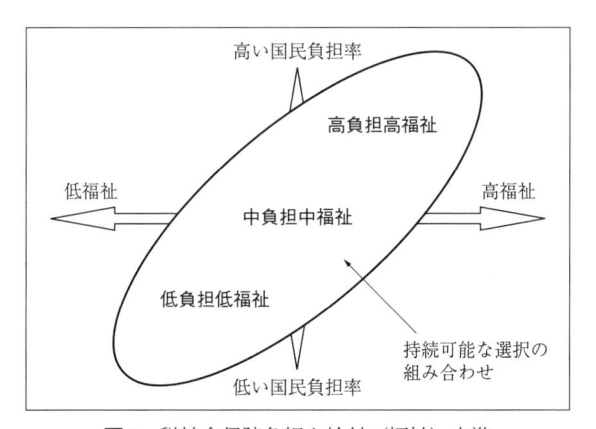

図4 税社会保障負担と給付（福祉）水準

い．

2　社会保障と「自助・互助・公助・共助」

(1) 社会を支える4つの「ヘルプ」

　社会保障の機能と国民負担率の関係をさらに検討するため，2節では分析概念としての「自助・互助・公助・共助」をめぐる考え方を提示する．

　経済・社会を成り立たせている財サービスとシステムは，大別して，公共

財[5]（国防・治山治水・司法・公正取引の監視・金融監督・警察・消防など，財源は原則として税金[6]にしか求められない財サービスおよびシステム）と，私的財（食料・衣類・娯楽・炊事・洗濯・掃除など，通常は個々の経済主体が購入費用を負担する[7]か，もしくは自ら生産する財サービスおよびシステム）に分けられる．また純粋型ではなく，準公共財，あるいは準私的財と呼んだ方が適切な財も存在する．

　ある程度豊かな経済を実現した国では，教育や医療のように，古典的公共財ではなく，かといって市場的需給にも必ずしもなじまない財に対する社会的ニーズが顕在化し，それらのニーズに対応したサービス提供体制も大きく発展・成長してきた．そうした財の一部は，主として強い外部性ゆえに公共財と等しく公的財源によりまかなわれ（例えば義務教育，感染力の強い疾患の予防と治療など），一部は通常の私的財（例えば外国語会話学校の多くやテニス等のスポーツスクール，病院の差額病床など）として扱われている．しかし，大部分はいわゆる価値財[8]の位置づけの下，公的な提供体制ないし財源保障体系が整備されてきた．現代の経済的先進国においては，医療と教育にとどまらず，高齢者ケア・保育などの育児支援・障がい者ケアなども価値財の範疇に含まれ，水準は高低さまざまであるものの一定の量が保障されるようになっている．

　加えて，これらの財の利用・生産に対しては，社会保障制度等による公的介入のみならず，しばしば社会構成員たる住民や企業などの自発的支援（寄付・ボランティア活動等）も行なわれる．また，支援ツールとしてのNPOや公益[9]法人制度も活用可能である．そこで，一般的な用語法ではないが，価値財の授受を含むこうした分野を"公益セクター"と記すことにする．

　公共財は原則として中央・地方の政府のみが提供可能である[10]．これに対し，私的財および公益セクターの財の配分をまかなう方法は4種類存在する．それらを「自助」「互助」「公助」「共助」と表す．自助とは文字通り，その財の利用主体（個人・家計・企業など）が自ら生産するか購入費用を負担することに他ならない．互助は親族や友人間，あるいはコミュニティにおけるインフォーマルな助け合い，およびボランティア活動・地域活動や寄付，さらには企業の現代的なCSR活動等々を意味する．

　公助は政府支出による支援を指す．個人生活にかかわる公助の中心的な手段

の1つが社会福祉制度と公的扶助である．また自治体には，社会福祉以外にも，低所得者向け住宅の確保，権利擁護や保健サービス（公衆衛生サービス）などの大切な公助システムの整備が義務として課せられていることを忘れてはならない．なお，北欧や英国では社会保障制度のかなりの部分が公助によって運営されていることはよく知られている．

最後の共助は，社会保険制度を代表に，「保険料等の金銭的貢献の義務とその見返りとしての権利性」の関係を明示的に保ちつつ，社会連帯のために負担者の経済力に応じた応能拠出によって成り立つ仕組みを呼ぶ言葉として用いる．共助の仕組みは，日本・韓国・台湾・フランス・ドイツなどで広範に用いられている．

共助は，歴史的な始まりにさかのぼって，制度導入の必要性に気づいた支配者層側の観点に立てば，不幸な事象（例えば本人ないし家族の重い病気・失業・労働災害）に直面した賃金労働者が，極左・極右・狂信的宗教等に唆されて暴徒化する事態を防ぐための社会防衛装置としての性格が意識されていた．それが20世紀後半には，確率的事象によって貧困に陥ることを防ぎ，都市住民か農村住民かを問わず安心感を与える普遍的なリスク対応の制度として意識されるようになった．ただし，私的保険のように被保険者のリスク＝保険事故確率に比例した保険料ではなく，社会防衛の意味でも，社会連帯への支援の意味でも，所得に代表される経済力に比例した保険料が適用されてきた．

さらに現在は，受益者の自立・尊厳などの言葉で表される人権の側面が強調されるように変わりつつある．わが国介護保険の代表的理念である「尊厳ある自立の支援」を，そうした変化の成果を示す例として指摘できる．

(2) 現代社会における公益セクターの描写

現代社会の住民生活は，家計・個人，企業，政府による努力，および一般の経済市場による機能だけでは守りきれない．医療や高齢者ケアを筆頭に，政府（官）とは別の，「パブリック」という言葉の本義としての公（おおやけ）の働きが必要である．そのためのフィールドを社会市場[11]と呼んでもよいし，上記のように公益セクターと名づけてもよいだろう．社会の基礎を支える公助を別にすれば，近代的な公益セクターを通じて自助を支える社会的仕組みが，共

助と,血縁を基盤としない新しい形の互助である.この点は次節で改めて説明する.

社会市場ないし公益セクターの簡単な描写は次の通り表せる.まず個別分野ごとに固有の上位目的が存在する点が特徴である.上述のわが国介護保険の例に加え,1999年,国際高齢者年にあたり,国際連合が提示した「自立,参加,ケア,自己実現,尊厳」の五原則を,そうした上位目的の代表例としてあげておこう.そうした上位目的を果たすために——支払い能力に裏打ちされる需要により配分される一般的な市場とは異なり——利用者側が抱える客観的ニーズに応じた配分が図られる.わが国医療と介護では,共助制度＝社会保障制度がニーズに応じたサービス利用代金の少なくとも7割から9割を支援する形がとられている[12].

他方,財サービスの提供側では,分野の性質によって参入制限が伴う場合も存在するが,基本的に多彩な主体(営利・非営利・市民団体・公的主体等)の活用が図られている.ただし,上位目的を効率的かつ効果的に果たせるよう,主体間には競争だけではなく,しばしば適切な機能分化と協調・連携も求められる.さらに,医療・教育・高齢者ケア・障がい者ケアでは——理想的には——利用者も単なる受益者ではなく,サービス過程への「主体的参加者＝共同生産者」として期待されている.

3 国民負担率と自立社会の形

(1) 保護と依存

本節では,先に提示した分析概念(自助・互助・公助・共助)と新たな図表によって,社会保障の役割(規模と機能)と国民負担率をめぐる信条の違いを明確にしてみたい.

はじめに本節における図(図5～9)の見方を説明する.図5の縦軸は意思決定主体(個人・家計・企業・自治体・NPOなど)の自立度合いを表す.自立・自助を尊重する立場は縦軸に沿って上の方,反対に政治に保護を求め,また保護を期待される側も「信じて依存する者を守ろう」と考えるパターナリズムの立場は軸の下方に位置する.一方,横の軸は再分配にかかわる「共助」の

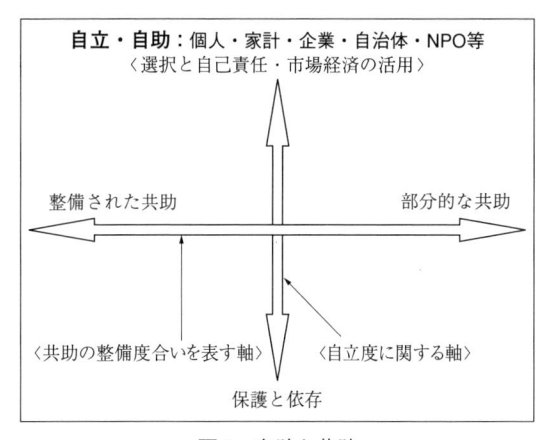

図5 自助と共助

自立・自助：個人・家計・企業・自治体・NPO等
〈選択と自己責任・市場経済の活用〉

整備された共助 ←→ 部分的な共助

〈共助の整備度合いを表す軸〉　〈自立度に関する軸〉

保護と依存

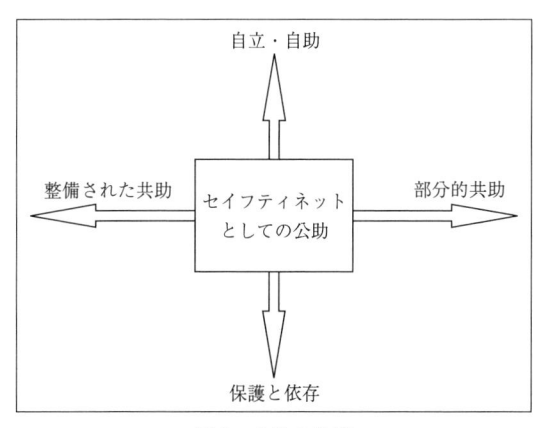

図6 公助の位置

自立・自助

整備された共助 ← セイフティネットとしての公助 → 部分的共助

保護と依存

程度を表す．社会保障制度の充実を説く立場が左方，共助を部分的，たとえば基礎的な年金や年齢を限った医療保障などにとどめる考え方が右方に位置する．

2つの軸にかかわる位置で表される立場の違いとは別に，思想傾向を問わず現代社会の安寧維持のために最低限必要なセイフティネットとしてのミニマムな公助が図の中央に置かれることになる（図6）．

次に，この図式を用いて国民負担と給付の関係の描写を試みる（図7）．まず日本の55年体制[13]は，まさに上記のパターナリズム，「政治・政党を頼る

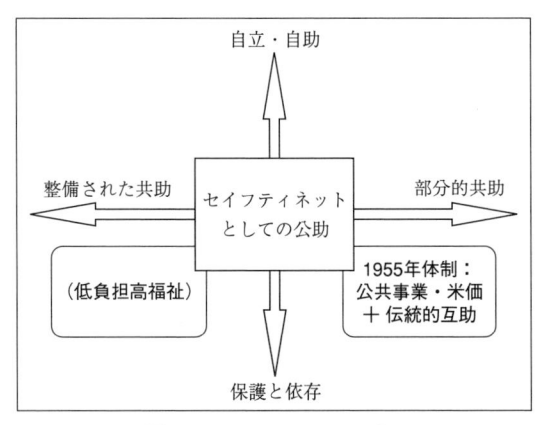

図7 2つのパターナリズム

ならば保護される」世界であったと言えるのではなかろうか．普遍的な社会保障による生活の安心感付与の代わりに住民の生活保障のために使われた手段としては，経済成長を遂げる南関東，東海，京阪神，北九州等から得られる税収を，公共事業および米価等の農業補助金を通じて地方に分配する経路が大きかった．成長に取り残されがちな地域では，道路・港湾・原子力発電所などの建設と維持，および農地整備事業は重要な所得保障の方法でもあったからである．自由民主党が政権の座にすわり続けられた理由の1つは，「国際的に見れば低い税社会保障負担による低い社会保障給付を公共事業と農業等の補助金で補完する社会の形」を，事実上は野党も求めてきたがゆえと考えられる[14]．

　社会保障と国民負担をめぐるもう1つのパターナリズムは第3象限（左下）に分類される．第1節で持続不可能な組み合わせと説明した「低い社会的負担と高い給付＝高福祉」に他ならない．果たせない約束に基づいて依存させようとするパターナリズムなので，実際には政権を取る可能性がない場合，言い換えればこの選択肢の実現を本当に図らなければ公約違反を問われるポジションにつく可能性がない場合にのみ，一定の批判票を集めるための手段としてこれを言い続けることができる．

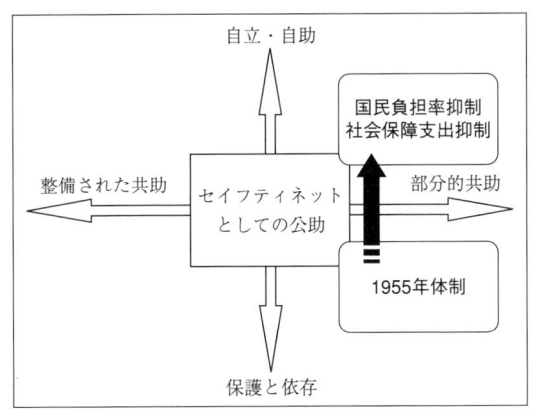

図8 21世紀初頭のわが国新自由主義

(2) 自立社会

2001年以降は，日本型新自由主義による政権運営が行われ，きわめて単純化した言い方をすると，政府が責任をもってもおかしくない支出を切り詰める，ないし削減することをもって構造改革と呼ぶに等しいような政策が採用された（図8）．構造改革について，語義の通り「世の中のさまざまな経済や社会構造を良い方向に改めていく政策」との理解に立つならば，国民の望む構造改革の結果，政府支出が増える現象もありえるはずである．しかし現実には，政府規模の縮小が構造改革と等値であるかのような理解を世の中に与える誘導が成功した時期とみなしてよい．そのため，民営化，独立行政法人化，公務員数の減少，診療報酬や介護報酬の切り下げを含む社会保障国庫負担の抑制などが目指された．この変化は図の第2象限から第1象限への移行と表せる．こうした状況下において，共助を切り詰めながらの自助・自立社会が本当に持続可能かどうかをめぐる議論が起きたことに何の不思議もない．

では，アメリカ合衆国は表2に示すように社会支出対GDP比が低いのになぜ国内社会の安定が維持されているのだろうか．その主因は，米国文化の基底にある自立・自助・自治意識の高さであろうが，その他，日本とは比べものにならないほどの互助が機能している点も忘れてはならない．互助の重要な要素

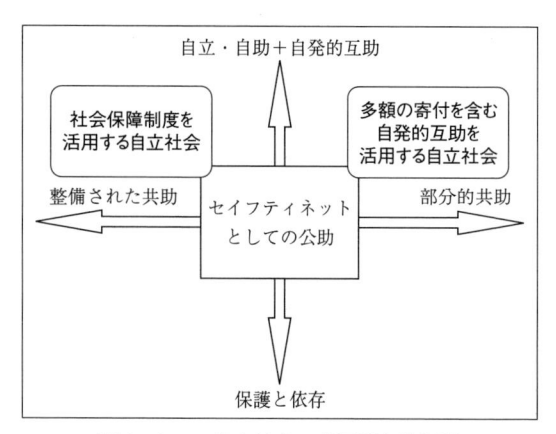

図9 2つの自立社会：米国型と欧州型

をなす寄付金額についても，アメリカの値は人口割りで直して日本の20倍以上に達すると言われている[15]．こうした活発な互助に加えて，大企業・中央と地方の政府・大きな非営利組織にかぎられるとはいえ，雇用主が保険料の多くを負担する医療保険等の機能によって，自助が支えられてきたものと理解してよい（図9）．

これに対し，共助（もしくは公助型）である社会保障機能を充実させて自立・自助社会を構築しようと努めてきた国々も存在する（同じく図9，ただし図中には公助型を別記していない）．OECD加盟国では北欧，西欧の諸国が代表である[16]．

自助・自立とは，「保護と依存のメンタリティを取り去れば」，本章の主題に沿って現すなら「国民負担率を抑制すれば」，自動的に社会に根付くものではない．自助・自立を支える共助ないし互助，あるいは両方がしかるべき役割を果たしてはじめて，自助・自立社会の安定が維持できるのである．共助（もしくは公助型社会保障）重視であれば税社会保障負担率は高くなるし，代わりに互助が発達した国では負担率が相対的に低く見える状態となる．

4 税社会保障負担率に関する筆者の意見[17]

(1) 税社会保障負担か利用時自己負担か

　勤労する人々の負担が支配階級によって使われてしまうような社会では，高すぎる税社会保障負担による労働意欲喪失の可能性が高い．しかしデンマークやノルウェーをはじめとする高負担かつ高生産性の国を観察すればわかるように，「税金は保育から大学までの教育，医療，介護などのサービスをわずかな自己負担で利用するための原資である」との信頼感が強い場合には，勤労への影響は問題とはならない．もし高負担が必ず労働意欲低下に結びつくなら，20年以上にわたって世界の所得上位にランクされ続けている北欧諸国の経済パフォーマンスは説明できない．

　こうした点を無視し，財政上の理由から国民負担率抑制が数値目標化すると，国民負担率には現れない家計負担に財源がシフトされる事態が起きる．具体的にはわが国で21世紀初頭に取られてきた政策のように，不足額が利用者からの強制負担，すなわち患者と介護サービス利用者による一部負担や，保育費，あるいは国公立大学・学校の授業料などに置き換えられてしまう．低い国民負担率でサービスを供給するためには，医療，介護，教育，保育などにおける利用時の強制徴収を増やすしか手立てがないからである．国民負担率には税金と社会保険料，つまりは政府部門に前もって強制的に徴収される負担だけが含まれ，たとえ強制的に払わされても，サービス利用時の自己負担は国民負担率の分子を計算する際，無視されるためである．

　マクロ的に見れば，家計部門にとっては事前に徴収されるか，事後に払わされるかの入れ替わりにすぎないように思えるかもしれない．しかし，政府を通じた移転支出がサービス利用時の直接支払いに置き換えられると，所得階層による価格弾力性の違いを通じ，主に経済的弱者の負担感が高まる結果をもたらす可能性が強いことを理解すべきである．特に医療や介護については，利用時負担を高めると，もともと身体的，経済的に弱い人に集中的に負担が課せられる結果となるという大きな欠点がある．医療費患者自己負担割合（公的制度による給付と雇用主提供の私的保険給付を除く医療費負担）は，主要国のデータ

を掲げると，フランス 11.6％，英国 12.6％，ドイツ 13.7％，米国 15.5％，カナダ 16.3％，スウェーデン 17.6％ となっており，日本の 21.1％ とイタリアの 22.5％ が経済的先進国ではもっとも高い値を示している[18]．

また，高齢社会を担う労働力を確保するためには，少子化対策や介護等のために多少国民負担率が高まっても，勤労世代を家庭に閉じこめない工夫が重要な政策のはずである．ところが，低負担率政策をとると，幼児や要介護者を抱える勤労世代が仕事を辞めるなど機会費用を押し上げてしまう確率も高い．社会保障給付率が低い場合に起こる，家族が自ら保育・介護サービスなどを提供する労働分，また仕事をやめることによる機会費用は国民負担率に含まれないからである．しかも，医療機関や社会福祉法人，保育事業者や介護サービス事業者がもつ規模と範囲の経済性や，経験をつんだ専門家・専門組織による生産性の高さ，および技術革新の活用機会が著しく減少しかねない．

(2) 政府の役割と国民負担率

国民負担率が支える政府の役割をいかに考えるべきだろうか．言うまでもなく，政府活動の効率性や有効性は厳しく監視すべきである．また政府による規制の必然性も，時代の価値観や技術進歩に応じて不断の見直しが必要である．しかし，政府が公共財の生産を超えて世の中に関与する理由には，経済を超えた価値観を理由とする場合があげられる．地球環境問題への対応，文化遺産の維持，希少生物の保護などが典型的な例に相当する．高齢者増と少子化に対する積極的な介入は，単なる経済的事由だけではない，社会の存続についての危機意識が根幹におかれているはずである．

そもそも市場的な資源配分による効率だけを追求出来ないがゆえに政府に負託された役割も多く，結論はさほど単純ではない．さらに政府活動によって人々が安心して生活でき，企業が公正な競争に臨める意義は重要である．高齢化や少子化，あるいは環境問題や国際貢献などに対しては，政府に一定の役割を期待せざるをえない以上，税金や社会保険料を通じたしかるべき負担が不可欠となる．つまり判断すべきは国民負担率の大小そのものに代わり，政府に期待した公共サービス生産量と負担の相対的関係，および公共サービスの費目別の価値と，生産の効率性などでなくてはならない．

したがって，税社会保障の負担面だけを強調して日本の社会保障給付を抑制すべきだと考える主張は物事の片面しか見ていない．ましてや，国民負担率と社会保障給付の抑制が行政の効率化や規制緩和の一環であるような主張はまったくの誤りとして否定する必要がある．

5 国民負担率論を超えて──新しい互助と社会資本の使い方

　日本をはじめとする経済的先進国では，長寿者が増え続ける点から見れば人類の昔からの夢を実現したと言えるだろう．とはいえ，勤労年齢に属する人の数が団塊世代の高齢化と共に急速に減り始めるわが国は，高齢者を共助の仕組みに基づくサービスの一方的な受け取り側にとどめたままでは，社会システムを長期にわたって維持できないことは明白であろう．70歳をすぎても，例え軽度の要介護認定を受けていようと，ローカル・コミュニティにおいて，また広く社会において，子育ての手助けをはじめとして，高齢者も社会と経済の活動に貢献できる仕掛けをつくり，必要なときには自分がサービス提供を受ける．そうした双方向の支えあい，つまり「新しい互助」が不可欠と考える[19]．

　では，新しい互助が育ち，また時に公助の支援をえつつも共助が機能すれば，社会保障制度が支えるサービスの提供体制は維持できるのであろうか．本章の最後に，提供体制の代表として医療の根幹たる急性期医療システムについて論じてみたい．

　住民が，社会的共通資本たる急性期病院を過剰に利用するような事態が続くと，当然ながら急性期従事者の疲弊，急性期病院に対する待ち行列などを引き起こしてしまう．非急性期機能でも対応できる，あるいは非急性期機能のほうが適している患者が急性期医療病床を使い続けると，そこでしか対応できない他の患者を待たせてしまう結果になり，もしかすると待たせた人の命や予後に重大な影響を与える恐れを否定できない．

　急性期病院に本質的に期待される役割は，重症の患者に対し，時に侵襲性の強い診療をも提供する，難しく高度な医療機能の発揮である．そして現状では，需要の増加に対し提供量が不足している大切な社会資源でもある．大切でありながら不足している以上，急性期病院は，急性期医療機能によってしか守るこ

との出来ない重いニーズに常に対応できるようにしておかなくてはならない．そのため，患者が別の種類の医療サービス[20]や介護サービスでも対応できる状態に変わった，あるいは別の種類の医療サービスや介護の方が本人のQOLを高めると判断された場合にはそれらのサービスに移行し，急性期病院は次の重症者の治療に向かうことが，社会的共通資本の使い方として妥当な判断と考えられる．

末期がんで，これ以上の侵襲的治療手段による効果が，それに伴うQOL低下に見合わないと本人・家族・医療者が合意した場合はどうだろうか．そうした場合は，もはや当の患者にとっては意味が相対的に小さくなった急性期医療機能を必要とする人に譲ることは，わが国医療提供体制を支える意義を持つ選択なのである．のみならず，何より患者本人の尊厳と残された時間のQOLのためにも，緩和ケアや療養病床，介護施設あるいは居宅療養に移る方がはるかに良い判断と言えよう．

循環器系疾患のケースでは，「命を救う」治療の後，完全にではないにせよ生活機能の回復が見込まれるなら，しっかりとした連携医療機関，そして在宅復帰機能の高い介護老人保健施設に移り，急性期リハビリテーションとは目的が異なる回復期リハビリテーション等を受けるべきだと思う．

まとめれば，急性期医療は「治すことを目的に戦う」医療であり，それよりも「支える」医療・介護の方が患者のQOLにとっても高い効果をもつステージに移行した場合は，急性期病院から退院するほうが，本人にも次にそこを利用できる重症者のためにも，よりよいチョイスと言えるのである．

このように，国民負担率論を超えて，社会支出が金銭面を支える医療・介護・教育・保育などのサービス提供体制を，私たちが「自分のもの」として適切に利用することを忘れてはならない．共助・互助・公助は，究極のところ，自助を支えるために機能する目的をもつ．サービス提供に携わる個々の施設は開設者に属するかもしれないが，全体としての提供体制，例えば地域医療体制や地域包括ケアの仕組みは，私たち自らが参加して使い方を工夫し，維持発展させるべき社会共通資本だからである．

1) 出所はいずれも財務省．表1から図2のアドレスは上から順に以下の通り．

http://www.mof.go.jp/jouhou/syukei/siryou/sy1801n.pdf
http://www.mof.go.jp/jouhou/syukei/siryou/sy1801o.pdf
http://www.mof.go.jp/jouhou/syukei/siryou/sy1801p.pdf

2) 2009年度には，経済危機に対応した補正予算による大量の国債発行のため，潜在的国民負担率の大幅な上昇が見込まれる．
3) 間接税の転嫁の程度による場合分けについては『経済財政白書 2003』の p. 209 注 48 を参照．
4) 霞ヶ関埋蔵金論は論外として，「他分野の予算を削れば税金や社会保険料を上げずに社会保障費に回せる」との誤解は解いておかなければならない．たしかに 1993年から 1996年にかけて，国民医療費が 24.4 兆円から 28.5 兆円であった頃，公的資本形成の額は毎年 40 兆円を超え，ピークの 1995 年には 42 兆円に達していた（国民医療費統計および国民経済計算統計）．しかし 2007 年の公的資本形成は 21 兆円にまで減少し，また中央政府一般会計支出で賄う公共事業費は 2008 年には 6.7 兆円にすぎない．これに対し社会保障支出（社会保険会計への繰り入れ等）は同年 21.8 兆円におよぶ（財務省主計局）．
5) 周知のように，非排除性ないし非競合性のいずれかを持つ財と定義される．
6) 政府の財産収入，およびいずれは税財源で償還する（はずの）公債による歳入等を含む．
7) やむをえぬ事情による低所得家計に対し，公的扶助を通じて購買力が付与される場合もある．
8) 価値財とは，特定の時代と特定の社会（国・地域）の価値観から見て必須と思われるニーズが，公的介入のない状態で決まる利用・生産量では充足しきれない，つまりその量では（ある価値観に基づく）社会的限界便益が私的限界便益を上回ると判断されるため，政府（社会保障制度を含む）による利用者 and/or 生産者への費用補助，もしくは公的セクターによる生産を通じ，利用・生産量を拡大する政策の対象となった私的財を指す．
9) 公益性とは，不特定多数の利益になるか，たとえ特定の対象者が主に受益するとしてもその効果が広く社会全体や十分に広い範囲に及ぶことを言う．
10) なかには現業については民間に委託できるケースも存在するが，その場合でも責任主体はあくまで政府である．
11) 京極（2007）を参照．
12) 患者・利用者の一部負担金額が（所得水準により異なる）一定の上限額を超える場合は，高額療養費と高額介護サービス費支給制度によって，前者は原則 99％，後者は原則全額を，それぞれの保険制度が負担する．
13) 55 年体制とは，米ソの冷戦下，わが国において 1955 年に成立し，1993 年まで継続した自由民主党と日本社会党の二大政党体制を言う．なお 1955 年に，保守側では日本民主党と自由党が合併して自由民主党，護憲側では左派社会党と右派社会党が合併して日本社会党が形成された．
14) ただし与党と野党は，憲法改正，あるいは自衛隊や日米安全保障条約等をめぐ

る国防政策などについては厳しく対立していた．
15) NPOWEB イベント報告 2003 年「日米の寄附の仕組み，社会背景の違い」，東京大学「東大―野村大学経営フォーラム――寄付募集を通じた大学の財務基盤の強化」(2007 年) における小宮山宏東京大学総長の資料，独立行政法人科学技術振興機構・Global Innovation Ecosystem シンポジウム (2007 年) における北澤宏一日本学術会議イノベーション推進検討会副委員長の資料などを参照．それぞれのアドレスは上から順に以下の通り．

http://www.npoweb.jp/modules/event/index.php?content_id=67
http://www.he.u-tokyo.ac.jp/komiyama.pdf#search
http://crds.jst.go.jp/GIES/archive/GIES2007/symposium/materials/kitazawa/summary_kitazawa_Ja%2012.pdf#search

16) OECD の社会統計，Factbook (2009 年) 参照．アドレスは下記の通り．
http://titania.sourceoecd.org/pdf/factbook2009/302009011e-10-02-02.pdf
17) この節の記述は，岡本・田中 (2000) の第 8 章，田中滋著「21 世紀の日本経済――市場がすべてなのか」の一部を訂正加筆の上，再録している．税社会保障負担とそれを用いた適切な社会保障制度の構築が安定した社会，ひいては経済活力の条件と考える筆者の主張は当時と変わっておらず，手に入れにくくなった同書に代わり，現時点でも改めて世の中に訴えるべきと考えるからである．
18) WHO の The World Health Statistics 2006．アドレスは下記の通り．
http://www.who.int/whosis/whostat/EN_WHS08_Table4_HSR.pdf
19) 渡辺 (2007) は米国における新しい互助を簡潔に描写している．
20) 亜急性期病床，回復期，医療療養病床，緩和ケア病床，緩和ケアを含む在宅医療等．

文献

古川尚史・高川泉・上村修一 (2000)『国民負担率と経済成長――OECD 諸国のパネルデータを用いた実証分析』ワーキングペーパーシリーズ，日本銀行調査局．
神野直彦・池上岳彦編 (2009)『租税の財政社会学』税務経理協会．
河手雅巳 (2007)『国民負担率に関する一考察』経済のプリズム 40 号，参議院調査室．
権丈善一・大久保満男 (対談) (2009)「権丈教授に医療政策を聞く」『日本歯科医師会雑誌』Vol. 61, No. 10, 11, 日本歯科医師会．
厚生省 (当時) (1999)『1999 年版 厚生白書』第 2 章第 3 節 4「国民負担率をめぐる議論」．
京極髙宣 (2007)『社会保障と日本経済――「社会市場」の理論と実証』慶應義塾大学出版会．
内閣府 (2003)『2003 年版 経済財政白書』第 3 章第 1 節 1「国民負担の増加と公的部門の課題」．
岡本章 (2006)『少子高齢化と国民負担率』RIETI ディスカッションペーパーシリーズ 06-J-056, 独立行政法人経済産業研究所．

岡本祐三・田中滋（2000）『福祉が変われば経済が変わる』東洋経済新報社.
田中滋（監修），国民負担率研究会・損保ジャパン総合研究所（1997a）『国民負担率問題を考える——国民負担率論議への問題提起』損保ジャパン記念財団叢書 No. 51，損保ジャパン記念財団.
田中滋（監修），国民負担率研究会，損保ジャパン総合研究所（1997b）『シンポジウム：国民負担率問題を考える——国民負担率研究会報告を兼ねて』損保ジャパン記念財団叢書 No. 52，損保ジャパン記念財団.
田中滋（監修），国民負担率研究会・損保ジャパン総合研究所（1999）『社会保障制度と国民負担率』損保ジャパン記念財団叢書 No. 59，損保ジャパン記念財団.
田中滋（監修），国民負担率研究会・損保ジャパン総合研究所（2000）『「社会保障制度と国民負担率」に関するシンポジウム』損保ジャパン記念財団叢書 No. 61，損保ジャパン記念財団.
卯辰昇（1998）「国民負担率概念に関する議論の整理と今後の展開」『損保ジャパンクォータリー』Vol. 25，損保ジャパン総研.
渡辺由美子（2007）「大都市における"Aging in Place"を支えるシステムづくり」『長寿社会グローバル・インフォメーション・ジャーナル』Vol. 6，国際長寿センター（International Longevity Center）.

7章　社会保障と地方財政

林　　宜嗣

1　社会保障における地方財政の役割

　わが国の経済社会は市場メカニズムを基本に動いている．しかし，市場は万能ではない．市場の欠陥を是正し，より良い社会に変えていくことが財政の目的である．資源配分（主として公共財・サービスの供給），所得再分配（最低生活の保障や所得格差の是正），経済安定化（失業やインフレーション対策）が財政の3機能であり，国と地方は車の両輪としてこれらの機能を果たしていると言われている．

　しかし，財政の機能において国と地方はそれぞれ得意とする分野は異なっている．3機能のうち，所得再分配，経済安定化は主として国がその役割を担うべきであると一般に認められている．その理由を一言で表すと，地方団体は限られた行政区域の中で，これらの機能を有効に果たし得ないということである．

　景気政策について言えば，地方団体は通貨供給量に直接的な影響を及ぼす権限を持ち合わせていないし，地域という高度な開放経済の中では，地方が行った政策の効果は他の地域に漏れてしまう．また，国が進める政策目標から逸脱した政策を地方が展開すれば，国民経済的にみて望ましい成果をあげることはできない．所得再分配政策にしても，住民の地域間移動の可能性によって，その実行可能性は薄らぐことになる．つまり，積極的な再分配政策を実施する地方団体においては，負担増のために高所得者は逃げ，逆に低所得者が集中する．再分配政策に対するニーズは大きくなるが，一方で，再分配のための財源は減少するのである．ここから，再分配政策は全国画一的に実施されるべきであり，そのための政策は国によって企画され，また実行されるべきであるという結論

が生まれる．

　社会保障は，疾病や退職などの不測の事態に遭遇したために最低限度の生活を営めなくなった人びとに対して，社会の責任で最低限度の生活を保障したり，人びとが最低限度の生活以下に落ち込むことを未然に防ごうとするものである．所得再分配を実現する最大の政策手段であり，国が中心的な役割を果たすことが期待されている．

　このように所得再分配は主として国の役割だとされてはいるが，現実には地方も社会保障においてきわめて重要な役割を果たしている．

　第1に，国が制度設計や財源面で責任を果たすべきだとしても，受給資格者の認定や給付事務といった実施面で，地方がその任を負うことが効率的な場合がある．

　第2に，現金による所得保障・生活保障では，生活困窮者のニーズに適切に応えられない場合，福祉サービスという現物給付を行う必要が生じる．その際，受給者のニーズを十分に反映させるうえでは地方団体の方が適している．

　第3に，社会保障が救貧や防貧といった所得再分配の枠を越えて，生活支援を広く住民に対して行うという資源配分機能を果たすようになってきたことである．国と地方の役割分担論からすれば，資源配分は住民に密着した行政を担う地方団体の方が受益者のニーズを的確にとらえることができるという点から，地方が主として担うことが望ましいと考えられている．ただ，こうした社会保障の範囲の拡大は，後述するように資源の浪費に結びつく可能性がある．

　以上のような点から地方団体が国とともに社会保障において重要な役割を果たすようになってきたが，地方歳出における社会保障関係費を整理したものが表1である．給付費（医療・福祉等）が約5兆円であるのに対して，給付費以外の経費は約8兆円となっている（2004年度ベース）．社会保障改革と，今後の負担増についての議論においては，社会保障給付費が取りあげられることが多い．しかし，地方財政においては，給付費もさることながら，人件費，施設整備費，給付費以外の経費が多く支出されており，負担増の論議においては，これらの経費の増加も視野に入れなければならない．

表 1 地方歳出における社会保障関係費

給付費	給付費以外の経費
医療	制度運営に必要な事業費等
国民健康保険特別会計への繰出し	ケースワーカー・社会福祉士・保健所人件費等
介護	社会福祉施設の整備・管理費
児童保護費等	医療の提供及び健康等に要する経費
生活保護	病院事業会計への繰出し・医療費助成等
その他	その他
	保育サービス等

出所：総務省の整理による．

2 地方社会保障支出の膨張と地方の財政能力

(1) 地方社会保障支出の膨張

地方財政における社会保障関係費は，目的別分類である「民生費」とほぼ一致する[1]．2006年度決算ベースでは，民生費総額は都道府県が4兆8,630億円，市町村が13兆140億円，都道府県から市町村への移転があるので，それを調整した純計額は16兆2,590億円である．社会保障においては市町村の役割が大きくなっている．

民生費を経費の性質別に見ると，純計ベースでは扶助費が7兆2,670億円と最大である．扶助費とは，生活保護法，児童福祉法，老人福祉法など，国の法律に基づいて支出するものと，地方団体が独自の施策において支出するものとがあり，現金・物品を問わず，被扶助者に対して支給される福祉施策の根幹を成す経費である．繰出金は国民健康保険事業，老人保健医療事業の他，介護保険事業に対する財政負担であり，3兆490億円に達している．都道府県では補助費が3兆5,880億円と最大であるが，その約半分（1兆5,170億円）が市町村に対して支出され，市町村はそれに自らの財源を加えて給付を行っている．

2006年度のわが国の地方財政の民生費（都道府県と市町村の純計額）は歳出総額（純計額）の18.2％を占め，対GDP比率も3.2％に達している．1970年度には対歳出総額は7.7％，対GDP比率は1.0％にすぎず，この間に民生費が大きく膨張したことが明らかである．また，扶助費は歳出総額の

8.1％（70年度 5.2％），対 GDP 比率は 1.5％（同 0.7％）である．

支出額（EXP）の対 GDP 比率は，人口を P とすると，

$$\frac{EXP}{GDP} = \frac{EXP}{P} \times \frac{P}{GDP} \tag{1}$$

となり，「人口1人当たり支出額」と「人口1人当たりGDPの逆数」に分解できる．1人当たり支出額が大きくなるほど支出額の対GDP比率は大きくなり，経済が成長して1人当たりGDPが大きくなるほど，支出額の対GDP比率は小さくなる．言い換えるなら，人口1人当たり支出額が大きくなっても，経済成長によって P/GDP が小さくなれば支出増を支えることができるのである．

図1を見ると，対GDP比率で見た民生費の規模は，社会及び労働施設費が労働費と民生費に分類されるようになった64年以降，60年代はほぼ1％台で安定的に推移している．ところが70年代に入ると，比率は急激に上昇し始め，1979年度には2.1％にまで達した．扶助費も60年代には0.6％前後で推移していたが，70年代に入って比率を上昇させている．1人当たり支出額はいずれも60年代にも増加してはいるが，経済成長によって対GDP比率を抑えることが可能だったのである．

わが国の経済基調は1973年秋に発生した第1次石油ショックを境に，高度成長から安定成長に転換した．このことが支出額の対GDP比率を急激に上昇させた原因の1つである．しかし，70年代に入ると，福祉国家の建設や，ナショナル・ミニマムの考えの確立等によって，国と地方はともに福祉政策を拡充し，1人当たり支出額は60年代を上回る勢いで増加している．つまり，(1)式で言えば，EXP/P が上昇する一方で，経済成長の鈍化によって P/GDP がそれほど小さくならなかったことが，支出額の対GDP比率を上昇させたわけである．

もともと福祉政策は救貧対策・防貧対策から始まった．しかしその後，福祉は生活支援へと守備範囲を広げ，財政の機能で言えば，所得再分配機能に資源配分機能が付加されていった．このことは，福祉政策の対象が低所得階層から一般所得階層に拡大したことを意味している．つまり，福祉サービスの受給資格を所得水準等で選別する「選別主義的福祉」から，ニーズに応じて受給でき

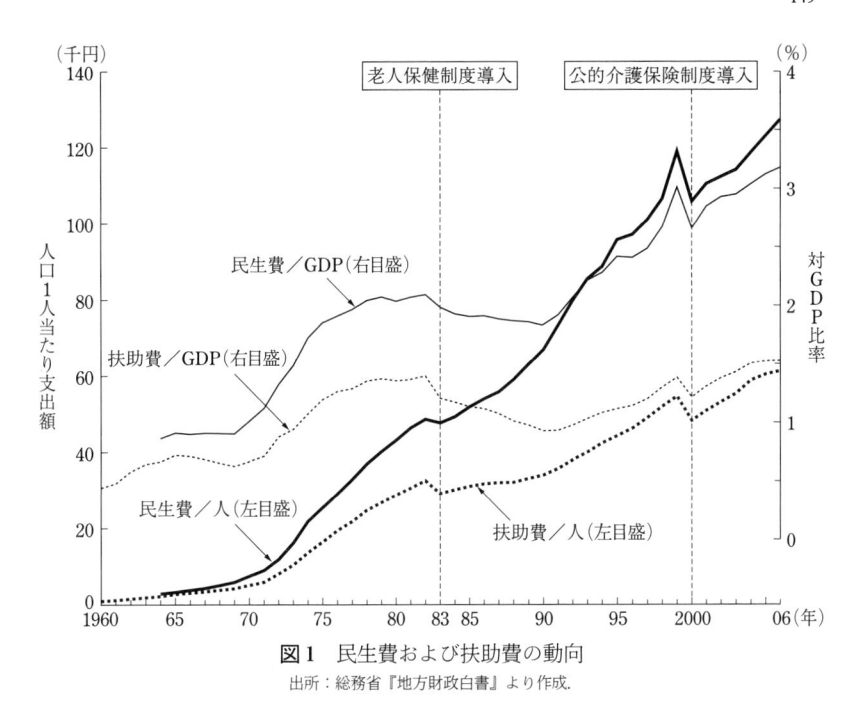

図1 民生費および扶助費の動向
出所：総務省『地方財政白書』より作成．

る「普遍主義的福祉」への拡大が，70年代に起こった1人当たり支出額の急膨張をもたらしたのである．

その後，80年代は福祉経費の抑制基調と経済成長とによって，民生費，扶助費ともに対GDP比率を低下させた．しかし，90年代に入ると，扶助費は人口1人当たりでは大きくなるものの，対GDP比率はほぼ横ばいで安定している．この背景には，老人保健制度や介護保険の導入によって，それまで扶助費として支出されていたものが，「繰出し」として支出されるようになってきたことがある．扶助費以外の経費を含む民生費は対GDP比率も上昇しているのである．このように，社会保障が地方財政を圧迫していることは容易に読み取れる．

(2) 地方財政の福祉対応能力

地方団体が社会保障をはじめとした行政需要に適切に対応していくためには，

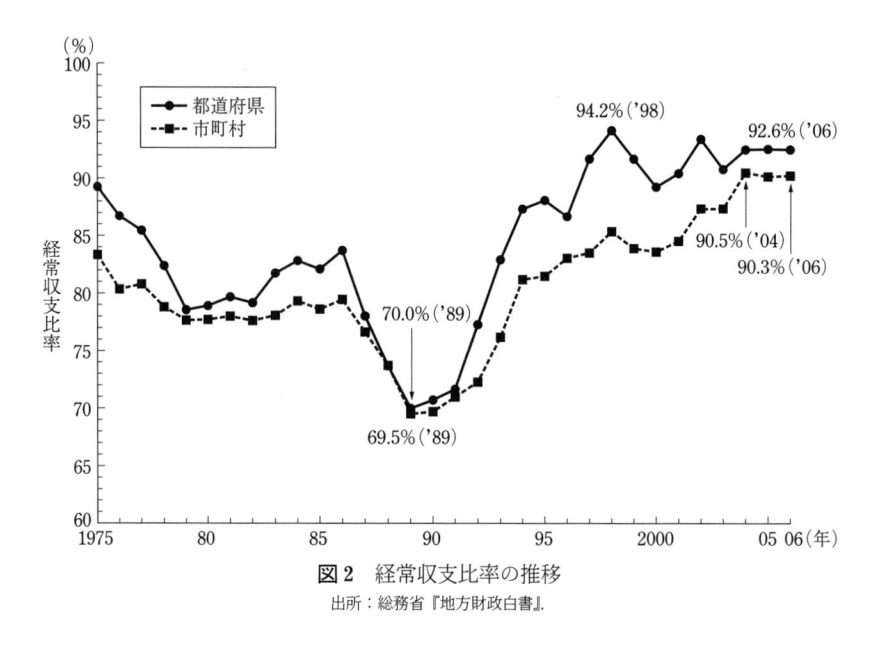

図2 経常収支比率の推移
出所：総務省『地方財政白書』．

　財政構造の弾力性が確保されていなくてはならない．弾力性の程度を知る指標として一般に用いられるものが経常収支比率（地方税や普通地方交付税などの経常一般財源，減税補てん債及び臨時財政対策債が，人件費，扶助費，公債の元利償還費のような毎年経常的に支出される経費に使われる割合）であり，比率が高いほど，財政構造の硬直化が進んでいることになる．

　近年，経常収支比率が最も低かったのはバブル経済によって税収が大幅に増加した1989年度であり，都道府県70.0％，市町村69.5％であった．その後，景気の悪化とともに経常収支比率は上昇を続け，06年度には都道府県92.6％，市町村90.3％にまで上昇している（図2）．

　地方団体別に見ると，都道府県では95％以上100％未満が13府県にのぼっている．市では夕張市の119.9％を最高に100％以上が40団体，95％以上100％未満が157団体となっている．町村では100％以上が45団体，95％以上100％未満が152団体にのぼっている．経常収支比率が100％を超えるということは，税収等の全額を経常的な支出で使い切ることを意味しており，異常な状態と言える．

経常収支比率がこれほどまでに上昇した理由はどこにあるのだろうか．経常収支比率は収入と支出の変動の影響を受ける．そこで，経常収支比率の対前年度の変化を，①収入面の変化による部分（収入要因），②支出面の変化による部分（支出要因）とに分離して検証を行った．

期間中の経常収支比率に及ぼす影響を累積効果で見ると，収入面は，都道府県では27.3％ポイント引き下げ，市町村では32.0％ポイント引き下げる効果をもたらしたのに対して，支出面は，都道府県では46.1％ポイント，市町村では48.7％ポイント，経常収支比率を引き上げている．

このように支出の増加が経常収支比率を上昇させたのであるが，経常経費充当一般財源の内容を見たものが図3である．都道府県においては補助費，公債費が，市町村においては扶助費，公債費が大きく増加している．都道府県の補助費の約3割は民生費関連であることから，経常収支比率を支出面で押し上げているのは，福祉関連経費と地方債の元利償還ということになる．

以上の数値は都道府県，市町村のマクロの傾向である．ここで，都市のデータ（2005年度，777都市）を用いて，民生費の歳出総額に占める割合が地方財政にどのような影響を及ぼしているかを，実質収支比率と経常収支比率について観察した．結果は図4に示されている．

実質収支は形式収支（歳入決算額－歳出決算額）から事業繰越等に伴い翌年度に繰り越すべき財源を差し引いた額であり，いわば地方団体の純剰余（プラスの場合）または純損失（マイナスの場合）を意味するものである．これを標準財政規模（地方団体の標準的な状態で通常収入されるであろう一般財源の総額）で除した値が実質収支比率である．経験的には3-5％程度が望ましいと言われている．

財政状況の健全性を示す実質収支比率は民生費／歳出総額と負の相関が，財政構造の弾力性を示す経常収支比率は正の相関が有意に検証された．今後，地方団体が国民の生活を支える社会保障ニーズに対応していくためには，財政運営の弾力性を回復させることが不可欠である．そのためにも，過去の社会保障経費の膨張の背景にある要因を検証し，効率的で効果的な社会保障政策を構築しなくてはならない．

図3 経常一般財源の充当状況

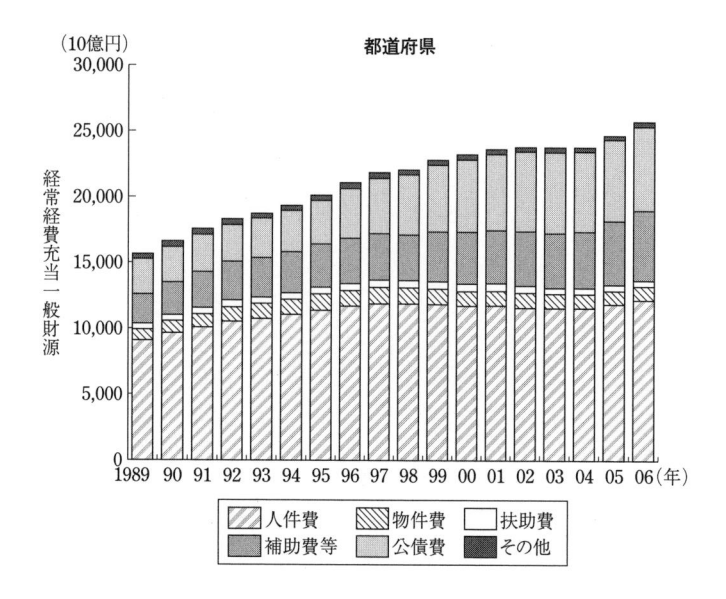

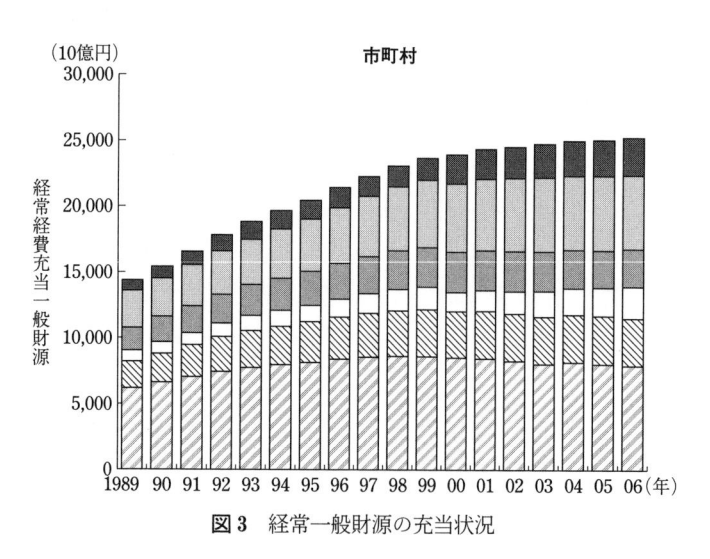

凡例：人件費／物件費／扶助費／補助費等／公債費／その他

上段：都道府県
下段：市町村

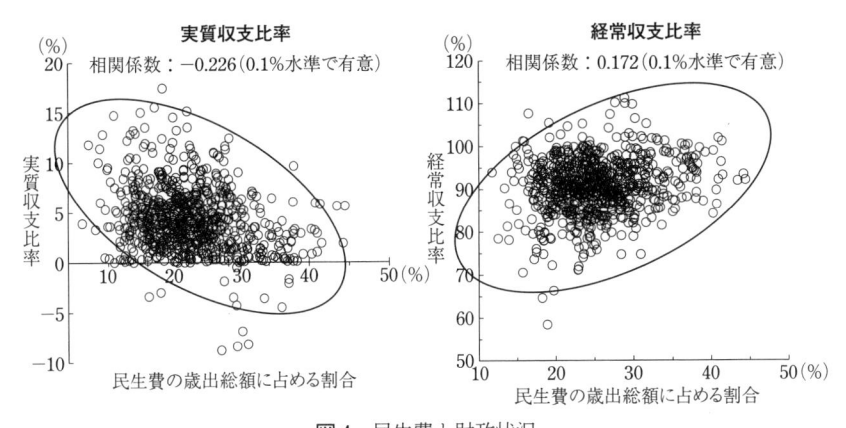

図4 民生費と財政状況
出所:総務省『市町村決算状況調』より作成.

(3) 厳しい国民健康保険財政

公的医療保険制度は国民生活に不可欠な医療費を保障するものであるが,市町村を保険者とする国民健康保険は,自営業者や農業者など被用者保険に加入していない人びとを対象とした制度である.歳出決算額は13兆1,014億円(2007年度.以下同じ)にのぼり,財源は保険料(税)(3兆7,727億円.事業勘定,以下同じ),国庫負担金(3兆2,820億円.うち療養給付費等負担金2兆4,875億円,財政調整交付金等7,945億円),都道府県補助金(5,686億円),市町村の一般会計からの繰入金等(1兆2,061億円)である.

国民健康保険は地域住民の健康の保持・増進にとってきわめて重要な役割を担っているが,保険者1,817団体のうち868団体,全体の47.8%が赤字(赤字額は5,079億円)運営を余儀なくされるというように,保険財政はきわめて厳しい状況にある.平成の大合併により小規模自治体が減少したことから,被保険者数の極端に少ない保険者数は減少した.しかし,依然として保険者としての規模が小さいところは多く,リスク分散が十分に図れないために,事業運営がきわめて不安定になっている.また,市町村が保険者となっているため,保険給付費と保険料には大きな地域間格差も存在している.

一般に,集団が大きいほど発生する保険対象事故に見られる秩序性や傾向性

は大きくなる．こうした「大数法則」を機能させ，財政基盤を強化するためにも保険者の規模を拡大する必要があることから，現在，都道府県単位での保険運営が推進されており，高額医療費については市町村国保の拠出による保険財政共同安定化事業が06年10月から実施されている．このように高額医療の財源調達の広域化は実現したものの，その他の医療についても，保険財政の安定化の視点から都道府県単位での運営に移行することも検討する必要がある．

3　地方社会保障費の決定要因

(1) 民生費の対GDP比率の分解

地方の社会保障関連費の膨張要因をより詳細に分析するには前節の(1)式をさらに分解するのが便利である．民生費は福祉サービスを供給するために必要なインプットの購入と現金給付の金額である．インプットである労働に対する支出は人件費，施設に対する支出は普通建設事業費という形で計上されている．このように財政支出を通じて購入されたインプットによって福祉サービスというアウトプットが生み出される．いま，福祉関連のアウトプットを O_w，アウトプット1単位当たりの価格を p_w とすると，福祉支出 EXP は，

$$EXP = p_w \times O_w \tag{2}$$

となる[2]．

また，日本全体のアウトプットを O_y，アウトプット1単位当たり価格を p_y とすると，国内総生産（＝国内総支出）GDP は，

$$GDP = p_y \times O_y \tag{3}$$

となる．ここで，実際に福祉サービスの給付対象となる人口数を P_w とすると，EXP/GDP は，

$$\frac{EXP}{GDP} = \frac{P_w \times O_w}{p_y \times O_y} = \frac{p_w}{p_y} \times \frac{O_w}{P_w} \times \frac{P_w}{P} \times \frac{P}{O_y} \tag{4}$$

と書き替えることができる．

ここから，EXP/GDP は，①福祉サービスと他の生産物の相対価格の変化

(p_w/p_y), ②受給者1人当たりの福祉関連アウトプットの量 (O_w/P_w), ③総人口に占める福祉サービス受給者の割合 (P_w/P), ④人口1人当たりアウトプット (P/O_y, 実質経済成長と考えてもよい), という4つの要因に影響されることが分かる．これらの要因がどのように変化するかを考えてみよう．

(2) 民生費増加の要因

福祉サービスと民間財・サービスの相対価格 [p_w/p_y]

経済が成長するにつれて，民間部門であれ公共部門であれ，給与水準は上昇する．民間財の場合，人件費の上昇は機械化や技術進歩による労働生産性の上昇で吸収することができ，アウトプットの価格上昇は抑えられる．これに対して福祉サービスの多くは，ケースワーカーのように労働それ自体が生産物であるもの，あるいは保育所のように人的サービスを同時に投入してはじめて機能するものが少なくない．このような労働集約的な福祉部門では，人件費の上昇を生産性の向上で吸収することができず，アウトプットの価格が上昇してしまう．こうして，p_w/p_y は時間の経過とともに上昇する．

生産性の向上で民間財・サービスとの相対価格の上昇を吸収できないとしても，福祉サービスが市場メカニズムによって供給されているなら，他の財・サービスとの相対価格 (p_w/p_y) が上昇することで需要は減少し，受給者1人当たり福祉サービスの量 [O_w/P_w] は小さくなるはずである．ところが，例えば保育サービスの価格である保育料は，サービス・コストの上昇を完全に反映する仕組みにはなっていないために[3]，保育サービスに対する需要は減少せず，O_w/P_w の低下を抑えることになる．

受給者1人当たり福祉サービスの量 [O_w/P_w]

O_w/P_w は福祉サービスの需給両面から影響を受ける．需要面では，所得水準の上昇によって私的消費が高度化・多様化したのと同様，社会的消費も拡大した．その結果，行政サービスは，住民が生きていくうえで必要不可欠な「基礎的・必需的」なものから，便利で快適な生活の達成を目的とした「高次・選択的」なものに，質・量ともに拡大してきたのである．社会保障も例外ではなかった．社会保障が給付の目安とする「貧困」の基準も「絶対的」なものでは

なく，経済成長とともに上昇する「相対的」なものと考えられるようになり，かつては「生存権の保障」と考えられていた基本的人権の理念も，今日では健康で文化的な「生活権の保障」へと解釈が拡大されている．このような考え方の変化とともに，福祉サービスは，住民が生きていくうえで必要不可欠な「救貧・防貧型」「選別主義的」なものから，便利で快適な生活の達成を目的とした「生活支援型」「普遍主義的」なものに，質・量ともに拡大してきたのである．

　救貧対策的な福祉サービスの場合には，かりに，ナショナル・ミニマムやシビル・ミニマムの水準が経済成長とともに上昇したとしても，O_w/P_w がそれほど大きくなることはなかったであろう．あくまでもミニマムの水準であるため，供給面での制約を受けるからである．ところが，所得弾力性の大きい福祉サービスの需要の増加に供給者である行政側が応えようとするとき，O_w/P_w は上昇する．このような現象が70年代の福祉国家建設期に起こったと考えられる．

　また，福祉サービスに対する国庫補助金は地方団体が負担する福祉サービスの供給コストを引き下げることによって予算制約を変更させ，O_w/P_w に供給面から影響を及ぼすことになる．

総人口に占める福祉サービス受給者の割合 $[P_w/P]$

　高齢化の進行は確実に P_w/P を上昇させる．しかし，こうした人口構造上の要因とは別に，福祉政策自体の変貌も P_w/P の上昇をもたらした．

　かつて，福祉サービスは救貧あるいは防貧を目的とするものであった．しかし，先述したように，福祉は生活支援へと領域を広げ，「選別主義的福祉」から，ニーズに応じて受給できる「普遍主義的福祉」に変化し，福祉サービス受給者の割合を高めることとなる．その背景には，過去においては個人，家族，地域の手によるか，あるいは市場を通じて解決されていたにもかかわらず，もはやそうした方法による解決が不可能になったことがある．これを問題解決の「社会化」と呼ぶ．

　福祉政策においても問題解決の社会化によって行政の守備範囲は飛躍的に拡大した．高齢者の扶養はもともと家族の私的な問題とされ，ほぼ全面的に家族の手に委ねられてきた．ところが，家族機能の低下によって高齢者問題はしだ

いに家族の手から離れていく．1955年には全世帯の2.2％にすぎなかった「高齢者のみの世帯」は，2007年には18.8％にまで上昇した．高齢者の核家族化によって，家族の扶養を受けることができない高齢者が増加したのである．

こうした家族機能の低下による高齢者問題の「社会化」に加えて，高齢者対策そのものも高度化，多様化した．もともと年金や生活保護による救貧対策的な色彩を強く持つものであった高齢者福祉は，1963年の「老人福祉法」の制定を契機にその姿を大きく変え，総合的・体系的な政策へとその幅を広げていった．家族機能の低下によって，所得を保障するだけでは高齢者の生活を維持できないという問題を解決するねらいがそこにはあったのである．

老人福祉施設も，高齢者の貧困にともなうニーズに応えるものとして整備されたものであったが，「老人福祉法」では，老人ホームは「身体上若しくは精神上環境上の理由及経済的理由により居宅において養護を受けることが困難なもの」(第11条2項)を，特別養護老人ホームについては，「身体上又は精神上著しい欠陥があるために常時の介護を必要とし，かつ，居宅においてこれを受けることが困難なもの」(第11条3項)を入所の要件とすることによって，従来の貧困にともなうニーズだけでなく，生活上のニーズに対応する施設としたのである．

保育所のような児童福祉施設についても同様であった．保育所の歴史は1938(昭和13)年に制定された社会事業法の託児所に始まるといわれている．そこではサービスはもっぱら低所得者への救貧対策として提供されてきた．戦後に入って，47年に児童福祉法が制定されると，「保育に欠ける」(39条に見られる表現)という生活上のニーズに対応する児童福祉施設として保育所が位置づけられるようになる．その結果，47年には施設数1,618，入所児童数16万4,510人に過ぎなかった保育所は，高度経済成長期に女性の就労の増加とともに急成長を遂げ，75年には施設数は1万8,238に，入所児童数は163万1,025人に達したのである．

入所希望者に対して施設の絶対数が不足していた時代にあっては，入所基準を厳しく設定する必要があり，保育所は依然として選別主義的福祉の域を出ることはなかった．しかし，高度成長期に施設の整備が進むにつれて入所基準は緩和され，入所児童の世帯の経済力も多様化していく．このように，生活支援，

女性の就労支援へとその目的を拡大してきた結果，保育サービスが持つ普遍主義的福祉としての比重は確実に大きくなっている[4]．

児童福祉サービスに関して言えば，少子化にともなう乳幼児数の減少は P_w/P を低下させたはずである．しかし，保育サービスの変質による受給者世帯の層の拡大によって，その低下が抑えられてきたのである．

人口1人当たりアウトプット [P/O_y]

わが国の経済は高度経済成長から安定成長に，そしてバブル崩壊後は低成長時代に入っている．経済のマクロ・パフォーマンスの低下は民生費の対 GDP 比率を押し上げることになる．福祉政策に必要な資源は，一方で経済成長によって生み出す必要がある．

(3) 民生費増加要因の検証

ここで，過去の民生費増加の要因を確かめてみよう．民生費の対 GDP 比率を，①民生費のうちで国庫支出金によって賄われた比率（国庫補助要因），②総人口に占める 65 歳以上人口の比率（高齢化要因），③有効求人倍率（景気要因），④介護保険が導入された 2000 年度以降を 1，それ以前を 0 とする介護保険ダミー（介護保険導入要因）で説明する回帰式は，

$$\begin{aligned}
\text{民生費}/\text{GDP} = &-0.4698 + 0.0259 \times \text{国庫補助比率} + 0.1568 \times \text{高齢者比率} \\
&\ (-1.97)\quad (5.88) \qquad\qquad\qquad\qquad (19.72) \\
&-0.1699 \times \text{有効求人倍率} - 0.1214 \times \text{介護保険ダミー} \\
&\ (-3.21) \qquad\qquad\qquad\ (-2.47)
\end{aligned}$$

$$\text{自由度修正済み決定係数} = 0.985, \quad D.W. = 1.68$$

となる．ただし，推計期間は老人保健制度が導入された後の 1983 年度から 2006 年度である．3 つの要因で推計期間中の民生費の対 GDP 比率の変動の約 98.5% を説明できる．

この式は，民生費の対 GDP 比率は，(1)補助金の比率が 1% ポイント上昇すると 0.0259% ポイント上昇する，(2)高齢者比率が 1% ポイント上昇すると 0.1568% ポイント上昇する，(3)有効求人倍率が 1% ポイント上昇すると 0.1699% ポイント低下する，(4)介護保険の導入は 0.1214% ポイント低下させ

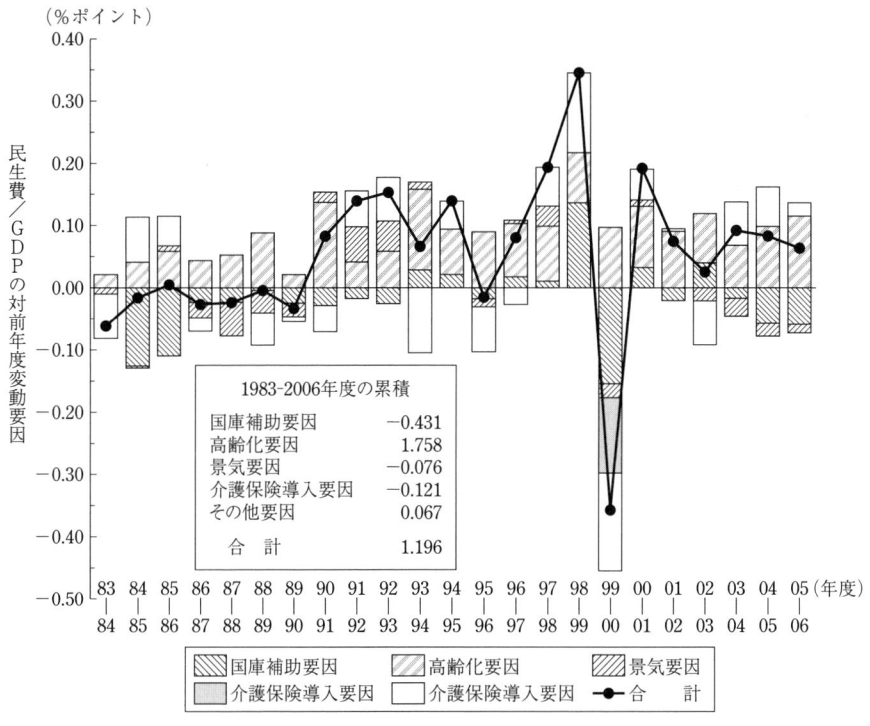

1983-2006年度の累積	
国庫補助要因	−0.431
高齢化要因	1.758
景気要因	−0.076
介護保険導入要因	−0.121
その他要因	0.067
合　計	1.196

図5　民生費の対GDP比率の変動要因

たことを表している．

　回帰式の結果を用いて1983年度から2006年度の期間中における民生費／GDPの対前年度の変動の要因分解を行ったものが図5である．ただし，「その他要因」は実際の変動から①から④の変動分を差し引いた値である．

　83年度から06年度までに，民生費／GDPは1.196％ポイント上昇したが，比率を押し上げているのは，やはり高齢者比率の上昇である．補助金の削減は民生費／GDP比率を0.431％ポイント引き下げているが，高齢化要因が1.758％ポイント押し上げた．景気要因は短期的には民生費／GDPに影響している．

(4) 福祉政策に対する国の関与

　図5から明らかになったことは，補助金の動向が民生費／GDPに大きく影響する可能性の存在である．とくに，84-85年度，85-86年度には後述する補助金カットによって民生費／GDPは大きく引き下げられた．過去の経緯から見るかぎり，地方の福祉政策は補助金という手段を経由して国の財政事情や負担区分の変更に左右される可能性がある．

　先に述べた福祉政策の普遍主義化にいち早く対応したのは地方団体であり，国の立ち遅れは否めなかった．貧困階層あるいは低所得階層を対象とする福祉政策も基本的には生活保護と同等の扱いの中で，やはり国の責任において行われると考えられたのであるから，福祉の対象が一般所得階層にまで及ぶとなると，国の反応が遅れがちであったのは当然のことと言えた．国の対応が遅れるなかで，1960年代後半から革新自治体が中心となって，普遍化した福祉政策を地方単独事業として手がけるようになり，この動きは急速に全国に広がっていくのである．

　このような普遍主義的福祉政策の全国への普及に対して，国はもはや手をこまねいているわけにはいかなくなった．そこで，全国に普及した地方の福祉政策を国の機関委任事務化し[5]，国の施策として制度化することになる．1971年の児童手当制度，73年の老人医療の無料化がその例である．

　普遍的福祉への国の関わりの強化のいま1つのルートは，従来，地方単独事業として行われてきた福祉施策に補助金を付けることによって補助事業化するというものである．厚生省所管の社会保障関係対地方団体補助金のうち，法律に補助根拠がありながら，「補助することができる」とされているものや，予算上の措置として交付する補助金の多くが，1970年代に入ってからの創設である[6]．

　1980年度には国庫支出金の民生費に占める比率は約45％にも達していた．しかし，このことは，地方の福祉政策が補助金の動向に大きく左右されることを意味していたのである．第1次石油ショック後の不況によって国の財政は悪化し，75年度から赤字国債発行の時代に突入する．政府は80年度を「財政再建元年」と位置づけ，歳出の削減に着手したが，なかでも国の財政支出におい

て大きなウェイトを占めていた補助金が削減の対象となった．削減の方法は補助率のカットという形をとり，高率であった地方の福祉関連支出に対する補助金も削減の対象となる[7]．

　この結果，1984年度には民生費の39.9%であった国庫支出金の比率は85年度には35.0%に，86年度には30.8%に低下した．補助率の低下は地方一般財源による負担増につながるため，財源は地方交付税の増額で補塡された[8]．しかし，交付税の不交付団体には補塡されないことや，交付団体についても，ひも付き補助金から一般財源への振り替えによって，先の実証分析から検証されたように，民生費の対GDP比率を引き下げる方向に作用したと考えられる[9]．

　同じような出来事が今般の三位一体の改革においても生じている．地方分権改革の一環として実施された三位一体の改革は2004-06年度にかけて，国庫補助負担金を約4.7兆円，地方交付税を約5.1兆円削減し，地方に3兆円の税源移譲を行うというものであった．この改革は地方財源の大枠の変更を通じて間接的に地方の社会保障に影響を与えるだけでなく，国民健康保険国庫負担6,862億円，児童手当国庫負担金1,578億円，児童扶養手当国庫負担金1,805億円といったように，社会保障関係財政に直接的な影響を与えることとなった．

　児童手当および児童扶養手当の給付事業は法定受託事務であり，本来なら国が全額負担すべきという考えがあるなかで，国庫負担率を児童手当は2／3から1／3に，児童扶養手当は3／4から1／3に引き下げる形で負担額が削減された．また，国民健康保険については療養給付費等負担金に関わる定率国庫負担40%が34%に，財政調整機能を有している国調整交付金10%が9%に削減された．それに見合う形で都道府県財政調整交付金が新設されたものの，定率分が減少し，財政調整交付金部分が高まったことは，市町村国保にとって不安定要因の拡大につながることになりかねない．

　社会保障という，国民生活に密着した行政において求められるのは安定性である．それが損なわれると，国や地方団体に対する国民の信頼は喪失する．救貧・防貧を目的とした必要最低限のサービスは国の責任で実施すべきだとしても，資源配分機能へとウェイトをシフトさせている普遍主義的な福祉サービスについては，地方住民の意思でこれを実施できるよう改める必要がある．サー

表2 民生費の状況 (2006年度)

(単位:10億円)

	都道府県	市町村	純計
歳出総額	47,536	47,946	89,211
目的別分類			
民生費総額	4,863	13,014	16,259
社会福祉費	1,694	3,335	4,426
老人福祉費	1,957	2,585	4,069
児童福祉費	962	4,423	4,888
生活保護費	245	2,666	2,868
災害復旧費	4	5	7
性質別分類			
人件費	255	1,699	1,954
扶助費	588	6,679	7,267
補助費	3,588	534	2,519
繰出金	3	3,046	3,049
その他	430	1,055	1,470

出所:総務省『地方財政統計年報』.

ビスの供給が変動したとしても,それは住民の選択の結果であるとすれば,地方団体への信頼が損なわれることはない.

4 地方における社会保障改革の視点

(1) ターゲット効率性の強化

わが国の福祉支出は,高齢化の進行などによって将来的にも膨張していくことが予想される.しかし,福祉関連サービスに振り向けられる資源が多ければ多いほど,国民の福祉水準が高くなるわけではない.資源には制約があるため,福祉に使われる資源が多いほど,他の用途に利用できる資源は減少するからである.これは国民負担率の上昇という形で具体的に表れてくる.高齢化した社会における福祉政策のポイントは,真に必要な人に,福祉資源を重点的に投入するという,ターゲット効率性の達成である.

これを実現するためには,福祉サービスを効率的に生産するシステムの構築が必要である.つまり,投入する資源の量が同じなら,できるだけ多くの福祉サービスが供給できる方法を採用しなければならない.あるいは,供給できる

福祉サービスの量が同じなら，それに必要な資源（費用というように置き換えてもよい）の量を最小にすべきである．地方自治法は，「地方公共団体は，その事務を処理するに当つては，住民の福祉の増進に努めるとともに，最少の経費で最大の効果を挙げるようにしなければならない」と定めているが，この規定は福祉の分野においてもあてはまるのである．

　福祉支出増大の要因のうち，高齢化の進行など外生的に与えられ，地方団体としてはこれを受け入れる形で対応していかなくてはならないものもある．しかし，適切な福祉政策を取り入れることによって膨張をくい止めることも可能である．まずは費用負担である．

　最低限の生活を保障することを目的とした福祉政策は，経済力の大きい人から小さい人への垂直的再分配効果を期待したものであるため，財源は受給者以外の住民がそれぞれの負担能力に応じて負担することになる．そして，税で賄われる救貧対策であることから，福祉サービスの内容が画一的になることはある程度やむを得ない．

　しかし，今日のように福祉サービスの目的が所得再分配機能から生活支援という資源配分機能の発揮にウェイトをシフトさせ，利用者が低所得者に限定されないようになってくると，資源の浪費を防止するためにも，また利用者と非利用者間の公平性を確保するためにも，負担のあり方は給付との関連で利益に応じて決定される方が望ましい．それによって生活様式の多様化に応じて福祉サービスに対するニーズの多様化にも柔軟に対応することが可能となる．

　個人や家族による解決が困難であり，社会的に対処していかなければならない問題が増加し，このことが福祉政策の拡大と質の変化をもたらした．だが，この事実は費用負担までも公的に行うことを意味しない．サービスを提供することの責任とサービスの費用負担の問題は切り離して考えるべきであり，地方団体の責任は，利用者が利用したいと望む場合にはいつでも利用できるようにサービスや施設を用意しておくことであって，費用を税で負担することではない．もちろん，受益者負担の一般化によって低所得者がサービスの利用から排除されることがあってはならないから，低所得の利用者には所得保障や福祉サービスに対するクーポンを給付することなどの措置を講じることで対応する必要がある．これによってターゲット効率性が改善されることになる．

直接的な利益を利用者に与えるとはいえ，受益者負担を引き上げることには強い抵抗がある．しかし，受益者負担を抑えて税にツケを回すことは結果的に税の無駄遣いにつながることを認識した上で，適正な受益者負担のルールを構築する必要がある．受益者負担には資本コストを含めるのか，それとも人件費のような経常コストだけを対象にすべきなのか．コストのどの程度を受益者に負担してもらうのか．福祉サービスの供給コストをバック・データとして整備することは，受益者負担のルールづくりにも必要なのである．

(2) 福祉サービス供給の効率化

　費用負担とともに重要なのが，多様な福祉ニーズに対応可能で，かつ効率的なサービス供給体制の確立である．福祉サービスにおける行政の責務は，地域社会における互助，共助あるいは市場による供給のみに委ねていたのでは，そこから排除されてしまう人びとに向けられるべきである．しかし，低所得階層への福祉サービスの保障の責任が行政にあるとしても，直接にサービスの生産を行う必要はなく，アウトソーシングを進めるべきである．

　民間への委託によって，福祉サービスの購入者としての地方団体が生産者である民間からサービスを購入する形をとれば，地方団体はサービスの購入者に徹し，生産者としての立場を放棄することによって，生産面に神経を使うことなく，アウトプット重視の政策を展開できる．かりに地方団体が直営でサービスの生産を続けようと思うのであれば，イギリスの行政改革で「強制競争入札(Compulsory Competitive Tendering)」として実施されているように，行政が民間と同じ土俵で競争入札によってサービス供給を受注するという方式を採用すべきであろう．

　とくに高次で選択的なニーズに応える福祉サービスについては，福祉サービスの供給者とサービス購入者としての個人との間で結ばれる契約によってサービスが取引されるべきである．このように福祉サービスの供給を市場に委ねると，「市場の小さい地方では民間の受け皿がない」という声も聞こえてくる．しかし，新技術の開発や，社会経済情勢の変化への速やかな対応等，民間企業のすぐれた特性を行政にとり入れるという視点は民営化を推進するうえでの重要なポイントであるし，コスト節減は民間活力導入の最大のメリットと言える．

こうしたメリットを実現するためにも，採算見通しが立たない場合には民間企業に立地のインセンティブを与えることを基本とすべきである．福祉関連企業の誘致は一般企業の誘致と同じ視点で行う必要がある．また，行政がサービスの供給主体となる場合には，広域連合の活用など，コスト節減と採算性を念頭に置いた経営を行わなくてはならない．

最後に，ナショナル・ミニマムの保障という所得再分配を基本とした福祉政策については，国が意思決定や財源負担を行う必要がある．しかし，今日のように福祉政策が資源配分機能の領域にまで入り込んでくると，住民の福祉ニーズに合った政策を展開するためにも福祉政策の分権化が必要であることを指摘しておく．

1) 総務省の資料では，地方の社会保障関係費は，民生費（社会福祉費・老人福祉費・児童福祉費・生活保護費・災害救助費），衛生費（公衆衛生費・結核対策費・保健所費・清掃費），労働費（失業対策費・その他）から災害救助費，清掃費を除いたものとされている．衛生行政，労働行政も社会保障の範疇であるが，本章では，民生費を中心に話を進めていく．
2) ただし，インプット1単位当たり費用×インプットの量＝アウトプット1単位当たり価格×アウトプットの量という関係が成立している．
3) 保育料は所得水準ごとに設定されており，保育コストを下回るのが普通である．国基準の運営コストと保育料徴収の差額分は，国と地方の負担となる．また，地方団体が設定する保育料は多くの場合，国基準保育料よりも低くなっており，減免分は地方が単独事業として負担している．さらに，実際の保育コストは保育士の加配などによって国基準の運営コストよりも高くなっている．
4) 1960年度には保育所入所児童世帯のうち生活保護世帯が全体の5.6％，所得税非課税世帯が74.7％を占め，所得税課税世帯は19.7％にすぎなかった．しかし，1994年には入所児童世帯の4分の3が所得税課税世帯となった．
5) 機関委任事務とは，法律または政令によって国から地方団体の執行機関（知事や市町村長など）に委任された事務のことであり，中央集権の象徴とも言われていた．地方分権一括法の施行によって2000年に廃止され，現在は法定受託事務と自治事務に再編成されている．
6) 林（1997a）によると，1993年度予算ベース（補助金のみ）では，補助することが法律で義務付けられている補助金13件は1970年代の前半までに創設されているのに対して，法律に補助根拠はあるが「補助することができる」とされる補助金62件のうち43件，予算補助139件のうち110件が70年度以降に創設されている．
7) 具体的には，生活保護については，補助率を従来の8／10から7／10（現在は

7.5／10）に引き下げることとされ，老人福祉，児童福祉，障害者福祉，精神障害者福祉については，措置費関係の補助率が従前の 8／10 から 1／2 に引き下げられた．

8) 標準的な行政を行う上で必要な一般財源の額である基準財政需要額から，標準的な税率で課税した場合の地方税の 75％ と地方譲与税を合計した基準財政収入額を差し引いた額がプラスの場合，その差額（財源不足額）が地方交付税として交付される．補助率カットは補助金削減額の分だけ基準財政需要額を増やすことになり，その結果，地方交付税は増える．しかし，基準財政収入額が需要額を上回る地方団体（不交付団体）は，地方交付税が補助金削減額の分だけ増えるわけではない．

9) 福祉関連補助金を一般財源に振り替えたときの地方財政支出の配分に与える影響については，林編著（1997b）の第 5 章で分析されている．そこでは，福祉関連補助金を 10％ 削減すると，福祉支出は全国平均で 0.48％ の減（最大は福岡県で 1.6％ 減，最小は福井県で 0.13％ 減），投資支出は全国平均で 0.047％ の増，教育支出は同じく 0.032％ 増，その他の支出は同じく 0.059％ 増という結果であった．

文献

林宜嗣（1997a）『財政危機の経済学』日本評論社．
林宜嗣編著（1997b）『地方新時代を創る税・財政システム』ぎょうせい．

8章　OECD諸国の社会保障政策と社会支出

金子　能宏

1　はじめに

　先進諸国の社会保障政策にとって，高齢化による将来の給付の増加に対して，持続可能な社会保障制度を構築していくことは重要な課題である．持続可能な制度とするためには，経済成長と社会保障とのバランスと同時に，制度への国民の信頼が必要である．そのため，先進諸国各国では，社会保障政策を支える社会保障財政のあり方について，近年，世代ごとの給付と負担の関係が過度に相違しないようにする世代間の公平性と，所得・資産の格差是正を図る世代内の公平性の両方を配慮することが求められている．

　このように，先進諸国には経済発展のみならず社会保障政策においても共通の課題があるため，OECD（経済協力開発機構）[1]では，加盟国の社会保障政策に関連するデータの収集と分析および報告書による政策提言を行っている．例えば，年金制度については，公的年金の主な構成部分を所得再分配の基礎的な年金部分と加入インセンティブを保つための報酬比例部分に分けて，各国の年金制度がどのような特徴を持っているかをデータに基づいて比較した報告書を公表している（OECD編著，2007）．また，所得格差の実態とこれに対する各国の税制と現金給付による所得再分配政策の効果について，各国間で比較可能な方式でデータを収集し国際比較した報告書も公表している（OECD編著，2008b）．

　社会保障政策には，これらの所得移転による再分配政策に加えて，医療・介護（国によっては老人福祉）・児童福祉・障害者福祉それぞれの分野における社会サービスの提供がある．これらのうち，医療・介護（老人福祉）サービス

については，各国政府は，経済成長とのバランスを図るためサービス（現物給付）水準の適正化を図る一方で，高齢者などのニーズに応えるために必要な範囲で給付の増大に対応する財源確保にも努めている．

もちろん，OECD が社会保障政策のそれぞれの分野について，国際比較可能なデータや情報を提供し，報告書をとりまとめ政策的示唆を提言しているのは，各国の社会保障政策には相違点があるが，高齢化の進展への対応や昨年9月以降の経済不況のため必要となっている雇用対策など共通の課題も多いためである．先進諸国の社会保障政策は，国ごとに相違がありいくつかの指標を用いることによって類型化できることが，エスピン－アンデルセンによって提唱されてから，その類型化をめぐって議論されることが多い．本章では，こうした類型化による国ごとの相違にも留意しながら，経済・財政との関係に着目して，OECD 諸国の社会保障政策と社会支出について概観し考察を加えたい．

2 OECD 諸国における社会保障政策の多様性

社会保障政策は，病気や障害により健康を損なったり，失業や引退に伴い所得が低下したりすることなど，人々の生活において生じる様々なリスクに対応するために，租税や社会保険料を財源に生活保障を行う様々な制度を立案し実施していく政策体系である．OECD 諸国では，社会保障政策は，医療サービス・保健・公衆衛生にかかわる医療政策，高齢者・障害者・児童や子どものいる世帯に対する対人社会サービスからなる社会福祉，年金・失業手当・公的扶助などの所得保障，雇用対策等から構成されている．日本では，これらのうち，年金制度，医療保険，高齢者への医療制度（後期高齢者医療制度），介護保険，失業保険と労災保険は社会保険であるが，児童福祉，母子・寡婦福祉，老人福祉，障害者福祉，生活保護，および公衆衛生は主に租税を財源とする福祉政策として地方自治体によって提供されている．

しかし，社会保障の個別制度は，各国の歴史的な経緯などを反映して，国ごとに異なっている．例えば，医療サービスは，イギリスでは，税財源による国営医療サービス（NHS）によって提供されているのに対して，ドイツとフランスでは日本と同じように疾病のリスクを社会的連帯によりプールする社会保

表1　福祉レジーム論による福祉国家の類型

福祉レジーム	社会民主主義	保守主義	家族主義	自由主義
モデル国家	スウェーデン	ドイツ	イタリア	アメリカ
モデル国家群	北欧諸国	大陸ヨーロッパ諸国	南欧諸国・一部東アジア諸国	アングロサクソン諸国
脱商品化	高位	中位	中位	低位
階層化	低位	中位	中位	高位
脱家族化	高位	低位	低位	中位
主たる福祉供給源	福祉国家	社会保険・家族	家族・社会保険	市場
典型的な福祉政策	サービス給付	所得移転	所得移転	減税支出

出所：エスピン-アンデルセン（Esping-Andersen, 1990）による類型化に一部修正を加えて筆者作成．

険（すなわち医療保険制度）として提供されている．他方，アメリカでは，生産年齢の人々は企業の福利厚生として民間医療保険に加入するのが一般的であり，政府による医療サービス提供は高齢者に対するメディケアと低所得者に対するメディケイドに限られている．

　このようにOECD諸国の社会保障政策には多様性が見られる一方で，ドイツとフランスと日本では医療保険と年金保険は社会保険によって提供され，子どものいる世帯に対する所得保障はカナダとアメリカでは税額控除という減税支出を用いているなど，OECD諸国の中の幾つかの国々の間で共通点が見られることも事実である．OECD諸国のうち，発足当初からのメンバーである西欧・北欧・南欧諸国とイギリス・アメリカなどの国々の間に社会保障政策の面で多様性と共通点があることを，福祉国家の考え方を拡張して類型化したのが，エスピン-アンデルセン（Gøsta Esping-Andersen）の福祉レジーム論である．彼は，脱商品化と階層化の2つの指標で西側先進諸国を分析して，自由主義的福祉国家（アメリカやイギリスのアングロサクソン諸国），保守主義的福祉国家（大陸ヨーロッパ），社会民主主義的福祉国家（北欧）の3類型を析出し，福祉国家の発展は1つではないと論じた．その後の研究により保守主義の一部に家族主義を認める4つの類型が示されている（表1を参照）．

　このような類型化による類型間の相違は，OECD諸国の所得格差の相違にも現れている．OECDは，2008年に，OECD加盟30カ国の1980年代から2000年代半ばまでの所得格差の動向について，「所得」として可処分所得

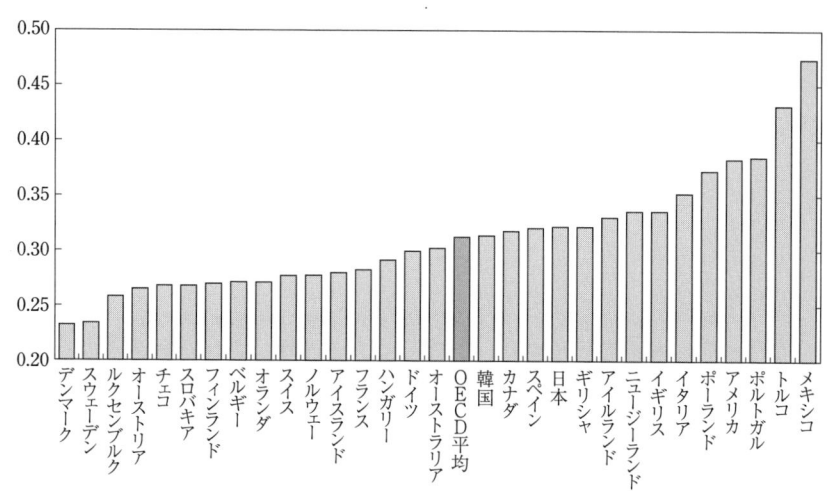

図1 ジニ係数によるOECD諸国の所得不平等度の比較（2000年代半ば）

（税・社会保険料を控除後，現金給付を加味した所得）を用いて，ジニ係数[2]や相対的貧困率などの所得格差に関する指標を用いて国際比較を行い，報告書を公表した（OECD編著，2008a）. 2000年代半ばの各国の可処分所得の分布をジニ係数で比較すると（図1），日本（0.32）はOECD平均（0.31）とほぼ同水準である（最高はメキシコ（0.47），最低はデンマーク（0.23））．

図1に見られるように，概して，所得格差の程度は，福祉レジームでは社会民主主義とされサービス給付を国・地方政府が中心になって提供している北欧諸国が最も小さい．ついで保守主義として類型化されている社会保険を中心に所得移転の役割の大きいドイツ・フランスなど大陸ヨーロッパ諸国が低い．これに対して，社会保険も一定程度の役割を果たしているが，サービス給付の面では家族にも頼ることのある家族主義と類型化されている南欧諸国などは，これらの国々より所得格差の程度が大きい．日本は，保守主義と家族主義の中間に位置すると考えられるが，所得格差の程度も，OECD平均（0.31）とほぼ同水準で，保守主義の国々と家族主義の国々の間にある．そして，これらの国々よりも，自由主義の国々では所得格差が大きい傾向が見られる．

所得格差は，クズネッツのU字仮説が示唆するように経済発展の過程にも依存する．例えば1人当たりGDPでは，OECD諸国でもヨーロッパ諸国やア

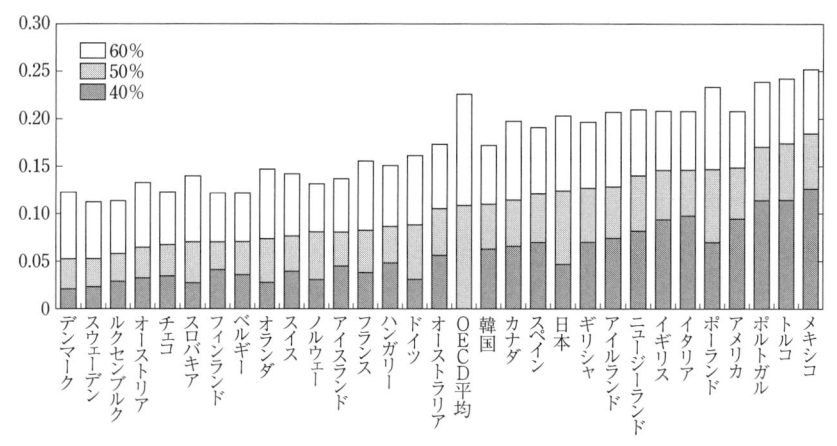

図2 異なる貧困線基準によるOECD諸国の相対的貧困率の比較 (2000年代半ば)

メリカ，カナダ，日本，オーストラリアよりも低い国々では，所得格差が大きい．このことと自由主義の福祉レジームをとる国々での所得格差が大きいことは，可処分所得の相対的貧困率[3]を比較すると，明らかになる．

図2によれば，メキシコ (0.184)，トルコ (0.175)，米国 (0.171) の順に相対的貧困率が高くなっている．日本 (0.149) は，福祉レジームでは保守主義と家族主義の中間に位置すると考えられるが，後に述べるように子どものいる世帯に対する社会保障支出が少ないことなどが影響して，相対的貧困率はOECD諸国の中で平均値 (0.106) よりも大きいグループに位置している（アイルランド，ギリシャ，スペインとほぼ同じ比率）[4]．

3 OECD諸国の社会保障給付費（社会支出）と社会保障財源

(1) OECD諸国の社会保障給付費（社会支出）

OECD諸国の社会保障政策を比較するとき，社会保障の給付と負担の規模と，どの分野に給付が多く支出されているかが重要な指標となる．OECDは，社会保障の動向を国際比較する1つの指標として，年金・医療や生活保護，児童手当などの移転と福祉サービス等の費用からなる社会保障給付費に，施設整備費などの直接個人に移転されない費用を加えた社会支出（Social Expenditure) を毎年公表している (OECD Social Expenditure Database). 国別の社会保障政策の特徴を見るにあたって参考になるのは，政策分野別の社会支出である．これは，高齢者や失業者という対象者別の区分と，医療サービスのような社会サービスによる区分を組み合わせて次のような項目になっている（各項目の詳細については，国立社会保障・人口問題研究所「社会保障給付費」(http://www.ipss.go.jp/) を参照）．

高齢：退職によって労働市場から引退した人および決められた年齢に達した人に提供される現金給付．**遺族**：被扶養者である配偶者やその独立前の子どもに対する制度の支出．**障害・業務災害・傷病**：業務災害補償制度下で給付されたすべての給付と障害者福祉のサービス給付，障害年金や療養中の所得保障としての傷病手当金など．**保健**：医療の現物給付（なお治療にかかる費用でも傷病手当金は含まない）．**家族**：家族を支援するために支出される現金給付および現物給付（サービス）．**積極的労働政策**：社会的な支出で労働者の働く機会を提供したり，能力を高めたりするための支出（障害者の雇用政策も含む）．**失業**：失業中の所得を保障する現金給付．**住宅**：公的住宅や対個人の住宅費用を減らすための給付．**生活保護その他**：上記に含まれない社会的給付．

社会支出が国内総生産と国民所得それぞれに占める割合を見ると，日本はヨーロッパ諸国（スウェーデン，ドイツ，フランス，イギリス）よりも低いが，アメリカよりも高い（表2）．

日本の社会保障給付費は，OECD の社会支出で見ても，人口の少子高齢化とともに増加している．2008年時点で，日本の総人口は1億2,778万人であるが，65歳以上の高齢者人口は2,814万人に上る（総務省統計局「全国推計人口」）．高齢化率（(65歳以上人口／全人口)×100）は1980年で9.1％であったが，1990年に12.1％，2000年に14.6％と上昇し，2008年時点で22％に達している．このような高齢化の進展は，年金給付受給者数の増加をもたらし，また1人あたり医療給付が現役世代に対し高齢者が約5倍であるため医療費の増加の要因となった．医療費の伸びは，介護保険の導入により一時期減少したが，高齢化の進展が医療費を増加させる傾向は，現在でも続いている．また，高齢化の進展は，後期高齢者の増加に伴う要介護高齢者の増加をもたらしたため，介護給付費も増加することとなった．

表2 社会支出と国民所得率の国際比較 (%)

	日本	アメリカ	イギリス	ドイツ	フランス	スウェーデン
社会支出(対国民所得比)	26.2	20.3	28.2	36.7	40.7	42.3
社会支出(対国内総生産比)	19.1	16.3	20.0	27.1	29.0	30.1
国民負担率(対国民所得比)	38.3	34.5	48.3	51.7	62.2	70.7
潜在的国民負担率(対国内総生産比)	44.6	39.6	52.1	56	66.3	70.7

注:(潜在的)国民負担率には社会保障以外の負担も含む.
諸外国の資料はOECD Social Expenditure Database 2008edによる.日本の国民所得および国内総生産は,内閣府経済社会総合研究所「平成20年版国民経済計算年報」による.(潜在的)国民負担率は財務省調べによる.
出所:「平成18年度 社会保障給付費」(国立社会保障・人口問題研究所),OECD基準によるわが国の社会支出.

表3 政策分野別社会支出の構成割合の国際比較 (2005年) (%)

	日本	アメリカ	イギリス	ドイツ	フランス	スウェーデン
高齢	8.96	5.30	6.63	11.22	10.96	9.59
遺族	1.29	0.76	0.20	0.38	1.87	0.62
障害,業務災害,傷病	0.88	1.47	2.42	2.93	1.98	6.02
保健	6.31	7.17	7.06	7.66	7.76	6.77
家族	0.81	0.64	3.05	2.06	3.06	3.49
積極的労働政策	0.25	0.12	0.53	0.97	0.89	1.29
失業	0.33	0.30	0.51	1.65	1.70	1.20
住宅	—	—	1.45	0.07	0.81	0.54
生活保護その他	0.26	0.57	1.45	0.19	0.36	0.60
合計	19.09	16.33	23.30	27.13	29.39	30.12

　これに対して,日本では,OECDの社会支出で「家族」と分類される子育て支援や子どものいる世帯に対する給付を合わせた給付費が,北欧やフランスに比べて十分には拡充されてこなかったため,日本の児童福祉を含む家族関係の給付費が社会支出に占める割合は,北欧・西欧諸国に比べて低い(表3).

　このように,社会支出は,その重点が社会保障政策のどの分野にあるかによって,各国の社会保障政策において世代間の公平性がどの程度実現されているかに影響を及ぼしている.また,社会支出は所得格差の是正という分配面での公平性にも影響を及ぼしている.OECD諸国におけるジニ係数とGDPに占める社会支出の割合との関連性を図示してみると,図3のように,おおむね右下

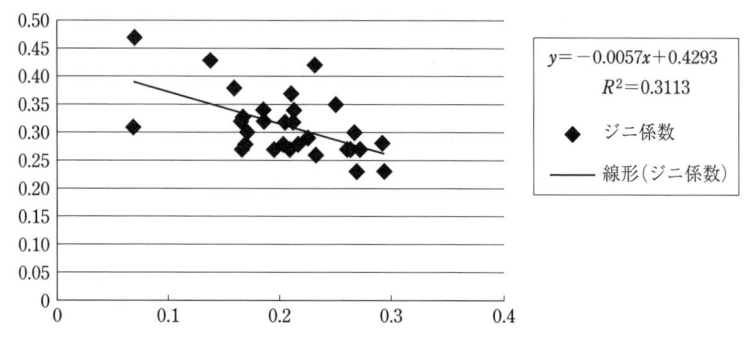

図3 OECD 諸国における社会支出の対 GDP 比と所得不平等度（ジニ係数）との関連性

$y = -0.0057x + 0.4293$
$R^2 = 0.3113$
◆ ジニ係数
— 線形(ジニ係数)

がりの相関（$R^2=0.3$）が認められる．社会支出は，その大部分は税財源と社会保険料のいずれかで賄われている（残りの部分には利用者負担がある）．社会支出の規模が大きいほどジニ係数が小さいということは，税制を通じた再分配（累進税制や福祉の対象者に対する減税支出）よりも，税財源と社会保険料を合わせた負担に基づく社会保障給付による再分配の方が，不平等度を低下させるにはより効果があることを示している．社会支出の規模が大きいと，概して税負担と社会保険料負担がともに（デンマークの場合は税財源が特に）大きくなるが，社会支出の大きい国々では，付加価値税率は高くても必需品に対する軽減税率があり，社会保険料が高くても給付では最低補償給付があるので，負担が大きくても給付を通じた再分配効果がより効果的に発揮されていると考えられる．

(2) OECD 諸国の社会保障財源

OECD 諸国は，高齢化の進展等に対応するための社会保障財源確保について様々な改革を試みている点では共通しているが，社会保障財源に占める社会保障負担（社会保険料＋利用者負担）の比重は国ごとに異なっている[5]．

本田（2007）によれば，社会保険料がすでに十分に高い水準にある国（ドイツやフランス）では，税財源の割合の増加が見られるが，これは，社会保障負担の増加による社会保険料の増加が受容できない水準まで達している場合に，追加的・補足的に社会保険と異なる財源調達手段を導入していると捉えること

ができる.

フランスでは社会保険方式を原則とした上で,目的税である一般社会拠出金 (Contribution Sociale Généralisée, CSG) の導入やその引き上げ等により税財源の割合を高めている.しかし,現在でも社会保障費の約3分の2は社会保険料が財源である.ドイツでも,税財源に依存する程度はフランスほどではないが,年金財源に環境税収を用いるなど税財源への移行がおきている.スウェーデンは税財源を社会保障の主要な財源としているが,ドイツやフランスとは反対に,社会保険料の財源割合の増加と税財源の割合の低下が見られる.しかも,年金改革により従来大きな比重を占めてきた事業主負担だけでなく被保険者の負担が増加する動きもある.イギリスでは,この10年間で税と社会保険料の財源に占める割合に大きな変動はない[6].

4 OECD諸国の年金制度と年金財政

持続可能な年金財政を実現するための給付と負担の在り方については,1で述べたように,世代ごとの負担と給付の関係が過度に相違しないようにする世代間の公平性と,所得格差の是正を図る世代内の公平性とをバランスさせることが各国の制度に現われている.OECD (2007) でも,各国の年金制度には,共通して,予想よりも長生きすることに対するリスクシェアリングという側面と,高齢者の所得格差を是正する所得再分配の機能があることが指摘されている.ただし,年金制度における再分配機能の仕組みは,国ごとに異なっている.例えば,アメリカでは,現役時の所得が低い場合には所得代替率が高く,所得が上がると所得代替率が下がる逓減的な給付設計と年金課税との組み合わせで達成されている.カナダでは,定額の年金に上乗せする部分は報酬比例であるが,所得上限がありかつその上限以上の所得がある場合には定額部分の給付が一部削減されるクローバック制度がある.また,スウェーデンでは拠出をポイント換算したものに比例する給付を支給する一方,一定水準以下の低所得の受給者には最低保障年金を支給する.日本の公的年金では,基礎年金が,低所得の被保険者には保険料免除や定額保険料が適用され,給付については2分の1が税財源であり受給資格のある全ての65歳以上の国民に支給されるため,所

得再分配の役割を担っている.

　OECD 諸国の年金改革では，少子高齢化の下で健全な年金財政と所得保障機能を両立させる選択肢として，次の3つの方法が用いられてきた（金子・Burtless, 2005）. (1)現在就労している労働者に対する年金保険料（あるいは税）を引き上げるか，公費負担を追加的に投入しその税負担を引き上げること. (2)許容されるレベルまで年金給付の支出を抑制するか，あるいは年金支給開始年齢を引き上げること. (3)現在，年金加入の対象外となっている人々（無業者や所得が拠出の下限以下となっている人々など）の労働力率を高め，これらのグループに対して政府が施策を施して保険料（または社会保障税）拠出への貢献を促進すること.

　(1)について言えば，1990年代後半以降の年金改革では，ドイツ，フランス，カナダにおいて保険料率の引き上げが実施され，日本の2004年の公的年金改革でも2004年度から段階的に保険料率の引き上げが決められた[7]. アメリカ，オーストラリアでは，出生率がドイツ，イタリア，日本などに比べて高いため，被保険者数の減少を憂慮する状況ではないが，ベビーブーマーの引退による年金給付増大は避けられないため，年金改革の検討が進められている. スウェーデンでは，かつて低水準だった出生率が女性労働力率の上昇とともに回復し，最近になってまた低下するという人口変動を経験している. このため，このような変動があっても給付と負担の関係が世代間で異ならないようにするために概念上の拠出建年金制度を導入する改革が行われた.

　日本の2004年年金改革でも，世代間の公平性に配慮して，保険料の上昇を抑え，2017年以降保険料を固定する一方，負担の範囲内で給付とのバランスがとれるように，給付を賃金上昇率などの経済的要因のみならず人口変動も考慮して年金額をスライドさせるマクロ経済スライドが導入された[8].

　これらの年金制度改革は，先に述べた所得格差にも影響を及ぼす. 公的年金は，多くの引退者にとって主要な収入源となっており，年金改革では，公的年金が所得格差に及ぼす影響について考慮する必要がある（Feldstein and Liebman, 2002; Gruber and Wise, 2004）. OECD (2008a) の所得格差比較研究によれば，OECD 諸国平均の高齢者のジニ係数（0.295）は，年齢総数のジニ係数（0.306）よりも低い. このことは，これまでの年金改革は，年金財政を持

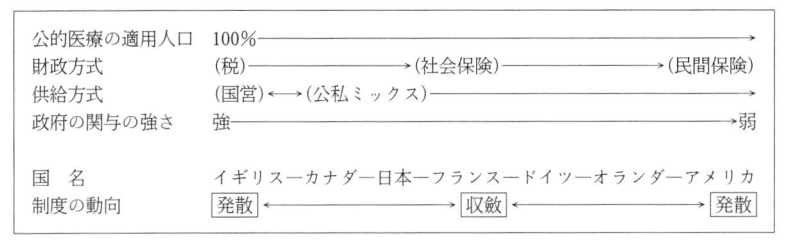

```
公的医療の適用人口  100%──────────────────────────────→
財政方式       (税)─────→(社会保険)─────→(民間保険)
供給方式       (国営)←──→(公私ミックス)─────────────
政府の関与の強さ   強────────────────────────────→弱

国  名        イギリス―カナダ―日本―フランス―ドイツ―オランダ―アメリカ
制度の動向      │発散│────→│収斂│←────│発散│
```

図 4　医療制度の国際比較のための見取り図
出所：尾形（2003）．

続可能なものとするために年金給付の適正化を実施した国々が多かったが，OECD諸国全体としてみれば，このような改革が実施されながらも，現在のところ，年金給付は所得再分配機能を発揮していることを示唆している．

5　OECD諸国の医療制度と医療財政

(1)　OECD諸国の医療制度の位置づけ

OECD諸国の医療制度は，医療財政の点から見ると，イギリスのような一般税源による国営医療（NHS方式），ドイツ・フランス・日本のような社会保険方式の医療保険制度，アメリカのような民間保険を中心とした方式などのように多様である．こうした各国の医療制度を比較する際に有益なのが，尾形（2003）によって示された，医療制度の見取り図である．図4は，左から右へ，公的な医療の適用人口（公的な医療制度でカバーされる人々の割合），財政方式（税方式→社会保険方式→民間保険中心），医療サービスの供給方式（完全国営→公私ミックス），政府の関与の度合いの強さ（強→弱）という基準で，主要国の医療制度を並べて比較できるようにした見取り図である．左へ行くほど「公」的色彩が強くなり，逆に右へ行くほど「私」ないしは「民間」的色彩が強くなることになる．

尾形（2003）の見取り図によれば，カナダ，日本，フランス，ドイツ4カ国の医療制度は，ちょうど各国のスペクトラムの中央に位置している．これらの国は，基本的に，イギリスのような一般税源による国営医療（NHS方式）でも，アメリカのような民間保険を中心とした方式でもなく，社会保険方式を採

用している．全住民に占める公的医療保険の適用人口の割合は，原則100％であるNHS方式ほどではないものの，かなり高い（日本およびフランスは基本的に皆保険，ドイツは一部高所得者を除き89％，オランダは通常の医療保険は69％，長期介護保険（AWBZ）は100％の適用となっている）．

　また，政府（中央及び地方政府）の関与の度合いの強さは，税方式をとっているイギリスやカナダが強いが，カナダでは連邦財政主義のため連邦政府から各州への補助金の配分について連邦政府と各州の保険大臣との協議が必要となる．社会保険方式の国々については，歴史的な経緯から職域の医療保険とそれを補完する医療保険制度という制度が分立している点では共通しているが，他方で公費負担と政府の関与の度合いには差がある（尾形，2003，p. 9）．日本とフランスは公費投入の割合が他の社会保険方式の国々に比べて高く（日本は総医療費の32％，フランスは10％），フランスの疾病金庫は周辺的な業務管理的な役割にとどまり，政府が中心的な役割を担っている．他方，ドイツ，オランダでは，疾病金庫の自律性が高く，被保険者が自由に保険者を選択できるようになり，保険者間の競争が見られる（ドイツは1996年，オランダは1992年以降）．さらに，保険者のリスク調整機能でも国ごとに相違がある（尾形，2003，pp. 8, 11）．

　このようにOECD諸国の医療制度には，保険者の自律性や政府の関与，公私の役割といった点において相違がある[9]．

(2) OECD諸国の医療支出の推移——EU加盟国の場合

　医療支出の伸びはOECD諸国に共通しており，社会保障政策を国民経済とバランスさせて持続可能なものとしていくためには，高齢化の進展に伴う医療支出の動向を知ることは重要な課題である．このような課題に対して，日本では厚生労働省や社会保障国民会議が医療支出の将来推計を発表している．OECD諸国の中でもEU加盟国は，EU加盟のマクロ経済的な条件に社会保障政策を合わせていくための指針を得るために，医療支出の将来推計を行っている．医療支出には高齢化のみならず，終末期医療の費用や経済成長による所得水準や人件費の変化など様々な要因が影響するので，EUは，経済政策委員会と欧州委員会の検討に基づく複数の推計方法を用いた結果を比較検討している

表 4　拡大 EU の医療支出の推計結果の比較（対 GDP 比）

	2004年の医療費の対GDP比	年齢別医療費に基づく推計		生涯の医療需要期一定の仮定に基づく推計		終末期医療費を考慮した推計		医療需要の所得弾力性の仮定に基づく推計		医療費の単位コストが経済成長と共に上昇する仮定に基づく推計		AWGの想定に基づく推計	
		2050	2004から2050までの増加	2050	2004から2050までの増加	2050	2004から2050までの増加	2050	2004から2050までの増加	2050	2004から2050までの増加	2050	2004から2050までの増加
EU25	6.4	8.1	1.7	7.3	0.9	7.7	1.3	8.4	2.0	8.7	2.3	7.9	1.5
EU15	6.4	8.2	1.8	7.4	1.0	7.8	1.4	8.5	2.1	8.8	2.4	8.1	1.7
EU10	4.9	6.1	1.2	5.5	0.6	5.4	0.5	6.6	1.7	6.6	1.7	6.2	1.3

注：拡大 EU の 25 カ国の値（EU25），拡大前の 15 カ国の値（EU15），新規加盟国 10 カ国（EU10）の値は，それぞれ加盟国の人口をウェイトとする加重平均．
出所：European Economy, European Commission, Directorate General for Economic and Financial Affairs (2006, Table 4-8, 4-9, 4-10, 4-11, 4-12, 4-13) より，筆者作成．

(European Economy, European Commission, Directorate General for Economic and Financial Affairs, 2006).

表 4 は，2004 年の医療給付の対 GDP 比と，各国の性別・年齢別 1 人あたり医療費のプロフィール[10]が推計期間にわたって続くと仮定した場合（基準ケース）の 2050 年の医療給付の対 GDP 比を示すとともに，生涯の医療需要期間一定の仮定に基づく推計，終末期医療費の抑制を考慮した推計，医療需要の所得弾力性の仮定に基づく推計，医療費の単位コストが経済成長とともに上昇する仮定に基づく推計，EU・OECD 高齢化に関する研究班（Aging Working Group, AWG）の想定に基づく推計それぞれにおける 2050 年の対 GDP 比を示したものである．

基準ケースの推計結果によれば，推計期間の 2004 年から 2050 年の間で，どの国も高齢化に伴う医療給付受給者数の増加により医療給付が増加し，その結果，医療支出の対 GDP 比も増加している．生涯の医療需要期間一定の仮定に基づく推計の場合，基準ケースと比較すると，医療支出の対 GDP 比は減少する．ただし，減少する程度は，医療給付の対 GDP 比の水準がより高い拡大前の加盟国（15 カ国，EU 15）の方が，新規加盟国（10 カ国，EU 10）よりも大きい．終末期医療費を抑制した場合，基準ケースと比べて医療支出の対 GDP 比は減少する．拡大前の加盟国では，医療と介護との連携と分業が進んでいる

ため，後期高齢者は必ずしも医療のみに頼る必要がないのに対して，新規加盟国では介護給付の提供体制が既存加盟国ほど整備されておらず，後期高齢者が医療に頼らざるを得ない部分が残されている．

これに対して，医療需要の所得弾力性の仮定に基づく推計から，経済成長が所得水準の上昇を通じて医療費に及ぼす影響を見ると，基準ケースと比べて医療給付の対GDP比は増加する．長期的には，既存加盟国と新規加盟国の間で経済成長率が異なるため，医療費の伸びにも差が生じる．また，医療費の単位コストが経済成長とともに上昇すると仮定する場合，医療支出の対GDP比は他のどの場合よりも高く上昇する．上に指摘した複数の要因が重なり合う場合の影響を見るAWGの想定に基づく推計の場合，既存加盟国では健康増進による医療費抑制の効果が作用して基準ケースと比べた場合よりも2050年の医療支出の対GDP比は減少するのに対して，新規加盟国ではその効果が十分には発揮されず，2050年の医療支出の対GDP比は基準ケースよりも若干増加する．

6 OECD諸国における介護制度

OECD諸国の介護政策は，医療制度以上に多様である．介護政策については，医療サービス提供の財源のみならず，提供者が公的機関であるか民間の事業者か，それとも家族NPOなどのボランティアなども担い手となるのかなど，提供者の構成も各国間で異なっている．例えば，イギリスでは，コミュニティケアによる地方自治体の関与が比較的強い介護サービスの提供が見られるが，ドイツ・日本・韓国では社会保険方式の介護保険がある．そして，アメリカでは，低所得者に対する公的な介護サービスはあるが，そうでない場合には民間保険を利用するか家族介護とこれを補完するNPO等からの援助に委ねられている．こうした多様な各国の介護政策を比較するために，尾形（2003）による医療制度の見取り図を参考に，介護政策の見取り図を作り，考察したい．図5は，左から右へ，公的な介護政策の適用人口，財政方式（税方式→社会保険方式→民間保険中心），介護サービスの供給方式（地方自治体→公私ミックス），現物給付の占める割合（高い→低い），利用者負担の程度，介護と障害者福祉

公的介護政策の適用人口	100%──────────────────────────────→			
財政方式	(税)──────→	(社会保険)──────→	(民間保険)	
供給方式	(地方自治体)←──────	(公私ミックス)──────→		
現物給付の占める割合	高い─────────────────────────→低い			
利用者負担の程度				
介護と障害者福祉の統合	○	○		
国　名	イギリス―オランダ―ドイツ―日本―韓国―フランス―カナダ―アメリカ			

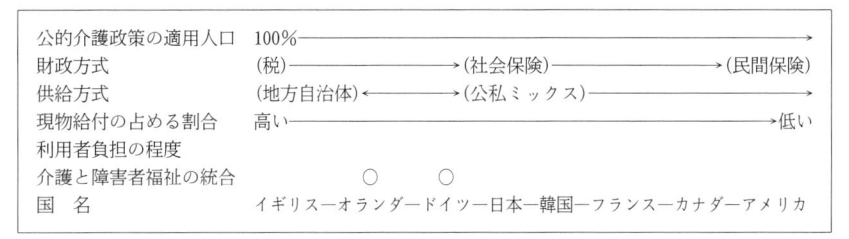

図5　介護制度の国際比較のための見取り図

の統合の有無という基準で，主要国の介護政策を並べて比較する見取り図である．

　イギリスの高齢者への介護サービスは，医療制度の枠組みから始まり，対象者の増加に伴い地域に暮らしながらサービスを受けるという視点，すなわちコミュニティケアの視点が加わりながら制度が拡充されていった．すなわち，1946年NHS法が制定され，地方自治体保健局にホームヘルプ事業（NHS看護師派遣事業）が移管されたことにより始まった．その後，施設サービスの増加に対して，コミュニティケアとして在宅サービスを強化する必要性が高まり，要介護高齢者のニーズを把握するためのケアプランの作成，ケアマネジメントなどの手法が導入されて，今日の介護制度が形作られるようになった．コミュニティケアとしての介護制度の財源は，租税（国庫補助金である歳入援助交付金，特定補助金と地方税）と資産調査に基づく利用者負担からなる．

　このような財源に支えられる地方自治体社会サービス局は，GP（General Practitioner，かかりつけ医）を中心としたプライマリケアグループ（GPと地域看護師や訪問看護師などで構成される）の情報から要介護者のニーズを判定しケアプランを策定し[11]，サービス供給者である民間団体やボランタリーセクターなどへ委託し介護サービスを購入し，各要介護者が介護サービスを利用する．

　オランダの長期医療・介護費用をまかなう制度「特別医療費保障制度」（AWBZ）は，全住民を対象とした強制加入の医療保険制度が，徐々にその給付範囲を拡大する中で，長期医療と介護をともにカバーする制度へ発展したものである．被保険者に年齢枠がなく，高齢者でなくても障害等の理由で要介護の場合にもサービスを受けられるのは，ドイツと同じである．保険料負担は所

得に応じたものであり，利用者負担がある．近年，現金給付が導入され，それを通じて，サービス利用者の選択肢を増やすとともに，サービスの質を保ちながら供給者間の競争により費用低下を図ることがめざされている．介護サービスの必要性と給付内容は，サービス給付決定第三者機関が決定し，ケアプランが作成される．サービスの査定は，ドイツや日本のように介護等級に分けるのではなく，実際にどのようなサービスが週何日ぐらい必要なのかを具体的に決める方式となっている．こうして給付内容が決められるオランダの特別医療費保険制度の主な対象サービスには，訪問介護，家事援助，訪問看護，リハビリ，ナーシングホームの入所ケア，通所ケアなどがある．

これに対して，ドイツの介護制度は，介護金庫が保険者となり，介護保険に加入する被保険者の保険料を財源に，要介護認定を受けた要介護高齢者に介護サービスを提供する介護保険である．介護金庫は，疾病金庫に併設されているが，各介護金庫の収支は被保険者の年齢構成や所得構成によって異なるために，介護金庫の間での財政調整がある．被保険者は，加入している疾病保険の介護保険に強制加入することとなっている（加入者は人口の約90％，義務加入者の扶養配偶者と子ども（原則満18歳未満）は家族加入者となり，保険料納付は免除される）．介護保険の財政は，介護保険料（所得の1.7％）でほぼ賄われている．

公的介護保険の被保険者と給付受給権者には，年齢に関する規定はなく「介護を必要とするすべての人」とされているため，高齢者ばかりでなく子どもも障害者も，要介護認定を受ければ介護給付を受けることができる．介護給付を受けたい被保険者は，介護金庫に申請し，介護金庫が疾病保険のメディカルサービス（MDK）に訪問調査を依頼し，その判定結果を基に介護金庫が要介護認定および介護等級（3段階）を決定すると，介護給付を受給することができる[12]．ドイツの介護保険給付には，現物給付と現金給付がある点で，日本の介護保険と異なっている

韓国の介護制度は，国民健康保険に加入しているすべての国民を対象とした介護保険（2007年より実施）であり，国民健康保険公団が保険運営のみならず給付の決定等も担当することに特徴がある．具体的には，医療保険の管理運営機関である国民健康保険公団が保険料徴収，保険財政管理，介護施設の指定，

介護給付費用の審査および支給を行うことに加えて，介護等級判定，ケアプランの作成や介護給付の質の評価等も行う．日本では介護保険の保険者となる市区町村にあたる韓国の市区郡は，要介護サービスの基盤整備，介護施設等に対する指導・監督等を行うことに役割が限定されている．保険料は健康保険料に上乗せして徴収されるが，給与所得者の保険料は給与の 0.13％ である（2007年）．給付の財源は公費 30％，保険料 50％，利用者負担 20％ である．なお生活保護者は利用者負担がなく，低所得者は 10％ に軽減される．施設サービスの場合の食事費は全額利用者負担であり，月額限度額を超過した上乗せサービスは全額利用者負担となる．サービス提供者は社会福祉事業法等による事業者が中心になるが，民間事業者（NPO 法人や民間企業）も参入することが認められている．

　フランスの介護制度は，介護等級（依存度評価表による要介護認定）に応じて現金給付が支給され，それによって要介護高齢者が介護サービスを購入する制度である．まず，1997 年に，介護費用の補塡を目的とする社会扶助制度として特定依存給付（Prestation spécifique dépendence：PSD）が導入された．給付の対象は 60 歳以上の高齢者で[13]，給付の認定は医療・福祉専門家（医師およびソーシャルワーカーを必ず含む）が訪問調査の上，要介護度に関する 6 段階の指標（AGGIR）に基づき判定される．現金給付の支給には，単身か夫婦かで異なる所得制限があり，要介護度と障害の程度を勘案し，かつ障害年金および労災年金の第三者加算額に準じて，所得に応じた給付金額が支給される．

　このような従来のフランスの介護制度では，高齢者が現金給付に満足して要介護度が固定化すると，要介護高齢者が増大して現金給付の増加が続くことになる．このような介護費用全体の伸びを適正化することと，要介護高齢者の自立を促すことを意図して介護制度改革が 2002 年に行われた．この改革で，要介護高齢者が在宅や施設で介護サービスを受けるため，全国一律の基準のもと，60 歳以上の要介護高齢者を対象とする現金給付として個人化自立手当が創設された．この手当は医療・福祉チームが高齢者の介護ニーズと状態を勘案して作成した支援計画に盛り込まれた介護関係支出を対象とするもので，例えば在宅の要介護高齢者に対する手当の給付対象サービスはホームヘルプサービスの他，配食，住宅修繕，移送等となった．フランスの介護制度では，現金給付中

心の制度から，給付費用を適正化するために，支援計画（ケアプランに類似）に基づく現物給付を一部導入する形で，現金給付と現物給付の組み合わせが活用されるようになった．

カナダの介護制度は，施設ケアでは公費の補助のある施設入所とそこでのサービス提供という現物給付となるのに対して，在宅ケアでは在宅サービス利用料への公費による支援という現金給付と税額還付（Tax credit）の両方がある点に特徴がある．在宅サービスの利用者には，年齢，住居の形態，所得等に関係なく，1時間あたり4カナダドル（約424円）が支援される．また，低所得の者には，さらに1時間あたり最高6カナダドル（約636円）の支援が行われている．補助金はサービス事業者に直接支払われ，利用者は実際の費用と補助金との差額を負担する．税制からの支援もあり，70歳以上で，自宅等で介護サービスを利用している者への税額還付（Tax credit）がある．その額は，在宅サービスにかかった費用の30%であるが，上限が設けられている．

アメリカの公的な介護制度は，低所得の高齢者に限定された制度であり，それ以外の人々は，高所得の場合には民間の介護保険を利用し，そうでない人々は家族介護に頼るか，家族介護を補完するNPO等からの介護サービスを利用しなければならない．まず，メディケアでは，退院後の専門看護療養施設（SNH）での患者介護や居宅ヘルスケアの一部としての介護サービスにも保険給付があるが，急性期・亜急性期の医療ケアに伴うサービスに限られる．また，給付期間には制限がある．他方，医療保険に加入できない低収入所得者には，連邦政府の基準に従い各州が運営するメディケイドによって医療や介護の扶助を受けることができる．ただし，給付の範囲・程度や対象者などは州に裁量権があり，制度は州によって異なる．メディケイドでは，医療・看護サービスと複合して介護サービスを受けることも可能であり，施設・在宅ケアには期間制限がない．

7 OECD諸国における子育て世帯への所得保障——現金給付と租税支出

社会保障政策では，世代内の公平性と世代間の公平性を保つことが重要である．児童手当制度も，このような公平性を保つために，OECD諸国の各国に

おいて実施されている．ただし，歴史的な経緯や現物給付と現金給付のどちらに重点を置くかは，各国の選択によるため，児童手当制度とこれに相当する租税支出（あるいは減税支出，優遇税制）は多くの OECD 諸国で実施されているが，その組み合わせと給付水準（還付額）は国ごとに異なっている．ここでは，現金給付が厚いフランス，スウェーデンから，減税支出を活用しているカナダ，アメリカを取り上げて，子育て世帯への所得保障の多様性を示したい．

フランスの家族給付制度は，フランスに居住するすべてのフランス人および一定の要件を満たす外国人に適用され，フランスに居住する 1 人または 2 人以上の児童の養育負担を負う者はすべて，その児童のために，家族給付を受給するものとされる．1981 年以降，「職業活動」の要件が取り除かれている．手当受給世帯数は，2004 年度で 654 万 2,000 世帯，受益者となる 16 歳未満の児童（高等教育を受ける場合には「20 歳未満の子」を含む）は 1,219 万 7,000 人となっている．家族給付には，第 2 子以降を対象としてその養育費負担の軽減を目的とする「家族手当」のほか，多くの手当がある．一般的扶養給付として次の 3 種の手当が支給される．①3 歳以上の児童を 3 人以上扶養している世帯に一定の所得以下の場合に支給される「家族補足手当」，②両親の一方または双方を失った遺児，または両親の一方あるいは双方との間の親子関係が法的に明確にされていない児童を，継続的かつ現に扶養する者に支給される「家族扶養手当」，③単親（寡婦，離婚した者，別居中の者，遺棄された者または独身の者など）で，フランスに居住する 1 人または 2 人以上の児童を現にかつ継続的に扶養する者，および妊娠した単身女性で妊娠の届出を行い，産前の検査を受けた者に支給される「単親手当」．

さらに，04 年 1 月 1 日以降に生まれた子に対して，出生関連給付として以下のような給付がある（これ以前に生まれた子に対しては従来の給付が支給される）．①妊娠 7 カ月目から出生するまで支給される「出産手当」，②所得制限付きで，かつ老齢保険に加入するという条件のもとで，出生の月からその子が 3 歳に達するまでの間支給される「基本手当」，③職業活動を中断するか，勤務時間を短縮して，1 人以上の子を扶養する者に支給される「活動選択手当」，④夫婦の双方または単身者が職業活動に従事するにあたり，自宅で原則として 3 歳未満の子，一定の要件を満たす場合には 6 歳未満の子の保育を行う者を雇

用する場合に支払われる「保育手当」．

　スウェーデンの子育て支援は，育児休業制度と現金給付とが連携している点に特徴がある．両親手当は，子どもの出生・養子縁組に際し，育児休業をした期間について合計 480 日間まで支給される．父親・母親はそれぞれ 240 日間までの受給権を有するが，そのうち 60 日間（パパ月・ママ月）を除けば父親・母親間で受給権を移転できる．両親手当は，子が 8 歳または小学校の第 1 学年を終了するまで受給することが可能である．両親手当の支給額は，480 日間のうちの 390 日間までは所得の 80％ 相当額（180 クローナの基礎額を下限とする），残り 90 日間は日額 180 クローナ（最低保障額）となっている．一時的両親手当は，原則として 12 歳未満の子の看護や通常の保護者が病気である場合の休業期間について子 1 人当たり年 60 日間まで支給され，子が病気の場合にはさらに 60 日間まで支給される．また，父親には，出産前後の休業には 10 日間の一時的両親手当の受給が認められている．

　児童手当は，（基礎）児童手当・延長児童手当・付加的児童手当（多子加算）からなり，基本的に国内に居住する 16 歳未満の子をもつ親は，子 1 人当たり月額 1,050 クローナの児童手当を受けることができる（所得制限なし）．延長児童手当は，子が 16 歳を過ぎても義務教育相当の学校に通っている間支給されるものである．養育費補助は，両親が離婚して一方の親と同居している子に対して，もう一方の親があらかじめ合意した養育費を支払わない場合等に最高 1,273 クローナを社会保険制度から支給するものである．この場合，本来，養育費を支払うべき親は，原則として社会保険事務所から子に支給された額を返済しなければならない．

　こうした現金給付によってではなく，租税支出（優遇税制）により子育て世帯を支援する制度を採用しているのが，アメリカとカナダである．アメリカには税制上の子育て支援として 3 種類の優遇税制がある（控除される税額については白波瀬（2007）を参照）．1 つは所得控除で，2 つは税額控除である．税額控除の中に児童税額控除と保育費用控除がある．第 1 の所得控除は子どもだけに限らず扶養家族 1 人あたり 3,200 ドルの所得控除があり，所得に応じて控除が減額される．もう 1 つの税額控除は保育費用控除であり，13 歳未満の子どもの保育に関連する費用を最大 35％ まで税額控除することができる．保育費

税額控除を受けるにあたって，原則夫婦共働きであることが前提とされる（内閣府，2006）．最低2人以上の子のいる低所得家庭は，年間3,816ドルまで，扶養児童が1人の場合は2,353ドルまで所得税額控除（Earned Income Tax Credit：EITC）（還付あり）を受給することができる．この所得税額控除はワーキングプアを対象としており，所得が30,580ドルを超えると税額控除はゼロとなる．それでもEITCは重要であり，1999年には460万人を貧困線から引き上げる役割を担ったと指摘されている（白波瀬，2007）．

カナダは，児童扶養控除，家族手当，払戻型児童税額控除，非払戻型児童税額控除の諸制度を経験した後で，1992年以降，払戻型の税額控除に一本化した連邦児童給付制度（Child Tax Benefit．以下，「CTB」という）によって子育て世帯の所得水準の引き上げに努めている．CTBは，それまでの制度の欠点を踏まえ，①給付総額を増額し，給付対象を低所得および所得が多くない家族に絞り込むこと，②稼動低所得家族への支援を強化すること，③ばらばらに行われていた児童給付を月ごとに支払われる1つの制度に整理すること，の3つを目指して導入された．稼働低所得家族への支援の強化のために，働けば働くほど手取り収入が上がる経済的誘因を兼ね備えた所得保障を目指すには，所得に応じて給付額をなだらかに変えることができる払戻型の税額控除は有効である．カナダは，このような観点から家族手当ではなく払戻型の税額控除を採用したと考えられる．ただし，実際に働けば働くほど手取り収入が上がるかどうかは税額控除の制度設計とその運用にかかっているため，払戻型の税額控除が実際に機能するためには，所得把握が十分にできる必要がある点に留意しなければならない．カナダは，この点，納税者番号制度によって払戻型の税額控除の有効性を確保している．

8 おわりに

OECD諸国の社会保障政策は，財源が主に税財源か社会保険方式かという点や，給付が現物給付中心か現金給付中心かという点などで，国ごとに多様な制度体系を織りなしている．その一方で，尾形（2003）が医療制度を例に指摘したように，各国の社会保障政策は発散する側面のみならず，高齢化の進展に

伴う社会保障支出増大への対応という共通課題に異なる政策手段を組み合わせて対処する結果，収斂に向かう側面もある．

社会保険中心のドイツとフランスでは，社会保険料の引き上げを抑制しながら高齢化に伴い増大する社会保険給付を賄うために，それぞれ年金財源の一部に環境税収と，社会保障目的税という性格を持つ一般社会拠出金（CSG）が利用されている．日本でも，基礎年金の国庫負担が1／3から1／2に引き上げられ，後期高齢者医療制度にも公費負担があり，実質的に社会保険と税財源とが組み合わされて社会保障政策が成り立っている．

子育て世帯に対する支援は，育児と就業の両立支援のみならず，貧困に陥りやすい母子世帯への支援を含む格差是正策としての役割もあるため，フランスや北欧諸国とアメリカ，カナダでは，子育て世帯に対する現金給付（手当）並びに減税支出（優遇税制）が活用されている．いずれの場合にも，母親が働く誘因を阻害しないように現金給付（手当）や優遇税制の税率が設定されており，ウェルフェアー・ツー・ワーク（Welfare to Work）の理念のもと，子育て世帯の所得保障と就労支援の同時達成が目指されている．

日本の社会保障政策は，皆保険・皆年金を達成して50年近くがたつという独自の発展を遂げ成果を上げてきたが，今日，所得格差是正を図りながら少子高齢化社会に向きあう持続可能な社会保障政策の展開が求められている．高齢者の間の所得格差については，高齢者の間でも再分配を図り，現役世代（とくに子育て世代，若年世代）だけに再分配のための負担が偏らない配慮をする必要がある．社会支出における高齢部分の割合がOECD諸国，とくにヨーロッパ諸国よりも日本は高く，一方で子どもの世帯の相対的貧困率が高いことを考えると，家族のための現金給付（あるいは減税支出）と高齢者への現金給付とのバランスを再検討して，両者のファイン・チューニングを図る必要があると考えられる．

1) OECD（Organization for Economic Co-operation and Development：経済協力開発機構）は，ヨーロッパ諸国を中心に日・米を含め30カ国の先進国が加盟する国際機関である（本部はフランスのパリ）．現在の加盟国は次の30カ国となっている．

・EU加盟国（19カ国）：イギリス，ドイツ，フランス，イタリア，オランダ，

ベルギー，ルクセンブルク，フィンランド，スウェーデン，オーストリア，デンマーク，スペイン，ポルトガル，ギリシャ，アイルランド，チェコ，ハンガリー，ポーランド，スロヴァキア．
・EU 以外の国々（11 カ国）：日本，韓国，トルコ，アメリカ合衆国，カナダ，メキシコ，オーストラリア，ニュージーランド，スイス，ノルウェー，アイスランド．
2) ジニ係数とは，所得分配の不平等を均等分布線とローレンツ曲線の間の面積が均等分布線の下の面積に対する比率として測る指標．係数の範囲は 0 から 1 で，係数の値が 0 に近いほど格差が少ない状態で，1 に近いほど格差が大きい状態であることを意味する．
3) 相対的貧困率（Relative poverty rate）とは可処分所得分布の中間値の 50% 未満の所得の者の比率．
4) 日本の相対的貧困率は，2000 年時点（15.3%（5 番目））に比べて若干低下しているが（14.9%（4 番目）），OECD 加盟国内での相対的な順位はほぼ変わっていない．
5) 第 6 章では，社会保障の負担と国民経済との関係を見るために国民負担率が検討されているが，OECD 諸国の税負担率と社会保障負担率が示されている（第 6 章の図 2 を参照）．
6) イギリスでは，税財源である医療費保障制度の NHS について，ブレア政権下の NHS 改革のため支出額が増加しているが，年金については所得代替率引き下げの効果を上回る受給者数増加等による給付の増加があり，結果的に税財源と保険料財源の割合に大きな変化が生じなかったものと考えられる．
7) 2004 年の年金改革における保険料引き上げスケジュールについては，注 8) を参照．
8) ただし，標準的な年金受給世帯への給付が，現役世代の平均収入の 50% 以下とならないようにすることとし，この条件を満たしながら 100 年間で総拠出額と総給付額のバランスがとれるように保険料を引き上げることとなった．すなわち，厚生年金の保険料率は，2004 年改正前 13.58%，2004 年 10 月から毎年 0.354% 引き上げ，2017 年度以降 18.3% とする．国民年金の保険料は，2004 年改正前 13,300 円，2004 年 10 月から毎年 280 円引き上げ，2017 年度以降 16,900 円（2004 年度表示）とすることとなった．
9) 尾形（2003）はこの点について，次のように述べている．「右端のアメリカ型の市場原理・競争促進的な方向および左端の（伝統的な）NHS 型の普遍主義的な方向へと，常に制度を「発散」させようとする力が作用している一方で，同時に，「社会保険システム」として中央に「収斂」しようとする力も働いており，4 カ国の医療保険制度は，まさにこの双方向の力のせめぎあいの只中にあるといえよう」．
10) 詳しくは金子（2008）を参照．
11) ケアプラン策定には，ケアマネジャーが中心となり，利用者ニーズと自立支援に必要な事項を総合的に把握しサービス内容を決定する「ケアマネジメント」が採

用されている.
12) 要介護認定の結果に不服であれば，介護金庫に異議を申し立てることができる. そして，最初に訪問調査を行った担当者とは別のスタッフによって再調査される. もし鑑定書の結果が異なれば異議事件審査委員会で調査審議される. 結果が同じであれ介護金庫の決定を争うために社会裁判所に訴えることができる.
13) 60歳未満の要介護者には第三者補償手当（ACTP）のみが支給される.

文献

Esping-Andersen, Gøsta (1990) *The Three Worlds of Welfare Capitalism*, Polity Press（岡沢憲芙・宮本太郎監訳 (2001)『福祉資本主義の三つの世界──比較福祉国家の理論と動態』ミネルヴァ書房）.

Esping-Andersen, Gøsta (1996) *Welfare States in Transition: National Adaptations in Global Economies*, Sage（埋橋孝文監訳 (2003)『転換期の福祉国家──グローバル経済下の適応戦略』早稲田大学出版部）.

Esping-Andersen, Gøsta (1999) *Social Foundations of Postindustrial Economies*, Oxford University Press（渡辺雅男・渡辺景子訳 (2000)『ポスト工業経済の社会的基礎──市場・福祉国家・家族の政治経済学』桜井書店）.

European Economy, European Commission, Directorate General for Economic and Financial Affairs (2006) "The impact of Aging on Public Expenditure: Projections for the EU 25 member States on Pensions, Health Care, Long-term Care, Education and Unemployment Transfers (2004-2005)," Report prepared by the Economic Policy Committee and the European Commission (DG ECFIN).

Feldstein, A. and J. B. Leibman, eds. (2002) *Distributional Aspects of Social Security and Social Security Reform*, University of Chicago Press.

Gruber, J. and D. Wise, eds. (2004) *Social Security and Retirement around the World: Micro-Estimation*, University of Chicago Press.

原田啓一郎 (2007)「フランスの高齢者介護制度の展開と課題」『海外社会保障研究』No.161.

本田達郎 (2007)「欧州諸国の社会保障財源（税と保険料）の構造」平成18年度厚生労働科学研究「税制と社会保障」研究報告書.

神尾真知子 (2007)「フランスの子育て支援──家族政策と選択の自由」『海外社会保障研究』No. 160.

金子能宏 (2008)「拡大EUの社会保障支出の将来推計──EUにおける高齢化の社会保障支出に及ぼす影響に関する研究の展開」『海外社会保障研究』No. 165.

金子能宏・G. Burtless (2005)「先進諸国の公的年金改革の展望」国立社会保障・人口問題研究所編『社会保障制度改革──日本と諸外国の選択』東京大学出版会.

小島克久 (2008)「韓国の介護保障」増田雅暢編著『世界の介護保障』法律文化社.

小島克久・尾形裕也 (2008)「カナダ・日本・韓国の高齢化等の状況と医療政策の在

り方」『海外社会保障研究』No. 163.
小島晴洋・小谷眞男・鈴木桂樹・田中夏子・中益陽子・宮崎理枝（2009）『現代イタリアの社会保障』旬報社.
松本勝明（2007）『ドイツ社会保障論 3　介護保険』信山社.
OECD 編著（2007）*Pensions at a Glance 2007*, OECD（栗林世監訳，連合総合生活開発研究所訳『図表でみる世界の年金——公的年金政策の国際比較』明石書店）.
OECD 編著（2008a）*Growing Unequal? Income Distribution and Poverty in OECD Countries*, OECD.
OECD 編著（2008b）鐘ケ江葉子訳『図表でみる世界の保健医療』明石書店.
OECD 編著（2008c）連合総合政策局訳『図表でみる世界の最低生活保障』明石書店.
OECD 編著（2009）*Pensions at a Glance : Retirement-Income Systems in OECD Countries*, OECD.
尾形裕也（2003）「社会保険医療制度の国際比較（収斂と発散）」『海外社会保障研究』No. 145.
大森正博（2003）「オランダの医療・介護制度改革」『海外社会保障研究』No. 145.
尾澤恵（2008）「カナダの連邦児童給付制度の展開と日本への示唆」『海外社会保障研究』No. 163.
白波瀬佐和子（2007）「アメリカの子育て支援——高い出生率と限定的な家族政策」『海外社会保障研究』No. 160.

III 所得保障と国民生活

9章　公的扶助と最低生活保障

阿部　彩

1　はじめに

　日本の社会保障制度において，人々の最低生活保障は二重のセーフティネットによって守られる設計となっている．第1のセーフティネットは，公的年金，公的医療保険，雇用保険，介護保険からなる社会保険制度である．人々は保険料を納めることによって，老後の生活保障や，障害を負った時，家計の担い手を失った時，また，自身や家族が病気になったり，介護が必要となった時などのリスクをプールし合うことによって，お互いの生活や医療保障を行う．これが，社会保険の「共助」の理念である．

　第2のセーフティネットは，公的扶助である．公的扶助は，第1のセーフティネットからこぼれおちた人々の最低生活保障を支える補完的な制度と位置づけられている．「共助」の理念で設計されている社会保険に対して，公的扶助は，税金によって賄われており，国や自治体が社会的弱者を対象として行う「公助」の制度と言われている．

　社会保険の発展に伴って，公的扶助の役割は，自ずと縮小すると考えられてきた．これは，「共助」の制度によるセーフティネットが整備されるにつれ，「公助」の制度によるセーフティネットにまで「落ちてくる」人が少なくなると考えられていたからである．

　しかし，社会保険制度が成熟期に達したいま，公的扶助の役割が再度拡大の傾向を見せている．生活保護制度による保護率は，社会保険が導入された1960年から一貫して減少していたものの，1990年中頃から反転して上昇している．児童扶養手当や福祉貸付金など生活保護制度以外の公的扶助の受給者も

増加の傾向を見せている．さらに，1990年代後半からは，ホームレスやネットカフェ難民などまっとうな住居さえにも事欠く人々も増加した．2008年後半からは，未曾有の経済恐慌と騒がれるなかで，「派遣切り」などによって，職を失うと同時に住宅などすべての生活基盤を失って生活困窮に至る人々も増加している．このような「新しい形態」の貧困の出現は，従来の社会保障制度によるセーフティネットのほころびを露わにしている．

　本章は，社会保険，そして，公的扶助という二重のセーフティネットがはられていたはずの日本の社会保障制度が，現代の貧困に対してどこまで最低生活保障を行う機能があるのか，そして，その機能が担えないのだとすれば，どこに問題があるのかを模索する．

2 現代日本における貧困の現状

(1) 貧困率の推移

　まず，最初に，日本における貧困の現状を確認することとしたい．日本政府は，公的な貧困基準を設定しておらず，貧困率も推計されていない．しかし，多くの研究者や国際機関が，さまざまなデータを用いて貧困率の推計を行っている（代表的なものでは，駒村 (2005)，Förster and Mira d'Ercole (2005)，橘木・浦川 (2006)，阿部 (2006) など）．図1に，1980年代半ばから2000年代までの貧困率の動向を推計した研究結果のいくつかを示す．これらの共通した結論として，日本の貧困率が過去20年間において一貫して上昇傾向にあることがわかる．貧困率は1980年代から徐々に上昇し始め，1990年代後半にピークを迎えているようである（2000年以降については，データが少なく確認できない）．比較的長いスパンで貧困率を追っている阿部 (2006) の推計によると，1984年から2002年の18年間に，社会全体の貧困率は10.05％から14.80％まで上昇している．

(2) 現代日本の貧困の諸相

　次に，どのような属性の人々が貧困である確率が高いのかを把握しておこう．ここでは，阿部ほか (2008) が推計した個人の属性別の貧困率を基に，貧困者

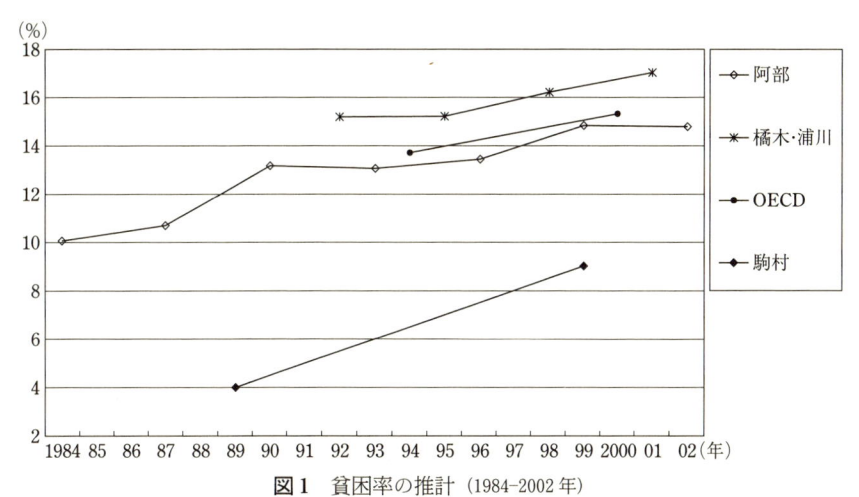

図1 貧困率の推計（1984-2002年）
出所：橘木・浦川（2006），阿部（2006），Förster and Mira d'Ercole（2005），駒村（2005）．

のプロファイルを概観していくこととしたい（表1）．ここで用いられた貧困基準は，OECD，EUなどの国際機関をはじめ，先進諸国で一般的に用いられている「相対所得による貧困基準」である．これは，等価世帯所得[1]の中央値（人数ベース）の50％と定義されている．貧困率は，全個人に占める貧困者の割合を示す．

貧困の特徴

　表1から得られる知見は以下にまとめられる．まず，第1の知見は，貧困のリスクは，公的年金が成熟期を迎えた今日においても高齢期に圧倒的に高く，高齢者の次には子どもと20歳代の若者に高いことである．高齢者の貧困率は，近年，減少傾向，少なくとも横ばいであるという報告がなされているが（阿部，2006；白波瀬編，2006），依然として，他の年齢層の貧困率に比べると高い．20歳代の貧困率は，高齢層ほど高くはないものの，中年層（30歳代から40歳代）に比べ若干高くなっている．しかし，本推計においては，親と同居している場合は，親の所得も合算した世帯所得で貧困率が計算されるため，親から独立できない若者の経済困難の状況を直接みることはできない[2]．これら「潜在的な貧困」も含めると，20歳代の経済状況はさらに悪化している可能性があ

表1 貧困率（属性別） (%)

年齢	可処分所得 貧困率	世帯類型	可処分所得 貧困率	配偶関係	可処分所得 貧困率
男　性		高齢者（65歳以上）		高齢者（65歳以上）	
10歳未満	15.05	高齢男性（単身）	27.78	有配偶（男性）	16.88
10歳代	13.76	高齢女性（単身）	51.68	有配偶（女性）	17.53
20歳代	12.93	高齢者のみ世帯（男性）	22.44	未婚（男性）	40.91
30歳代	10.48	高齢者のみ世帯（女性）	23.01	未婚（女性）	42.03
40歳代	10.06	その他世帯（男性）	13.07	死別（男性）	17.84
50歳代	10.69	その他世帯（女性）	14.30	死別（女性）	29.11
60歳代	14.90			離別（男性）	28.13
70歳代	17.39			離別（女性）	41.84
80歳以上	20.87	勤労世代（20-59歳）			
女　性		1 壮年男性（単身）	20.57		
10歳未満	15.15	2 壮年女性（単身）	36.04	勤労世代（20-64歳）	
10歳代	16.12	3 夫婦のみ世帯		有配偶（男性）	9.32
20歳代	12.84	男　性	11.14	有配偶（女性）	10.25
30歳代	13.42	女　性	12.77	未婚（男性）	14.59
40歳代	11.43	4 夫婦と未婚の子のみ世帯		未婚（女性）	15.56
50歳代	13.04	男　性	9.12	死別（男性）	23.64
60歳代	19.99	女　性	9.11	死別（女性）	24.90
70歳代	24.16	5 母子世帯		離別（男性）	22.89
80歳以上	27.27	男　性	27.14	離別（女性）	38.48
		女　性	36.00		
		5 父子世帯		就労状況	
		男　性	22.22	高齢者（65歳以上）	
		女　性	6.82	仕事あり（男性）	18.17
		6 三世代世帯		仕事あり（女性）	26.18
		男　性	8.45	無職（男性）	16.43
		女　性	8.38	無職（女性）	23.25
		7 その他世帯			
		男　性	14.63	勤労世代（20-64歳）	
		女　性	17.63	仕事あり（男性）	9.40
				仕事あり（女性）	12.20
		子ども（20歳未満）		無職（男性）	25.22
		4 夫婦と子のみ世帯	10.49	無職（女性）	30.38
		5 母子世帯	60.58		
		5 父子世帯	23.53		
		6 三世代世帯	11.38		
		7 その他の世帯	39.84		

データ：「平成14年 国民生活基礎調査」．
出所：阿部ほか（2008）．

る.

　第 2 に，貧困のリスクは，ジェンダー（性別）の格差が極めて色濃くでることである．年齢層別では，子ども期を除き，ほぼすべての年齢層で女性の貧困率は男性の貧困率を上回っており，その差は高齢になるほど大きい．女性のほうが男性よりも長寿であるので，最後の年齢層（80 歳以上）については，男女格差が年齢分布の違いによる可能性もあるが，70 歳代においても，貧困率の男女格差は 6.8％ である．そのほか，家族構成別の比較においても，単身女性と単身男性，母子世帯と父子世帯など，ジェンダー格差が著しく表れている．

　第 3 に，母子・父子世帯を含めた単身世帯において，貧困リスクが突出して高いことである．高齢者においても，単身世帯，高齢者のみ世帯（単身世帯を除く）以外の「その他世帯」（世帯員の中に高齢者でない人がいる世帯）においては，貧困率が男性 13.07％，女性 14.30％ であるのに対し，高齢者のみ世帯に属する高齢者の貧困率は，その他世帯に比べ，約 10 ポイント貧困率が高く，単身世帯ではさらに高くなっている．特に女性の単身高齢者の貧困率は 51.68％ と半数を超え，男性の単身高齢者に比べても約 1.9 倍の高さである．また，女性の単身高齢者の貧困率の高さに気をとられがちであるが，男性の単身高齢者の貧困率も 27.78％ と高いことを見落としてはならない．男性の場合，単身であっても，配偶者があっても，経済状況はさほどかわらないと考えられがちであるが，単身者のほうが夫婦世帯に比べ貧困率が 5％ も高い．勤労世代（20 歳から 59 歳）についても，単身者の貧困率が高く，女性単身者では 36.04％，男性では 20.57％ と，高齢者ほどではないものの，勤労世代の中では一番高い割合となっている．夫婦のみ世帯，夫婦と未婚の子のみ世帯，そして三世代世帯の貧困率は単身世帯の半分以下となっており，比較的に経済的に恵まれた人が結婚・出産をしていることがわかる（もちろん，これは年齢構成の違いに起因する可能性もある．高齢者については，高齢になるほど配偶者を失う確率が高くなるため単身者となる割合が増え，勤労世代については若年者ほど結婚・出産している確率が少なく，単身である割合が多い）．

　特に着目すべきであるのは，母子世帯と父子世帯に属する子どもの貧困率の高さである[3]．子ども数ベースの貧困率をみてみると，母子世帯に属する子どもの貧困率は 60.58％ と半数を超えており，母子世帯に育つ子どもが非常に高

い貧困リスクに晒されていることがわかる．また，父子世帯に属する子どもも貧困率23.53％と非常に高く，このあまり着目されてこなかった世帯タイプについても，経済的支援が必要であることが示唆される．

ワーキングプアの計測

次に，就労形態別の貧困率から，ワーキングプアの実態を概観しよう[4]．表1の右下には，高齢者，勤労世代の性別，就労状況別の貧困率が示されている．これを見ると，まず，勤労世代においては，仕事がありながら，貧困基準以下の生活レベルに留まっているのは男性で9.4％，女性で12.2％である．おおよそ約10人に1人の勤労者が貧困状態（つまり，ワーキングプア）であることがわかる．忘れてはならないのが，高齢のワーキングプアである．高齢で，かつ働いている人の貧困率は男性18.17％，女性26.18％と推計されており，勤労世代で働いている人の貧困率よりも高い．さらに興味深いのは，高齢者においては，有職者と無職者の間で貧困率が逆転していることである．高齢者の場合は，男女ともに，有職者のほうが無職者よりも貧困率が高い．無職者の多くは，勤労所得以外の収入（年金，資産収入など）を得ていると考えられるが，これら勤労収入以外の収入で暮らしている人のほうが働いている高齢者よりも貧困率が低いのである．逆に言えば，高齢でなお働いている人の多くが働かざるをえない経済状況であることを示唆していよう．高齢者の就労については，「日本の高齢者の就労率が高いのは，日本人が勤勉で働くことが好きだからである」などという理解が一般的であるが，この逆転現象が示すものは，高齢者の中でも働かざるをえず，また，働いても貧困状況にある人が多いということである．

貧困の固定化

ここまでの属性別の貧困率から，貧困のリスクが高い人々がどのような属性を持つ人々なのかを論じてきた．貧困を論じる際に，もう1つの重要な視点が貧困の動態である．なかでも，貧困が一時的なものであるのか，固定的なものであるのか，または，貧困線の上下を行ったり来たりするものであるのか，を知ることは，社会保障制度を構築する上で不可欠な観点である．なぜなら，最

低生活保障を含める公的扶助の救済が，一時的な困窮を対象とするのか，それとも長期にわたる生活困難を半永久的に手当てするものなのかによって，公的扶助の設計がまったく異なるからである．

貧困の動態を計測するためには，長期的に同一対象者を調査するパネル調査が必要である．日本においてはパネル調査の蓄積はまだ少ないものの，いくつかの研究が蓄積されつつある（岩田，1999；濱本，2005；石井・山田，2007；阿部，2008bなど）．これらの分析によると，計測される貧困の多くは一時的な貧困であるものの，一時的貧困層の多くが貧困線の周辺に留まっている「境界（ボーダーライン）層」であることがわかっている（岩田・濱本，2004）．また，「低所得」の固定化が高まっているという結果が報告されている（樋口ほか，2003；太田・坂本，2004など）．これらの分析結果を合わせると，次のように解釈することができる．つまり，貧困層の多くは「一時的貧困層」と分類されるものの，彼らは中高所得層と貧困層の間を大きく変動していたり，貧困からパーマネントに脱出したわけではなく[5]，貧困線の周辺に滞留していると考えられる．

新しい貧困の形態

ここまでの貧困の諸相は，住民基本台帳などから抽出された一般市民を対象とする大規模な社会調査の分析によるものである．しかし，社会の底辺にいる極貧層の多くは，このような社会調査の対象から漏れている可能性が高い．近年になって，このような通常の社会調査では把握できない貧困層の存在が可視化されるようになった．例えば，路上や簡易宿泊所，建設現場などの宿舎などに寝泊まりし，安定した住所を持たないホームレスの人々は以前から存在していたものの，1990年代半ばになって，彼らの多くが職を失い，大都市のターミナル駅や公園などに野宿するようになったことから，彼らの存在が一般市民にも広く認識されるようになった．国は，路上や公園などに寝泊まりするホームレスの人々（野宿者）の概数を求める全国調査を毎年行っており，2009年1月の最新調査によると約1万6,000人が野宿状況である（厚生労働省，2009）．この数値を国による本格的なホームレス対策が始まった2003年と比べると，約2万5,000人から約9,000人の減少となる．この減少には，ホームレス対策

として，国が全国の主要都市に一時的に彼らを収容するホームレス自立支援センターなどを設立したことなどが関連しているとみられる．すなわち，路上に寝泊まりするホームレスの数は減ったとしても，自立支援センターなどに一時的に収容されている人々を勘案すれば，彼らの数は減っているとは言いがたい．

また，2006年には，定まった住居を持たず24時間営業のインターネット・カフェや漫画喫茶などに寝泊まりしながら，日雇い派遣労働などに従事する人々が認識され始め，メディアからも「ネットカフェ難民」と名付けられて関心が集まった（水島，2007）．これに対して国は，2007年に全国初のネットカフェ利用者の調査を行い，約5,400人の人々がネットカフェを「主な寝場所」としていることを報告した（厚生労働省，2007）．

基本的な住居にも事欠く人々に加え，医療サービスへのアクセスが確保されていない人々の存在も問題となってきている．国民健康保険の保険料の未納により，保険証を持たない世帯が全国で約33万世帯存在し，そのなかには中学生以下の子どもをもつ世帯が1万8,000世帯含まれ，子ども数でみると約3万人が無保険状態であるという（厚生労働省2008年10月30日発表資料）．このように，全体像をとらえることは難しいものの，貧困の断面を示す統計が散見されるようになってきている．住居，医療といった基本的なニーズ（Basic Human Needs）が満たされない状況は，まさに福祉国家における貧困状態であるといえよう．

(3) **貧困の諸相から見える最低生活保障のあり方**

これら統計からわかる日本の貧困の諸相から，最低生活保障の在り方を見た時，重要な視点は以下である．まず，第1に，人々のライフコースの中で「標準的なパターン」から「逸脱した人々」が貧困に陥りやすい（岩田，2007）．上記の属性別分析に当てはめてみると，配偶者の死亡や離婚，未婚の出産による母子世帯の形成，生涯独身であった場合の高齢期の単身者などが，この例にあたるであろう．1世紀近くも前にロウントリー（1871-1954）は，20世紀初頭のイギリスの労働者の貧困調査から得た知見から，通常の労働者は人生の中で子ども期，子育て期，高齢期の3時点において貧困に陥りやすいとした（ライフサイクル・モデル）．しかし，社会保障制度が成熟した現代の日本におい

ては，通常であれば，この3回の貧困リスクに対して，ある程度のセーフティネットが社会保険によって張られている．しかしながら，発育—教育—就職—結婚—子育て—引退といった「標準的パターン」から外れてしまった時のセーフティネットは必ずしも頑強ではない．

　第2に，貧困に陥るリスクは誰にでも存在するものの，そのリスクは著しく特定のカテゴリーの人々に偏っていることである．女性，低学歴など，労働市場における不利な条件をかかえる人々の「貧困の固定化」である．特に，これらの「不利」が「標準的ライフコースからの逸脱」と重なった時には「不利」は決定的なものとなる．貧困のリスクが偏在しているという事実は，「皆がお金を出し合って，誰かがリスクに遭遇した時にカバーする」という社会保険の「共助」の理念とは相いれないものがある．これが，社会保険が成熟期に至った今日において公的扶助の役割が今一度拡大している理由の1つである．

　第3に，働いている勤労世代と働いている高齢者といったワーキングプアが，想定されるよりもはるかに深刻な状況であることである．これまで，日本の社会保障制度の設計には，働いていれば最低生活を営む勤労収入が得られているという前提があった．パートタイマーや非正規労働者は，男性正規労働者の家族としてセーフティネットの中で守られている家計補助的な労働者であるという認識であった．しかし，国民年金や国民健康保険の保険料滞納者の増加，その結果としての無保険者の存在，ワーキングプアの存在などは，この前提が崩れつつあることを象徴している．

　このような中で，国は，人々の最低生活保障をどのように行っていくべきなのであろうか．次節では，公的扶助の中心的な存在である生活保護の概要と現状を述べたのちに，この問題についての検討を行うこととする．

3　生活保護制度の概要と現状

　公的扶助の定義として，しばしば用いられる3つの特徴は，生活困窮を事後的に救済する救貧の役割を担っていること，その財源が公費で100％賄われていること，そして，受給には資力調査（ミーンズ・テスト：mean's test）を課していること，が挙げられる．このような公的扶助に分類される制度は多々

存在する．そのいくつかを挙げれば，（低所得の母子世帯を対象とする）児童扶養手当，公営住宅，生活福祉貸付制度，母子寡婦福祉貸付金制度，福祉年金などである．近年策定された「新しい貧困」に対する諸政策，例えば，ホームレスの自立の支援等に関する特別措置法（2002年）による一時保護や，東京都のネットカフェ難民に対する貸付制度（TOKYO チャレンジネット）なども，公的扶助の部類に入るであろう．これら公的扶助制度の中でも，中心的な役割を担っているのが生活保護制度である．

現行の生活保護法は，連合軍占領下の 1946（昭和 21）年に交付・実施された旧生活保護法を基に 1950 年に改正された新生活保護法であり，数ある社会保障制度の中でも最も古いもののひとつである．生活保護制度の基本的な機能は，憲法 25 条に規定された生存権保障の理念に基づいて，生活困窮者（以下に説明する各種の支給要件を満たすもの）に最低生活費（生活扶助，住宅扶助，医療扶助，介護扶助など）を保障し，必要に応じてケースワークなどの指導を行うものである．被保護者に所得がある場合は，その金額と最低生活費[6]の差額が支払われる．生活保護制度は，長期入院者なども含めたすべての国民の最低生活を保障する「最後の砦」である．そこで，本節では，生活保護制度の概要と現状を論じることとしたい．

(1) 生活保護の原理

生活保護法には，「無差別平等の原理」（生活保護法第 2 条）が謳われており，旧生活保護法において存在した欠格条項（素行不良者，怠惰者）を撤廃し，すべての国民[7]について，その生活困窮にいたった理由や人種，信条，性別，社会的身分，門地等を理由に差別せずに，生活困窮の状況のみを保護の判断材料とすることを規定している．このように，日本の生活保護制度は，極めて包括的なセーフティネットとして設計されているものの，以下に述べる補足性の原理などにより，結果として，生活保護の被保護者は極めてカテゴリー別に選別されたものになっている．

「補足性の原理」とは，生活保護法第 4 条が「保護は，生活に困窮する者が，その利用し得る資産，能力その他あらゆるものを，その最低限度の生活の維持のために活用することを要件として行われる」と規定していることから生じる．

「その利用し得る資産，能力，その他あらゆるもの」には，資産（土地，家屋，ぜいたく品），他法による給付（公的年金や児童手当，児童扶養手当など），稼働能力（働ける場合は，働く），親族からの扶助などが挙げられる．

まず，資産については，現に住まいとして活用している不動産は保有が認められるものの，高齢者についてはそれを担保とした貸付が優先される（2007年度より）．自動車は基本的には保有のみならず使用も認められていない[8]．テレビやエアコンなどの日用耐久財についても，当該地域の普及率が70％を超えない限り，保有を認められない．預貯金については，保護の申請の際に，預貯金機関に照会がいき，最低生活費の半月分までしか保有が認められていない[9]．これらの要件は，保護開始後も引き続き適用されるので，しばしば，「生活保護は，裸にならないと入れない」「裸であり続けなければならない」制度として批判されている．

次に，「あらゆる生活能力」に含まれるのが，稼働能力である．従来，生活保護の運用において，勤労世代の健常な世帯員を含む世帯が保護を受けることは非常に困難であった．これは失業率が他の先進諸国に比べて極端に低かった日本の経済状況を背景として生まれてきた運用上の慣例である．この慣例は，近年になって，保護申請者の稼働能力がある場合であっても，①その人が稼働能力を活用する意思をもっており，②その能力を活用しようとしても実際に活用できる場がなければ，保護が適用されるという判例が示された[10]ことにより，現在は失業を理由に保護を受けることが可能となった．しかし，生活保護の運用の現場においては，まだまだ「能力不活用」として申請が却下されたり，保護の打ち切りとなるケースが多いと報告されている．

補足性の原理の第2の規定が，民法に定められる扶養義務者の扶養が保護に優先されるべきであるというものである（第4条第2項）．「民法に定められる扶養義務者」とは，親・子・兄弟姉妹・夫婦はもちろんのこと，3親等以内の親族すべてが含まれるが，現在の日本の社会における家族通念において，これを運用することは難しく，生活保護の運用上では親兄弟・子など絶対的扶養義務関係にあるものに限っていることも多い．しかし，長い間音信不通であった親や子に扶養照会がなされたり，当事者間で協議を求められたりと，扶養義務の遂行にあたっては申請者の心理的苦痛が大きく，それを嫌うために申請をし

図2 年齢階層別 保護率の推移

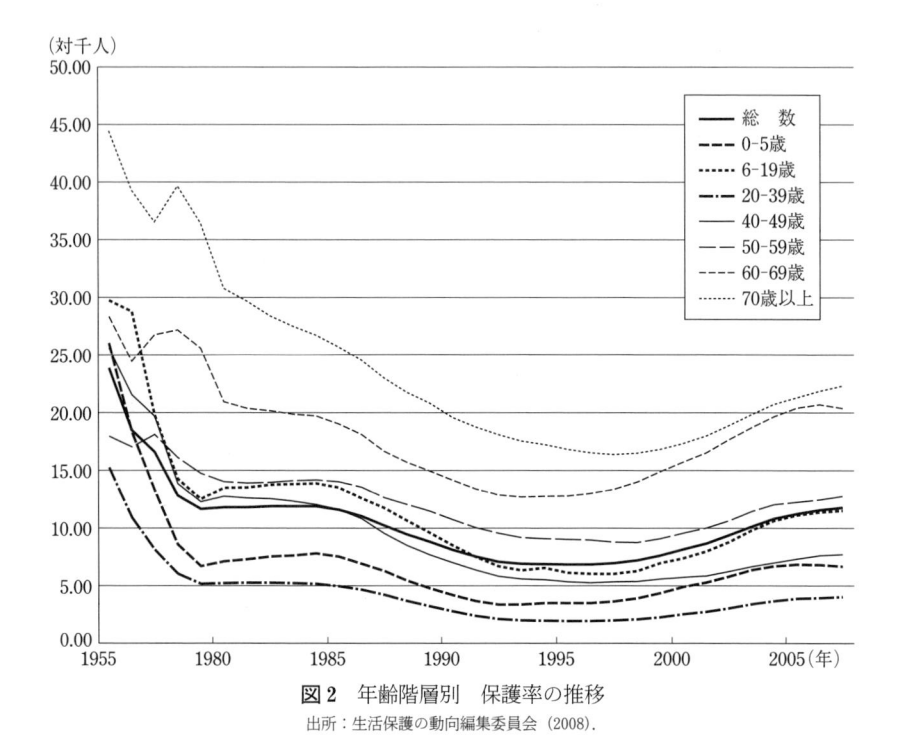

出所：生活保護の動向編集委員会（2008）．

ない例も多く報告されている．

(2) 保護率と捕捉率，類型

　2006年度の被保護世帯数は，107.6万世帯，全世帯の約2.3%である（生活保護の動向編集委員会，2008）．これを，被保護人員数でみると，約151万人，人口の1.2%となる．人口に占める被保護人員数の割合（保護率）は，制度発足直後の昭和27（1952）年度の約2.38%から一貫して減少していたが，1995年の0.68%を最低とし，その後は増加に転じている．2007年には1.18%と1970年代のレベルにまで到達した（図2）．

　年齢別の保護率を見ると，年齢が高いほど保護率も高いことがわかる．2006年度についてみると，70歳以上の保護率は2.23%，60歳代の保護率は2.04%と，人口全体の保護率の約2倍となっている．また，1990年代半ばからの保護率の増加は，全年齢層にみることができるが，特に，その傾向が顕著なのが

60歳代である．60歳代の保護率は，1993年の1.27％から2007年には2.04％と1％近く上昇している．これに加えて，人口に占める高齢者の割合が増えていることから（人口の高齢化），被保護者に占める高齢者の割合は急速に増加している．被保護者に占める60歳以上の割合は，1987年の30.4％から2007年には51.2％と半数を超えた．今後も人口の高齢化が予想されるなか，生活保護制度はますます高齢者の制度となっていくと考えられる．

高齢者に加えて，1990年代半ばからの保護率の上昇が大きいのが，子どもである．特に，6-19歳の子どもの保護率は，もとよりその周辺の年齢層（0-5歳，20-39歳）に比べて高いものの，1990年代における上昇の傾向が大きく，2004年に1％を超えるレベルとなった．これは，1990年代半ばの同年齢の保護率の約2倍である．

このように近年上昇の傾向を見せているものの，人口全体の保護率は依然として約1％と低いレベルで抑えられている．その理由のひとつと考えられているのが，捕捉率の低さである．捕捉率とは，生活保護の要件を満たす人の中で，実際に保護を受けている人の割合である．生活保護制度は，申請主義（本人の申請によって初めて保護が適用される）であることに加え，保護の適用を受けるまでのさまざまなハードル（資力調査や心理的障壁，福祉事務所の対応）が高いため，この捕捉率が低いことが指摘されている．研究者らの推計によると，捕捉率は1950年代以降，高くても40％，多くが10-20％である（橘木・浦川，2006；駒村，2005；和田・木村，1998；星野，1995；江口・川上，1974など）．これらの推計の多くは，捕捉率を所得データのみで計算しているので，過小に計算されていると考えられるが，そうだとしても，かなりの要保護者が漏給されていることは間違いない．

次に，被保護世帯の世帯類型をみてみよう．高齢者世帯（高齢者のみで構成される世帯）が全被保護世帯の44.1％を占め，約半分となっている．次が傷病者世帯で25.3％，障害者世帯11.7％であり，その他の世帯が10.2％，母子世帯が8.6％となっている（生活保護の動向編集委員会，2008，2006年値）．1990年代以降，高齢者世帯とその他世帯で若干の増加，傷病者世帯で減少したものの，この比率に大きな変化はない．

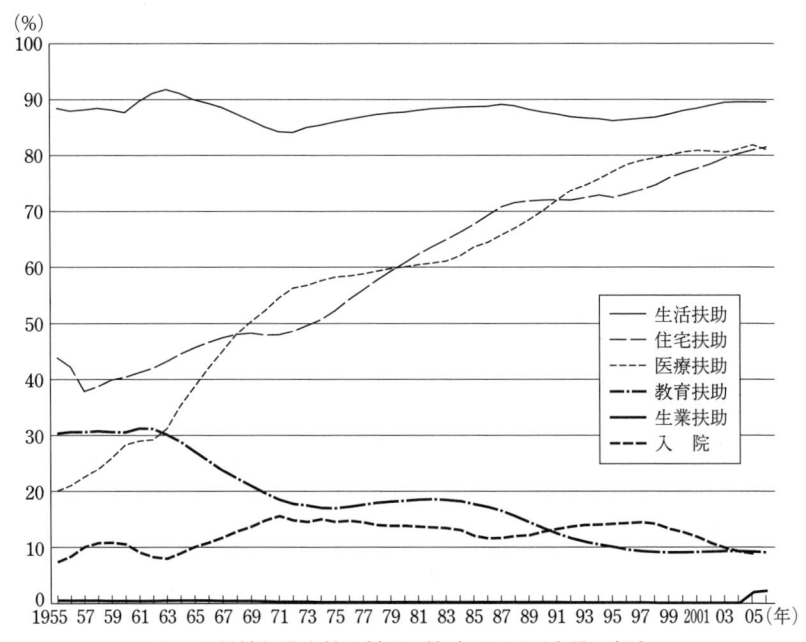

図3 総被保護人数に対する扶助タイプ別人員の割合

注：年度1ヵ月の平均である．
資料：厚生労働省大臣官房統計情報部「社会福祉行政業務報告」．
出所：生活保護の動向編集委員会「生活保護の動向」各年．

被保護世帯の大きな特徴の1つが，単身世帯に大きく偏っているということである．被保護世帯の74.7%が単身世帯であり，高齢者世帯に限るとその割合は89.1%，傷病・障害者世帯においても78.4%，その他世帯では54.9%となる（2007年値）．

(3) 扶助タイプと保護費の内訳

最後に，扶助のタイプ別に被保護者をみてみよう（図3）．被保護者の中で生活扶助を受ける割合は，制度の発足当初からほぼ変わっておらず，約9割（89.5%，2006年値）である．残りの約1割の被保護者は病院や施設へ入院・入所している被保護者と考えられる．このように，生活扶助を受ける被保護者数と入院者数がほぼ安定した割合で推移する中で，制度発足時より一貫して伸びているのが医療扶助と住宅扶助を受ける被保護者の割合である．2006年の

医療扶助人員数は総被保護人数の 81.0％ であり，うち約 9％ が入院している（医療単給で生活扶助を受けていない）と考えても，生活扶助を受けている人のほとんどが医療扶助も受けているという計算になる．興味深いのは，住宅扶助も同様の傾向を見せていることである．2006 年の住宅扶助人員の割合は総被保護者数の 81.5％ となり，入院者は住宅扶助を受けていないと考えられるので，残り 90％ の生活扶助を受ける人のほぼ全てが住宅扶助も受けていることとなる．逆に言うと，「医療」や「住宅」に困窮しておらず，ただ単に生活費が足りないため生活保護を受給しているというケースはむしろ稀である．これは，つまり，生活保護制度が「最低生活」のうちの一部を補う制度というよりも，むしろ，生活困窮者の生活の全てを「丸抱え」している制度であることを意味する．

生活保護費の総額は，約 2 兆 5,941 億円（2005 年）であり，これは一般会計予算の約 2.6％ となる．社会保障関係予算に占める生活保護費の割合は，1955 年の 32.1％ から最低の 1998 年の 7.5％ まで減少し，その後，若干，増加して，2006 年には 9.9％ となっている（『新版・社会福祉学習双書』編集委員会，2007）．

扶助のタイプ別に保護費の内訳を見ると，保護費の約半分（51.2％，2005 年）が医療扶助費であることがわかる．1950 年代以降，住宅扶助費の割合が，2.2％ から 12.4％ に増え，介護扶助費が加わったものの，医療扶助費と生活扶助費が占める割合は約 50％ と約 35％ とさほど変化していない．医療扶助の扶助人員が被保護者にしめる割合は，1950 年代以降急増したが，医療扶助費の割合がさほど変わっていないのは興味深い．2005 年は，保護費の 51.2％ が医療扶助費，32.3％ が生活扶助費，12.4％ が住宅扶助費，1.8％ が介護扶助費，0.4％ が教育扶助費，0.4％ がその他扶助費，1.3％ が事務経費であった（国立社会保障・人口問題研究所編『社会保障統計年報』）．医療扶助費の約半分は入院費であり，長期入院者（特に精神疾患による）の生活保護費が大きな割合を占める．

4 最低生活保障をどこに設定すべきか

 近年,最低賃金でフルタイムで働いた場合の所得と,生活保護の最低生活費を比べると,後者のほうが前者より高いということが問題視されるようになってきた.最低賃金で働くよりも,働かずに生活保護を受けるほうが「楽」であるため,モラルハザードが発生するという議論である.このモラルハザードは,しばしば言及されるものの,現実には発生しにくい.なぜなら,すでに見てきたように,生活保護制度を受給するためには,「裸にならなければ」ならず,なおかつ,「補足性の原理」により,就労可能な人々が被保護となることはまずないからである.また,もし仮に被保護になったとしても,厳しいケースワークによって就労へ促されているはずである.

 しかしながら,このような議論に象徴されるように,政府が保障すべき「最低生活基準」をどこに設計するかという問題は,生活保護のみならず最低賃金や基礎年金など社会保障のさまざまな局面で論じられ,そして比較される,極めて制度の根幹にかかわる問題である.

(1) 高齢期の最低生活保障——生活保護と基礎年金

高齢者の保護率の上昇

 冒頭で述べたように,公的年金が成熟するにつれて少なくとも高齢者の最低生活保障についての生活保護の役割は縮小しているはずである.実際に,前節(図2)で見たように,高齢者の保護率は国民皆年金が達成された1961年から1990年代にかけて大きく減少した.しかし,1990年代になると,このトレンドが逆行する.60歳代では1995年より,70歳以上では1997年より保護率は上昇し始め,特に60歳代の上昇が大きい.つまり,ここにきて,高齢者の最低生活保障について,生活保護制度が担う役割が大きくなってきているのである.

 これはなぜか.まず1つめは,高齢者の家族形態の変化である.高齢者,特に女性の高齢者の多くは,自分独自の所得(年金も含む)のみで暮らすのは困難である.筆者の推計によると,高齢者の自分独自の個人所得による貧困

率[11]は，男性では40.7%，女性では81.0%にもなる．表1からも明らかなように，公的年金が成熟した現在においても，単身高齢者，高齢者のみ世帯の貧困リスクは依然として高いのである．特に女性の高齢者は，単独世帯では貧困率が約52%と半数を超える．しかしながら，高齢者が単独世帯にいる割合は，昭和55（1980）年の8.5%から，15.7%（2006年）まで，夫婦のみ世帯に属する割合も19.6%から36.5%まで上昇している（厚生労働省，2008）．このことは，経済状況が決してよくなくても別居しなくてはならない高齢者が多いことを示唆している．

2つめの理由が，高齢者を取り巻く雇用環境の悪化である．日本においては，高齢者の就労率が他国に比べても高く，29.4%（男性），12.7%（女性）となる（2005年労働力調査）．しかし，仕事をしていても貧困状態にある高齢者は18.2%（男性），26.2%（女性）も存在し（表1），その率は勤労世代よりも高い．つまり，就労も高齢者の防貧の機能を十分に果たしていない．また，高齢者の43.9%（平成18年，厚生労働省，2008）は子と同居しており，子の雇用環境の悪化が親世代である高齢者の貧困を上昇させる一因となっている．

公的年金の機能不全

3つめの理由が，公的年金が最低生活保障の機能を果たしていないことにある．65歳以上の公的年金の無受給権者は2.5%と推計されており，そのうち，夫婦としては年金をもらっている者は0.7%，公的年金受給権が全くない人は1.8%である（社会保険庁，2007a）．生活保護を受ける高齢者は，この年金受給権がない比較的少数の無年金者と公的年金の受給額が最低生活費に足りない低額年金者であると考えられる．生活保護を受給している高齢者の約半数は，なんの公的年金も受給しておらず，またこの率は年々増えている（阿部ほか，2008）．これには，公的年金の設計上の問題が関与している．

まず，第1に，公的年金は，その設計の時点から，高齢期の最低生活を保障するものとされていない．公的年金の基礎年金額について，政府は基礎年金は老後生活の「基礎部分」であるものの，「老後生活のすべてを賄うのは無理である」と言明している（岩田，2007）．たとえ基礎年金を満額受け取ることができたとしても，高齢者単身世帯の場合には，生活保護給付費が年金額を上回

る．また，保険料の納付期間が短かったり，保険料免除の期間が長かったりすると，基礎年金の満額にさえいたらない場合もある．ちなみに，平成17年度末における公的老齢年金の平均年金月額は厚生年金では167,172円であるものの，国民年金では53,012円であり，これを基礎年金のみの受給権しか有しない人に限ると47,210円にしかならない（社会保険庁，2007b）．国民年金と厚生年金の年金額別受給権者数をみると，国民年金のみで最低生活費を上回る受給を受けるのはほぼ不可能であり，厚生年金であっても約12%は年額100万円以下の受給権しか持っていないのである．

次に，強制加入とはいえ，国民年金や国民健康保険は自ら保険料を支払う行為を必要とするため，保険料を支払えない人が発生する．実際に，国民年金では，未加入・未納者が急増しており，その規模は制度そのものの崩壊を思わせる大きさとなっている[12]．国民年金の未納の要因の実証研究によると，未納の理由には経済状況が大きく影響する（阿部，2001；鈴木・周，2006など）．国民年金には，低所得者のために保険料の減免措置が早くから設定されていたものの，制度の周知徹底がなされていなかったり，額面上は低所得者でなくてもなんらかの理由で支払いが困難な例があり，万全とはいえない．

また，公的年金は，最低25年間の保険料拠出年数が必要であるため，生涯にわたって低所得であり公的年金に未加入である，または，加入年数が少なかった高齢者には受給権が与えられていない．そもそも，公的年金の設計は，生涯を通じて低所得であるために免除を受け続けたり，保険料未納の時期が長く続いたりすることを想定していない．貧困は，「一時的」なものとして捉えられていたため，一時的な困窮時のために免除制度を用意しておけば事足りると考えられていたのである．

第3に，公的年金に存在するジェンダー・バイアスが，高齢女性の貧困を助長していることが挙げられる．女性自身の年金受給（額）はまだまだ低く，夫の年金と合わせて初めて生活が成り立つ．しかしながら，女性の方が男性よりも長生きであるため，未亡人となる率が高く，単身である年数が長いのは自明のことであるにもかかわらず，女性自身の年金額についての議論はあまり行われてこなかった．また，離婚率が高まっていることも，ジェンダー・バイアスを顕在化している．近年は，夫の厚生年金を分割することが可能となったもの

の，そのような動きも始まってからまだ日が浅い．さらに，生涯未婚率が女性においても 7.25%（50 歳時点，2005 年国勢調査）であり増加しつつあることは，労働市場における男女格差が，そのまま高齢期における格差に継承されることを意味する．

最後に，社会保険は，医療や介護を含めた「最低の生活」を無料で保障するように設計されておらず，すべての世帯において，自己負担（医療保険，介護保険など）が発生する．そのため，低所得・低年金世帯においては，医療や介護費の自己負担分を差し引けば，最低生活以下の生活水準となってしまう可能性があるのである．医療や介護，そして住居が，生活保護を受給する「きっかけ」となる場合も多い．

このような公的年金の不備の中で，生活保護制度は高齢者の最低生活保障を担う唯一の制度となっている．高齢化が進展するなか，生活保護制度の肥大化を避けるためには，公的年金の最低生活保障の機能を充実させることが不可欠である．そのためには，最低保障年金の設立といった発想も必要であろう．

(2) 勤労世代の最低生活保障——生活保護と最低賃金・雇用保険

次に，勤労世代の最低生活保障について検討することとしたい．前述したように，現状の生活保護の運営上においては，勤労世代であり，障害・傷病の状況でない場合は，生活保護を受給することが実質的に困難となっている．年齢層別の保護率でみると，20-39 歳の保護率はほかのどの年齢層よりも低く，0.5% 以下となっている．1990 年代以降，上昇の傾向にあるとはいえ，生活保護制度が勤労世代の最低生活保障の機能をはたしているとは言いがたい．20 歳から 50 歳代の貧困率は他の年齢層よりも低いとはいえ，10% を超えるのである（表 1）．特に，離別女性，単身女性の貧困率は突出して高い．

勤労世代の最低生活保障を担う役割を期待されているのは，雇用保険と最低賃金制度である．しかし，両者ともに，最低生活を保障するには程遠い状態にある．雇用保険は，失業のリスクに対処する社会保険であるが，失業のリスクが高い非正規雇用者のほとんどがカバーされていないため，その最低生活保障の機能には限界がある．雇用保険に加入している正規雇用の場合においても，失業保険の給付期間も欧米に比べ短い．最低賃金については，もともと，その

適用者が家計補助的な役割を担う主婦のパートやアルバイトであるという認識から，最低賃金のみの収入で生活を営むという発想が希薄であった．主婦やアルバイトの多くが，夫やその他家族の社会保険によるセーフティネットにカバーされていたこともあり，彼ら自身のセーフティネットが未整備であることも，さほど社会問題となってこなかったのである．

社会保険の限界

　勤労世代のセーフティネットが最低生活保障という機能については未整備であるという現実を受けて，現在，さまざまな改革案が議論され始めている．具体的には，雇用保険の適用拡大，失業給付の延長，厚生年金の適用労働者の範囲の拡大などである．しかし，これら社会保険の改革案によって，どこまで勤労世代の最低生活が保障されるかという点については，疑問を感じざるを得ない．なぜなら，勤労世代の貧困者の多くは，従来考えられてきたように，疾病・怪我，または失業といった要因によって一時的に生活に困窮している人々ではなく，半永久的に貧困またはその周辺に位置する人々であるということである．一時的な困窮であれば，社会保険のようなリスクに対処する制度によって，ある程度は対応することができる．しかしながら，ネットカフェ難民やホームレスの人々がその極端な例ではあるが，貧困層の多くは，そもそも労働市場の周辺部に存在し，たとえ，一時的に貧困から脱却することができたとしても，彼らの多くは貧困線の周辺（ボーダーライン）に留まっており，テイクオフする人々は稀である．このように貧困が固定化するなかでの最低生活保障は，どのような制度であっても恒常的な所得保障を行わなければならないのである．このような恒常的な所得保障は，「共助」の理念で設計されている社会保険の枠組みでは不可能である．アメリカ，イギリス，韓国など，市場主義を重んじる国々において，給付つき税額控除という形でワーキングプア対策が打たれている理由はここにある．

労働規制と公的扶助──日本型ワークフェアの模索

　社会保険の拡大よりも，より有効的と考えられるのが，最低賃金の引き上げ，日雇い派遣労働の規制，同一価値労働同一賃金の原則の奨励などの労働規制の

強化である．勤労世代のワーキングプア率は男性で9.4％，女性では12.2％である（表1）．約1割の雇用者と，今後増加するであろう失業者の最低生活を改善するためには，このような労働市場の規制と，公的扶助の拡大をセットとした対応が必要であろう．

勤労世代の最低生活保障を行う「最後の砦」はやはり公的扶助である．これについては，いくつかの提案が既になされている．2006年には，全国知事会・全国市長会によって設置された検討会によって「新たなセーフティネットの提案――『保護する制度』から『再チャレンジする人に手を差し伸べる制度』へ」（2006年10月）が発表され，生活保護を受ける稼働世帯に対しては就労による自立支援を目的とする5年間の期限付きの一時的扶助とすることを提案している（新たなセーフティネット検討会，2006）．また，2009年3月に舛添厚生労働大臣が発表した雇用対策においては，失業者が職業訓練を受ける期間中の所得保障など，従来の枠組みから離れた公的扶助プログラムが組み込まれている．しかし，これらの提案は，すべて期限付きであるため，どれも最低生活を保障するものではない．

ワーキングプアに対する最低生活保障を行うのであれば，「就労＋公的扶助」というセットの選択肢を模索する必要があるであろう．既に，母子世帯については「就労＋児童扶養手当」，その他の有子世帯については「就労＋児童手当」という選択肢が用意されているものの，母子世帯の貧困率は6割，子どもの貧困率も14％と，このどちらも十分とはいえない．これら「就労＋公的扶助」，いわば「日本型ワークフェア」をさらに拡充することが必要である．

5　最低生活保障のあり方

高齢者にせよ，勤労世代にせよ，固定化・慢性化，そして偏在した生活困窮の帰結として存在する貧困を緩和するためには，政府の所得再分配機能をいま一度検討し直す必要がある．階層化された労働市場のなかで，最低生活を保障するためには，恒常的な所得移転が不可欠である．しかし，高齢者はともかく勤労世代にそのような所得移転を行うことについては，財政的にも困難であり，なによりも，モラルハザードなどを懸念する声が大きいであろう．

これを乗り越えるためには，勤労者に限定する，また子どものウェル・ビーイングの観点から有子世帯に限定するなど，最低生活保障政策の中でも優先順位をつけた政策を展開する必要があるであろう．優先順位は，少子化対策，青年者（ニート）対策など，さまざまな政策目標のウェイトによって決められるものであるが，困窮の度合いがもっとも重要視されるべきである．その点で，母子世帯や単身高齢者など貧困率が極端に高い人々に焦点を絞っていくことが考えられる．また，本章では触れられなかったが，障害をもつ人々の最低生活保障を障害者政策とともに考えていく必要がある．ニートなど労働市場との結び付きが少ない人々の多くに，現行の制度ではカバーされていない障害の問題があるという．障害の定義の再検討も含めて，彼らが家族や施設から自立した生活を送れるような政策を期待する．

最後に，繰り返すが，日本の貧困問題は，多分に女性，正確には単身女性の問題であることを強調したい．女性の貧困は，男性の貧困に比べ，ホームレスやネットカフェ難民といった「目に見える」形であることが少ない．2008年暮れに大きな社会的関心を集めた「派遣村」においても，女性の姿はほとんど見られなかった．これは，女性が貧困に陥る確率が男性より少ないということではなく，女性であるがゆえに，このように貧困を可視化することが難しいからである．一方で，女性の貧困が見えにくいがために，女性の貧困が深刻であるにもかかわらず，「派遣村」のように，男性の貧困化が顕在化して初めて貧困が社会問題として取り上げられるという状況になっている．女性の貧困への対策は，子どもの貧困の緩和にもつながり，ゆくゆくは社会全体の貧困削減に寄与するのである．

1) 世帯の中のすべての世帯員の可処分所得の合算値を，世帯人数の平方根で除して調整する値．これを世帯員のすべての生活水準とする．
2) 世帯主が20歳代の世帯については，貧困率が上昇していると報告されている（大竹，2005；橘木・浦川，2006；白波瀬編，2006）．
3) 母子世帯の貧困率の高さについては，多くの研究で明らかになっており，ほとんどの研究で50%から70%と過半数を超える率が計測されている（橘木・浦川，2006；白波瀬編，2006など）が，ここではそれほど高くない．この理由は，ここで用いられている母子世帯の定義が，「母と子のみの世帯」であり，子の年齢を制限していないので，成長した子どもとその母親のケースも含まれるからである．

4) 「ワーキングプア」という言葉については厳格な定義が存在するわけではないが，本推計では本人が就労していながらも，他の世帯員と合わせた合算所得が貧困線に満たない場合と定義している．勤労者の中には，本人の所得が低くても，世帯所得が高い世帯に属している場合もあるが，このような場合は「貧困」であると考えない．
5) 例えば，過去においては，若年期に貧困であっても，年齢の上昇とともに経済状況が改善していくといったモデルが一般的であった．
6) 生活保護法における最低生活費は，世帯人数や年齢，居住地区などによって算定される．算定方法は，生活保護法制定当時は絶対的貧困概念によるマーケット・バスケット方式によって算定されていたが，1961年からは一般世帯の消費水準との割合（現在は約6割）によって算定されている．
7) ここでいう「国民」とは日本国民をさすが，後に，保護請求権は付与されなかったものの，1954年からは，外国人についても「準用」として適用されるようになった．
8) 例外として事業用または，障害者の通勤・通学のための保有が認められている．
9) 被保護者の貯蓄については，中嶋訴訟（1991年提訴，福岡地裁1995年敗訴，福岡高裁1998年勝訴，現在，最高裁にて審理中）を参照のこと．
10) 生活保護における失業の扱いについては，林訴訟（1994年提訴，名古屋地裁1996年勝訴，名古屋高裁1997年敗訴，現在，最高裁にて審理中）を参照のこと．
11) ここで用いられた貧困率の定義は，全世帯の等価世帯所得（世帯所得を世帯員数で調整したもの）の中央値の50%を貧困線としたものである．
12) 平成17年度の国民年金の納付率（納められるべき保険料の月・人に対する実際納付された月・人）は66.3%であった（社会保険庁，2007b）．

文献

阿部彩（2001）「国民年金の保険料免除制度改正——未加入，未納率と逆進性への影響」『日本経済研究』No. 43: 134-154.

阿部彩（2006）「貧困の現状とその要因——1980-2000年代の貧困率上昇の要因分析」小塩隆士・田近栄治・府川哲夫編『日本の所得分配——格差拡大と政府の役割』東京大学出版会，pp. 111-137.

阿部彩（2008a）「最低生活保障と公的扶助」玉井金五・久本憲夫編『社会政策II 少子高齢化と社会政策』法律文化社，pp. 165-203.

阿部彩（2008b）「子どもの貧困のダイナミズム——厚生労働省『21世紀出生児縦断調査』を使って」厚生労働科学研究費補助金政策科学推進研究事業『パネル調査（縦断調査）に関する総合的分析システムの開発研究』平成19年度報告書，pp. 189-204.

阿部彩・國枝繁樹・鈴木亘・林正義（2008）『生活保護の経済分析』東京大学出版会.

新たなセーフティネット検討会（全国知事会・全国市長会）（2006）「新たなセーフティネットの提案——『保護する制度』から『再チャレンジする人に手を差し伸べる

制度』へ」全国知事会・全国市長会 HP.
江口英一・川上昌子（1974）「大都市における低所得・不安定階層の量と形態および今後について」『季刊社会保障研究』第 9 巻第 4 号：18-32.
Förster and Mira d'Ercole (2005) "Income Distribution and Poverty in OECD Countries in the Second-Harf of the 1990s," OECD Working Paper 22.
濱本知寿香（2005）「収入からみた貧困の分析とダイナミックス」岩田正美・西澤晃彦編著『貧困と社会的排除——福祉社会を蝕むもの』ミネルヴァ書房，pp. 71-94.
樋口美雄・岩田正美編著（1999）『パネルデータからみた現代女性——結婚・出産・就業・消費・貯蓄』東洋経済新報社.
樋口美雄ほか（2003）「パネルデータに見る所得階層の固定性と意識変化」樋口美雄・財務省財務総合政策研究所編『日本の所得格差と社会階層』日本評論社.
星野信也（1995）「福祉国家中流階層化に取り残された社会福祉——全国消費実態調査のデータ分析（1）」『人文学報』No. 261, 東京都立大学人文学部：23-86.
石井加代子・山田篤裕（2007）「貧困の動態分析——KHPS に基づく 3 年間の動態およびその国際比較」樋口美雄・瀬古美喜・慶應義塾大学経商連携 21 世紀 COE 編『日本の家計行動のダイナミズム III』慶應義塾大学出版会，pp. 101-129.
岩田正美（1999）「女性と生活水準変動——貧困のダイナミックス研究」樋口美雄・岩田正美編著『パネルデータからみた現代女性——結婚・出産・就業・消費・貯蓄』東洋経済新報社.
岩田正美（2007）『現代の貧困——ワーキングプア／ホームレス／生活保護』ちくま新書.
岩田正美・濱本知寿香（2004）「デフレ不況下の『貧困経験』」樋口美雄・太田清・家計経済研究所編『女性たちの平成不況』日本経済新聞社.
駒村康平（2005）「生活保護改革・障害者の所得保障」国立社会保障・人口問題研究所編『社会保障制度改革』東京大学出版会，pp. 173-202.
厚生労働省（2007）「日雇い派遣労働者の実態に関する調査及び住居喪失不安定就労者の実態に関する調査の概要」2007 年 8 月 28 日発表.
厚生労働省（2008）『平成 18 年 国民生活基礎調査』厚生労働省.
厚生労働省（2009）「ホームレスの実態に関する全国調査（概数調査）結果」2009 年 3 月 9 日発表.
水島宏明（2007）『ネットカフェ難民と貧困ニッポン』日テレ BOOKS.
太田清・坂本和靖（2004）「所得格差と階層の固定化」樋口美雄・太田清・家計経済研究所編『女性たちの平成不況』日本経済新聞社.
大竹文雄（2005）『日本の不平等——格差社会の幻想と未来』日本経済新聞社.
生活保護の動向編集委員会（2008）『平成 20 年版 生活保護の動向』中央法規出版.
社会保険庁（2007a）『平成 16 年 公的年金加入状況等調査報告』.
社会保険庁（2007b）『平成 17 年度 社会保険事業の概況』.
『新版・社会福祉学習双書』編集委員会（2007）『公的扶助論』全社協.
白波瀬佐和子編（2006）『変化する社会の不平等——少子高齢化にひそむ格差』東京

大学出版会.
副田義也（1995）『生活保護制度の社会史』東京大学出版会.
鈴木亘・周燕飛（2006）「コホート効果を考慮した国民年金未加入者の経済分析」『季刊社会保障研究』第41巻第4号：385-395.
橘木俊詔・浦川邦夫（2006）『日本の貧困研究』東京大学出版会.
和田有美子・木村光彦（1998）「戦後日本の貧困――低消費世帯の計測」『季刊社会保障研究』第34巻第1号：90-102.

10章　少子高齢社会の公的年金

小塩　隆士

1　はじめに

　日本における高齢化のペースは，ほかの先進国よりかなり速くなっている．実際，65歳以上人口の総人口に占める比率は，1960年には4.9%にとどまっていたのに対して，1990年には12.5%，2008年には22.1%に達している．さらに，2006年12月に国立社会保障・人口問題研究所が発表した将来人口推計によると，65歳以上人口の比率は上昇を続け，2025年には30.5%，2055年には40.2%になると見込まれる．少子高齢化の進展は，当然ながら公的年金の持続可能性に対する懸念を強めている．実際，年金改革のスタンスは1980年代半ばに一転し，それ以降は支給条件の厳格化が目指されるようになっている．

　公的年金は社会保障の中核的な位置を占め，その動向は日本の社会保障政策のあり方を大きく左右する．しかも，公的年金については，税制や高齢者就業，所得格差，子育て支援などと関連づけて議論されることも多く，それぞれが重要な政策課題となっている．本章では，少子高齢社会における公的年金のあり方についていくつかの基本的な論点を整理する．

　本章の構成は次の通りである．まず，次の2節でこれまでの年金改革の流れを概観する．3節では年金改革に関する代表的な考え方を取り上げ，その特徴や問題点を整理する．そして，4節では公的年金に関連する重要なテーマの1つとして，公的年金が高齢者就業に及ぼす影響を検討する．最後に，5節で全体の議論をまとめる．

表1 給付条件から見た年金改革の沿革

年金改革	厚生年金		国民年金
	報酬比例部分 支給乗率（/1000）	定額部分（円，年額） 保険者期間1年当たり 名目額［2005年価格］	定額部分（円，年額） 保険者期間1年当たり 名目額［2005年価格］
1954	5	24,000[a]　［127,292］	—
1959	6	24,000[a]　［127,620］	900/1,200[b]　［4,786/6,381］
1965	10	3,000　［ 11,835］	2,400　［ 9,468］
1969	10	4,800　［ 15,602］	3,840　［ 12,482］
1973	10	12,000　［ 29,630］	9,600　［ 23,704］
1976	10	19,800　［ 32,459］	15,600　［ 25,574］
1980	10	24,600　［ 31,990］	20,160　［ 26,203］
1985	7.5	15,000　［ 17,026］	15,000　［ 17,026］
1989	7.5	16,650　［ 18,237］	16,650　［ 18,237］
1994	7.5	19,500　［ 19,345］	19,500　［ 19,345］
2000	7.125	20,105　［ 19,672］	20,105　［ 19,672］
2004	7.125	20,105　［ 20,045］	20,105　［ 20,045］

注：a 保険期間にかかわらず一定．b 20年未満は900円，20年以上は1,200円．
出所：厚生労働省資料より筆者作成．

2　近年における年金改革の概観

　第2次世界大戦後，日本の公的年金は高度成長とともにその規模や範囲を拡大させていった．生活水準の向上や家族構造の変化，それに伴う高齢時の福祉向上に対する国民の要求の高まりがその背後にあったと言えよう．また，経済成長に伴う平均所得の持続的上昇は，年金給付額の引き上げによる国民負担を十分吸収できると期待されたし，少子高齢化が公的年金の持続可能性を脅かす危険性もそれほど意識されなかった．

　しかし，表1に示すように，年金改革のスタンスは1980年代半ばにかけて大きく変化する．この頃になると，日本の人口構造がほかの先進国に例を見ない速さで高齢化し，年金財政への影響が次第に危惧されることになる．また，産業構造の変化などにより制度間で被保険者の移動が顕著となり，制度間の調整に対する認識も強まった．そのため，1985年改革においては，全国民共通の基礎年金が新たに設定されるとともに，その給付の3分の1を国庫負担とする仕組みが作られた．

さらに，それまでの改革とは異なり，給付額が大幅に削減された点も1985年改革の注目点である．具体的な数字で見ると，定額部分の給付額（年額，40年加入の場合）の支給額がそれまでの984,000円から600,000円に引き下げられると同時に，報酬比例部分の支給乗率（平均標準報酬月額×加入月数に対する乗率）もそれまでの10／1000から7.5／1000へと引き下げられた．この結果，40年間厚生年金に加入し，平均標準報酬月額が25.4万円（当時の平均）だった夫と40年間国民年金に加入していた妻が合わせて受け取る年金総額（月額）は，成熟期の水準で比較して276,000円から176,000円へと40％近くも削減された（駒村，2003, p. 54）．

このように，1985年改革は支給条件の厳格化を明確に打ち出したという点で，それまでの改革とは一線を画している．それに続く1989年改革では基礎年金の水準が引き上げられたものの，政府内における改革をめぐる議論を見ると，最終的には見送られたものの支給開始年齢の引き上げが議論されている．さらに，1989年には合計特殊出生率が1.57まで低下したこともあって，この頃から少子高齢化への対応が日本経済の直面する長期的課題として次第に強く認識されるようになった．年金改革をめぐる論議においても，さらなる支給条件の厳格化が重要な焦点となっていく．

そうした中で，1994年改革は，支給開始年齢の引き上げに1954年改革以降で初めて着手した点で注目される．具体的には，厚生年金の定額部分の支給開始年齢を，男子については2001年度から2013年度にかけて，女子についてはその5年遅れで，60歳から65歳に引き上げることが定められた．さらに，年金スライドにおける賃金再評価においても，従来の名目賃金の伸びに応じたスライドから，保険料控除後の手取り賃金の伸びに応じたスライドに改められ，高齢者と若年層との公平性改善が追求されるようになる．

その後の2000年改革も，これまでの年金改革と同様に，支給条件の厳格化が引き続き大きなポイントとなっている．まず，報酬比例部分の給付水準が5％削減された．また，裁定後の年金額は賃金再評価を行わず，物価スライドだけを適用するという方法に変更された．さらに，厚生年金の報酬比例部分の支給開始年齢を，男子は2013年度から2025年度にかけて，女子はその5年遅れで65歳に引き上げることになった．さらに，月給と賞与に同一の保険料率

を適用する総報酬制が導入された.

さらに，2004年改革においては，将来の現役世代の過重な負担を回避することを目的として，最終的な保険料水準及びそこに到達するまでの各年度の保険料水準を固定して法律で定めるとともに，マクロ経済や人口動態の変化に応じて，給付水準を自動的に調整する仕組みである「マクロ経済スライド」を新たに導入した．これは，年金財政の均衡が達成されるまでは，年金の改定率を被保険者数の減少や平均余命の伸びを勘案して調整し，年金額の伸びを抑制する仕組みである．

日本の公的年金は基本的に賦課方式で運営されているため，少子高齢化の下で財政面での持続可能性を維持するためには，後述するように，負担の引き上げあるいは給付の引き下げ，またはその両方で臨むしかない．実際，1980年代半ば以降の年金改革は，様々な方法で給付削減を目指してきたといえる．次節では，こうした年金改革を経済学的に評価する上で重要な論点をいくつか取り上げることにしよう．

3 年金改革の経済分析

(1) 積立方式と賦課方式

公的年金の財政方式については，積立方式と賦課方式の選択がこれまで最も重要な論点の1つとされてきた．積立方式の場合は収益率が市場利子率に等しいので，公的年金の存在は生涯の予算制約に対して中立的である．一方，賦課方式の場合は，収益率が賃金所得増加率（＝1人当たり賃金の上昇率と人口増加率の和．賃金一定なら人口増加率）になるので，公的年金は生涯の予算制約に影響を及ぼすことになる．

少子高齢化の下では，賦課方式の収益率は積立方式のそれを下回り，場合によってはマイナスになるので，積立方式のほうが望ましいという見方が有力である[1]．また，公的年金を積立方式で運営する場合，家計の予算制約への影響という点に限定すると，老後への備えを原則として個人の判断に委ねる年金民営化とほとんど変わらなくなる．そのため，積立方式派の主張は年金民営化の議論として展開されることも多い（Feldstein, ed. (1998) 所収の諸論文参照）．

積立方式と賦課方式の比較をめぐる,こうした従来からの議論については,次の2点に注意しておく必要がある.

第1に,上述のような形で賦課方式と積立方式の優劣を比較することに対しては,公的年金の存在理由を無視しているという批判があり得る.確かに,生涯の予算制約への影響という面では,少子化の下では賦課方式より積立方式のほうが望ましい.しかし,予算制約に中立的な積立方式による公的年金を,なぜわざわざ政府が運営する必要があるのかという疑問が出てきてもおかしくない.

むしろ,公的年金の公的年金たるゆえんは,世代間の所得移転を伴う,賦課方式の仕組みにこそ認められるという考え方もあり得る.たとえば,スミス(Smith, 1982)やボーン(Bohn, 2001)は,人口動態リスクを世代間でシェアする仕組みとして賦課方式による公的年金を位置づけている.そこでは,人口規模が小さくなった世代は,1人当たり資本ストックが高くなって1人当たり所得も高まるので,そうでない世代に所得を移転させることこそ公的年金が果たすべき機能とされる[2].ただし,こうした議論の妥当性は,当然ながらモデルとして資本蓄積を内生化した閉鎖体系を想定するか,そうでない開放体系を想定するかに依存する.

第2に,政府の目指すべき目標を長期的な経済厚生の最大化と考えたとき,保険料の調節によって資本蓄積に影響を及ぼし得る賦課方式のほうが,政策手段として魅力的な面もある.しかも,実際の公的年金においては,賦課方式と言っても各時点で保険料収入と年金給付を完全に一致させているわけではなく,積立金からの運用益が期待されていることもある(とりわけ日米の場合).保険料の調節だけでなく,積立金の水準調節という手段を併せもつことにより,経済厚生の最大化という政策目標は追求しやすくなる.これに対して,積立方式の公的年金は資本蓄積に影響を及ぼさないから,政府の目標達成に何ら貢献しない.

ただし,この議論は現行の賦課方式をそのまま正当化する根拠にはならない.資本が相対的に不足している状況下では,資本蓄積を抑制する賦課方式はできるだけ小規模でなければならないからである.実際,少子高齢化の下では,人口増加率が利子率を下回るのが普通だから,資本は相対的に不足していると捉

えることができる．この場合，賦課方式の公的年金はできるだけ縮小すべきである．

(2) 移行期における問題

生涯所得や経済厚生への影響といった観点から見て，仮に積立方式のほうが望ましいとしても，賦課方式から積立方式に移行すること——それは賦課方式による公的年金の規模縮小（保険料及び給付水準の引き下げ）に内容的に等しい——は必ずしもパレート改善的ではない．この問題は「二重の負担」問題として古くから知られているが，ジアナコプロス＝ミッチェル＝ゼルデス（Geanakoplos, Mitchell and Zeldes, 1998），ジン（Sinn, 2000）などによって，より精緻に議論されている．一定の条件の下では，賦課方式から積立方式に移行しても経済厚生は高まらない．これは，年金制度改革の意義そのものに関わる論点である．

この点は，次のような簡単な世代重複モデルによって説明できる．いま，人口増加率 n，賃金 w，利子率 r がすべて固定されていると想定し，現役時に p だけの保険料を徴収し，引退時に $(1+n)p$ だけの年金を給付する賦課方式の公的年金が運営されていると考えよう．このとき，現役時，引退時における消費及び現役時の貯蓄をそれぞれ c_1, c_2, s とすれば，各期の予算制約式は，

$$s = w - c_1 - p, \quad c_2 = (1+r)s + (1+n)p$$

となるから，生涯にわたる予算制約式は，これらを統合して，

$$c_1 + c_2/(1+r) = w + (n-r)p/(1+r) \tag{1}$$

で与えられる．$n<r$ であれば，賦課方式の公的年金は生涯所得を引き下げる．

ここで，政府が公的年金を賦課方式から積立方式に移行したとする．ただし，政府はその時点ですでに引退している世代（人口規模を L 人とする）に対して，$(1+n)Lp$ だけの年金給付を約束している．これを「年金債務」と呼ぶ[3]．政府はその年金債務を返済するため，現在の現役世代及びそれ以降の世代に対して，定額税 t を追加的に徴収すると仮定する[4]．このとき，各世代の予算制約は，積立方式に移行しても保険料は p のままだとすると，

$$s = w - c_1 - p - t, \quad c_2 = (1+r)s + (1+r)p$$

すなわち,

$$c_1 + c_2/(1+r) = w - t \tag{2}$$

となる.積立方式の公的年金は生涯所得に対して中立的となるが,問題は追加的課税の影響である.税額 t は,将来にわたって得られる税収の割引現在価値と政府の年金債務が一致するという条件,すなわち,

$$(1+n)Lt + (1+n)^2 Lt/(1+r) + \cdots = (1+n)Lp$$

という関係式から逆算して,

$$t = (r-n)p/(1+r)$$

となる.改革後における各家計の予算制約式は,(2)式にこの t を代入した式になるが,それは(1)式にまったく等しい.つまり,積立方式への移行は家計の予算制約に影響を及ぼさず,したがって消費計画や効用水準も変化しない,という結果が得られる.このように考えると,賦課方式から積立方式への移行は経済的に見て無意味だということになる.

こうした積立方式への移行をめぐる議論に関しては,次の2点を指摘しておこう.第1に,積立方式への移行がゼロサム・ゲーム的状況をもたらし,すべての世代の効用を同時には引き上げられないとしても,現行制度の下で存在する世代間格差の存在を考慮すれば,世代間公平の観点からその移行を是認できる余地が出てくる.たとえば,政府が年金債務 $(1+n)Lp$ の返済の一部または全部を放棄して将来世代への負担の先送りを軽減するという政策にも,世代間公平の観点から見ると正当化できる面がある.

第2に,積立方式への移行によって追加的負担が発生したとしても,積立方式への移行を段階的に行えば,移行期の負担は複数の世代に分散されるので吸収されやすくなる.このような積立方式への段階的移行,あるいは賦課方式の段階的縮小の効果については,フェルドシュタイン=サムウィック (Feldstein and Samwick, 1998) によるシミュレーション分析の結果がしばしば

引用されている．もちろん，こうした工夫によってもゼロサム・ゲーム的な状況から解放されるわけではない．

前節で述べたように，1980年代半ば以降に展開された年金改革は，賦課方式の公的年金の規模縮小の歴史であった．これは，見方を変えれば，賦課方式から積立方式への実質的な移行の歴史と捉えることもできる．さらに，2004年改革で導入された「マクロ経済スライド」は，結果的に，それまでの制度が想定していた年金債務の部分的な圧縮をねらっており，制度を維持するための追加的負担を高齢世代にも求める形になっている．

これまでの年金改革は，ゼロサム・ゲーム的な枠組みの中で世代間の公平性を追求し，持続可能性を高めようとする動きだったと総括できる．日本では，積立方式への移行に対する批判，あるいは年金債務の存在を明示的に取り上げる，バランスシートに基づいた議論（高山・塩濱（2004）等参照）に対する批判も根強い．しかし，これまでの改革は賦課方式の公的年金の規模縮小を目指しており，積立方式派が主張するものと実質的に大きな差がなかった．また，賦課方式の下でどうしても発生する世代間格差の是正も，実際の改革では明確に意識されている．年金改革をめぐる意見対立は，見かけほど大きくない．こうした状況は，これからの年金改革でも基本的に変わらないだろう．

(3) 公的年金の最適規模

さて，移行に関する問題は別とした上で，公的年金が賦課方式で運営されている場合，その最適規模をどのように設定するかというテーマも興味深い．ここでは，この問題を2つのアプローチで考えてみる．

第1のアプローチは，公的年金の収益率の不確実性に注目するものである．積立方式及び賦課方式の収益率はそれぞれ賃金所得増加率及び利子率であるが，当然ながらいずれも変動する．したがって，両者の収益率の平均的な値だけを比較して優劣を決定することは望ましくない．平均的に見て利子率のほうが賃金所得増加率より高かったとしても，分散の大きさや両変数の相関関係次第では，賦課方式による公的年金を是認する余地が生まれてくる．その場合，収益率の平均と分散を両睨みにする「平均・分散アプローチ」的な考え方が有用となる．

つまり，政府はあたかも最適なポートフォリオを組むように，賦課方式と積立方式の最適な組み合わせを模索することになる．しかも，積立方式で公的年金を運営することは実質的に公的年金が存在しない状況と同じだから，この「ポートフォリオ選択」は賦課方式による公的年金の最適規模を決定する作業と解釈することもできる（小塩（2000），Yasuoka and Oshio（2008）参照）．もちろん，こうしたアプローチで公的年金の最適規模を導出する場合，利子率や賃金所得増加率の平均値や変動をどのように設定するかで，結果が大きく異なってくることに注意しなければならない．

第2のアプローチは，子供に対する需要の変化に注目するものである．公的年金の基本的な役割は，高齢時における所得稼得能力の低下リスクに対する社会的な備えである．しかし，公的年金のこの役割は，公的年金の持続可能性を脅かす危険性を内包している．年金給付が拡充し，豊かな老後の生活が社会的に保証されれば，自分の老後を養ってくれる子供を産み育てようとする需要が減少し，出生率が低下する．それは，公的年金の財源を調達する主体が先細り，制度の財政基盤が脆弱になることを意味する．このように，公的年金には老後の所得保障の役割が期待される一方，その規模を過度に引き上げるべきではないという制約もあるので，公的年金の規模には許容される上限が存在することが推察される（Oshio and Yasuoka（2009）参照）．

(4) 公的年金と所得再分配

公的年金をめぐる最近の議論の中で最も注目されてきたのは，世代間格差の問題である．公的年金が賦課方式で運営されているかぎり，世代間の所得再分配を引き起こす．少子高齢化の下では，高齢層では支払った保険料以上に年金を受給し，逆に若年層では予定されている年金受給額以上に保険料を支払うという，世代間格差が問題となる．公的年金がこのような世代間格差をもたらすという問題は，「世代会計」（generational accounting）的な発想が有力になるなかでしばしば重視されてきた．日本でも，現行制度が大幅な世代間格差を生み出している点がしばしば批判されている（佐藤・上村（2006），鈴木（2006）など参照）．さらに世代会計による分析は，公的年金についてどのような制度改革を行うにせよ，世代間における利害対立を避けられないという問題

点も浮き彫りにしてしまう．

　しかし，所得格差そのものについては，生涯所得ベースではなく年間所得ベースで議論されることのほうが多いかもしれない．厚生労働省が3年に1度実施・公表している『所得再分配調査』によると，所得格差の大きさを示すジニ係数が上昇傾向を示す一方，公的年金など社会保障制度がジニ係数を押し下げる度合いが強まっていることが分かる．しかし，大竹・齊藤（1999）が指摘しているように，所得格差の拡大のかなりの部分は，もともと所得格差の大きい高齢層の比率が上昇したという高齢化要因で説明される．また，社会保障制度が所得格差を縮小しているのは，年金・医療制度などによって若年層から高齢層への所得移転が生じている結果であり，生涯所得ベースで見た格差の縮小に寄与しているとは必ずしも言えない．

　個人の多様性を考慮に入れた上で，生涯所得ベースで公的年金などがどの程度所得格差の縮小につながっているかを調べるためには，個人の賃金・就業履歴などを把握できるパネル・データが必要となる．米国では，そうしたパネル・データを利用した所得格差の分析がしばしば行われている．たとえば，コロナード＝フラートン＝グラス（Coronado, Fullerton and Glass, 2002）は，公的年金の累進性が年間所得ベースではなく生涯所得ベースで見ると大きく低下することを指摘するとともに，公的年金の累進性を左右する多くの個人的属性を定量的に分析している．

　公的年金は，積立方式で運営されている場合は，各個人において現役時から高齢時に所得を移すだけだから，世代間・世代内のいずれにおいても所得移転をほとんど引き起こさない．しかし，賦課方式で運営されている場合は，世代間だけでなく世代内においても所得移転を引き起こし，場合によっては，世代内の公平性の追求に寄与することもあり得る．この点は，現役時に保険料が賃金に比例的に徴収され，引退時に定額の年金が給付されるという賦課方式の公的年金を想定すれば簡単に確認できる．なぜなら，こうしたタイプの公的年金は，生涯を通じてみれば「負の所得税」のような構造を持ち，低所得層（高所得層）の純所得を引き上げ（引き下げ），生涯所得ベースで見た世代内格差を縮小するという望ましい効果をもたらすことになるからである．

　もちろん，世代内の所得再分配は公的年金の第一義的な政策目的ではなく，

税制の果たすべき役割であろうが,公的年金のあり方を評価する際の1つの注目点となり得る[5].特に,世代内の所得再分配を公的年金で目指そうとすれば,公的年金の1つの理想的な姿は,現役時に保険料を賃金に比例的に徴収し,引退時に定額の年金を給付するというもののはずである.その点で言えば,基礎年金の保険料が定額であることは是認しにくいし,厚生年金の報酬比例部分についても公的な運営を正当化する理由は必ずしも明確でない.

(5) 公的年金と子育て支援

本節の最後に,公的年金と子育て支援の関係を検討しよう.いま,家計の効用は現役時と引退時の消費及び子供数で決定され,さらに賦課方式の公的年金がすでに導入されていると想定する.子供数は各家計がその効用を最大にする水準に設定するが,子供数が多いほど年金給付が充実し,自らの家計だけでなく他人の家計の効用を高める.その意味で,子供は外部効果を発揮する.しかし,各家計は自らの効用の最大化のみを追求して子供数を決定するから,子供数は社会的に最適な水準を必ず下回ることになる.子供数を最適な水準まで高めるためには,家計が子供数を増やすような財政的な支援を行えばよい.つまり,子育て支援は,子供に備わっている外部効果を内生化する「次善」の策として位置づけることができる.

子育て支援の大きさは,公的年金の規模に左右される.いま,賦課方式の公的年金の保険料が定額の p で徴収されているとしよう.社会が対照的な家計で構成され,各家計が限界的に子供の数を1人増やしたと仮定する.そのとき,社会全体でみると各家計が引退時に受給する年金額は合計で p だけ増える.その割引現在価値は $p/(1+r)$ となるが,近似的に見れば,この値が子供1人当たりの外部効果と解釈できる.なぜなら,その子供が拠出する年金保険料のうち,その子供の親の年金給付に回る分は無視できるほど小さく,保険料のほとんどすべてが社会全体の年金給付に貢献すると考えられるからである.したがって,子供の外部効果を内生化するためには,子供1人当たり $p/(1+r)$ だけの財政的支援を行えばよい(Groezen, Leers and Meijdam (2003) 参照).

しかし,子育て支援の政策的な効果を理論的に検討する際には,とりわけ次の2点が問題となる.第1は,資本蓄積を内生化するかしないか,換言すれば,

閉鎖体系を想定するか開放体系を想定するかによって，結論が大きく異なってくることである．子育て支援は子育てコストを軽減し，将来時点の消費の価格を相対的に高めることになるから，人々は代替効果によって貯蓄を抑制するかもしれない．さらに，出生率の変化はそれ自体としては1人当たり資本ストックに影響を及ぼし，またそれが社会的厚生に影響を及ぼすという経路も存在する．少子化は1人当たり資本ストックの上昇につながるので，賦課方式による公的年金は少子化の下でも十分是認できるという主張もある．

第2に，家計の子孫に対する利他的な遺産行動を考慮するかどうかも，政策効果に影響を及ぼしかねない．たとえば，少子化の下で，賦課方式による公的年金が将来世代に負担増をもたらすとしても，現世代がその負担増を考慮して遺産を増やせば，予算制約への影響は軽減される．このような利他的な遺産行動をモデルの中に組み込むと，子育て支援の効果については不透明な部分が出てくる．

4 公的年金と高齢者就業

(1) 社会保障資産

公的年金については，それが高齢者の労働供給（就業・引退行動）にどのような影響を及ぼすかという点も重要な政策課題である．実際，このテーマについては日本でもこれまで実証分析が数多く進められてきた．とりわけ研究者の関心を集めてきた論点は，在職老齢年金の存在やその制度改革が就業行動にどの程度の影響を及ぼすかであった．たとえば，同制度の1989年改革の効果については，安部（1998），大日（1998），小川（1998），岩本（2000）などが，そして，1994年改革の効果については，大竹・山鹿（2003）などが代表的な研究となっている．しかし，こうした先行研究においては，個人がその時点で受け取っている，あるいは引退すれば受け取ったはずの年金受給額やその変更が，高齢者の就業・引退選択に及ぼす影響が注目されている．

これに対して，近年では，動学的な枠組みに基づいて年金改革の効果に関する分析が進められるようになっている．つまり，高齢者が引退年齢を延期することにより，生涯を通じた経済的な便益ないし効用がどのように変化するのか，

そして，それに応じて彼らの就業・引退選択がどのような影響を受けるか，がそこでの注目点となっている（日本の実証分析例として，Oshio and Oishi (2004)，Oishi and Oshio (2007) など参照）．

こうした動学的な枠組みに基づいて，公的年金が高齢者就業に及ぼす影響を分析する場合，最も基本的な概念となるのが「社会保障資産」（SSW: Social Security Wealth）である．いま，ある高齢者が，r 歳で引退して年金を受給し始めるとし，$s(\geq r)$ 歳で受け取る年金額を $B_r(s)$ と表記して，彼が生涯において受給する年金総額の割引現在価値を t 歳時点で評価する．その値が社会保障資産であり，

$$SSW_t(r) = \sum_{s=r}^{D} \pi_t(s) B_r(s) \tag{3}$$

として定義される．ここで，$\pi_t(s)$ は t 歳時点で評価した $s(\geq t)$ 歳時点の値に対する割引率であり，利子率や生存率で決定される．D は最大生存年齢（たとえば100歳）である．こうして定義される社会保障資産は，所得税の支払額や年金を受給するまで負担する保険料を反映させることにより，ネット・ベースで議論することも可能である[6]．

この社会保障資産から派生する概念として社会保障資産発生額（SSA: Social Security Wealth Accrual）がある．社会保障資産発生額とは，引退を1年延期することにより，社会保障資産がどれだけ変化するかを示したものである．この社会保障資産発生額がプラスであれば，個人は就業を続け，マイナスであれば引退しようとするだろう．年金と就業に関する従来の分析では，引退延期によってあきらめる年金受給額の，就業して得られる賃金に対する賃金が問題となっていた．ここでは，引退延期によって生涯を通じた年金受給額がどう変化するかを注目しており，その意味で分析の枠組みが動学的となっている．

(2) オプション・バリュー

社会保障資産に関連しては，さらにオプション・バリュー（Option Value）とピーク・バリュー（Peak Value）という2つの概念がある．このうちオプション・バリューとは，ある年齢において，直ちに引退したときに得られる効用の割引現在価値と，将来のそれぞれの年齢において引退したときに得られる

効用の割引現在価値を比較し，後者の最大値から前者の値を差し引いた値として定義される（Stock and Wise（1990）参照）．要するに，引退の延期によって最大限保持できる経済的便益の値がオプション・バリューである．

　オプション・バリューの具体的な計算は次のようにして行う．まず，現在 t 歳の個人が $t+1$ 歳以降も就業を続けた場合，得られる流列を $Y_{t+1}, \cdots, Y_D$ とするとともに，$r(\geq t)$ 歳で引退して年金を受給し始めた場合は，その後，$B_r(r)$, $B_{r+1}(r), \cdots, B_D(r)$ だけの年金をそれ以降受給するものとする．このとき，r 歳で引退した場合に得られる間接効用の大きさを，

$$V_t(r) = \sum_{s=t}^{r-1} \pi_t(s) U_w(Y_s) + \sum_{s=r}^{D} \pi_t(s) U_r[B_s(r)] \tag{4}$$

として定義する．ただし，ここで，$U_w(Y_s)$ は将来の賃金から得られる間接効用，$U_r[B_s(r)]$ は将来の年金受給から得られる間接効用である．そのため，t 歳時点において引退を r 歳まで延期することで得られる，期待効用の割引現在価値の増分 $G_t(r)$ は，個人の完全予見を想定すれば，

$$G_t(r) = V_t(r) - V_t(t)$$

として与えられる．このように定義される，引退延長がもたらす利益を最大にする引退年齢が r^* であるとすれば，t 歳時点におけるオプション・バリュー OV_t は，

$$OV_t \equiv G_t(r^*) = V_t(r^*) - V_t(t)$$

として定義される．合理的な個人は，他の条件が等しければ，このオプション・バリューがプラスであるかぎり，また，その値が大きいほど就業を続けると考えるだろう．

　オプション・バリューの実際の計算に当たっては，効用関数 $U_w(\cdot)$, $U_r(\cdot)$ の形状を具体的に設定する必要がある．一般的には，

$$U_w(Y_s) = Y_s^\gamma, \; U_r[B_s(r)] = [kB_s(r)]^\gamma$$

として与えられるものと仮定する．年金受給額に k という係数が掛かっているのは，同じ所得でも賃金と年金とでは効用を決定する度合いが異なると仮定

しているためである(勤労の不効用を想定すれば,$k>1$としてよいだろう).また,γは家計の危険回避度に対応する正のパラメータであり,その値がゼロに近いほど危険回避的であるとする.

(3) ピーク・バリュー

もう1つの概念は,オプション・バリューの発想を,社会保障資産の水準に適用したピーク・バリュー(Peak Value)という概念である(Coile and Gruber (2000), Gruber and Wise (2004) 参照).社会保障資産を(3)式で定義し,この社会保障資産を最大にする引退年齢がr^{**}であると仮定しよう.このとき,ピーク・バリューは,当該年齢以降において,社会保障資産が最大となるように引退年齢を設定したとき,最大となる社会保障資産の額から,当該年齢で引退した場合の社会保障資産の額を差し引いた値として定義される.

すなわち,t歳時点におけるピーク・バリューPV_tは,

$$PV_t \equiv SSW_t(r^{**}) - SSW_t(t)$$

として定義される.ここでは,$r^{**} \geq t$,つまり,社会保障資産が最大になるのは,当該年齢以降に引退した場合であると仮定している.

このピーク・バリューは,就業を継続した場合に得られる賃金が効用を高める効果を捨象しているという点で,オプション・バリューより粗い概念だが,社会保障資産が計算できれば,ただちにそこから導出できるというメリットがある.当然ながら,ピーク・バリューが大きいほど引退を延期しようとする誘因が働くことになる.

(4) 高齢者就業から見た日本の年金改革の評価

それでは,これまで述べてきたような概念に基づいて,日本におけるこれまでの年金改革を大まかに評価してみよう(以下の叙述は,Oshio, Oishi, and Shimizutani (2009) に多くを依存している).図1は,いくつかの前提を置いて,社会保障資産(男子,2005年価格)の動きを時系列的にまとめたものである.まず,最も太い曲線で示される実績値を見ると,1980年代半ばでピークアウトし,その後は緩やかに減少していることが分かる.2節で概観した

(千円, 2005年価格)

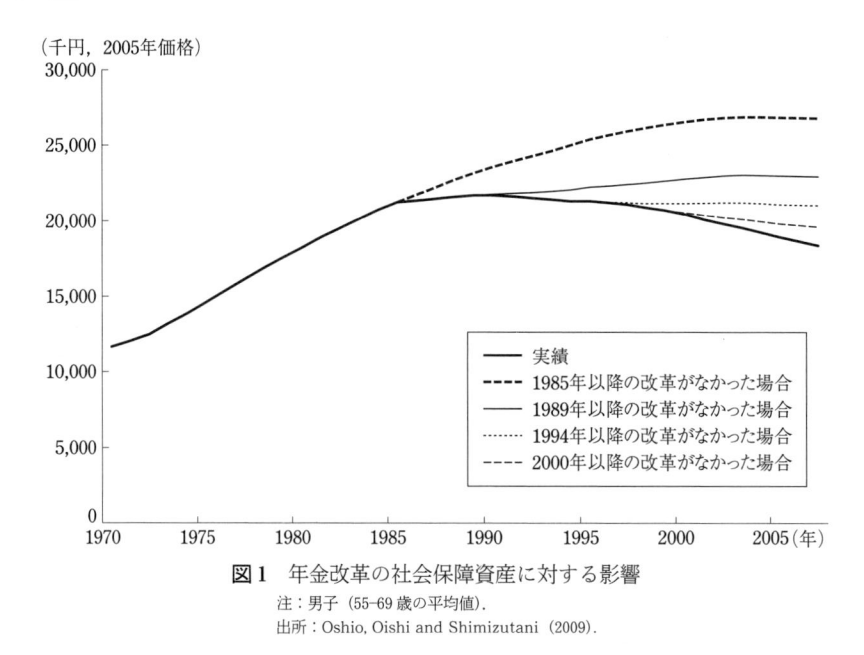

図1 年金改革の社会保障資産に対する影響
注:男子 (55-69歳の平均値).
出所:Oshio, Oishi and Shimizutani (2009).

凡例:
― 実績
--- 1985年以降の改革がなかった場合
― 1989年以降の改革がなかった場合
…… 1994年以降の改革がなかった場合
--- 2000年以降の改革がなかった場合

ように,日本の公的年金は1980年代半ばまでは給付条件を緩和し,その後は厳格化に転じている.社会保障資産もその動きに沿って変化しており,1985年にピークアウトしている.社会保障資産発生額,オプション・バリュー,ピーク・バリューなどその他の指標もこれに連動しているが,高齢者就業に対する公的年金の抑制効果は軽減していることがここから確認できる.

さらに,図1では,1985年以降の改革が仮に実施されなかった場合に,社会保障資産がどのような経路をたどってきたかも試算している.たとえば,1985年改革が実施されなかった場合,社会保障資産の水準は上昇傾向を維持していたことが分かる.それ以降の改革についても,社会保障資産に対して,程度の差こそあれ引き下げ効果を発揮してきたことが確認できる.

より興味深いのは,こうした年金改革が高齢者就業にどのような影響を及ぼしてきたかという点である.その影響の大きさを試算するためには,次のような方法をとる.すなわち,まず,高齢者就業が上で紹介してきたそれぞれの指標にどの程度反応するかを推計し,その結果得られる係数を β とする.次に,当該年金改革が実施されなかった場合に各指標がとったであろう値を X^*,実

施された場合にとったであろう値を X_0 とする．そして，$\beta(X_0-X^*)$ を計算し，それを当該年金改革の高齢者就業に対する影響として解釈する[7]．

　もちろん，こうした試算結果は，どの指標を用いるか，どのような推計式を採用するかによって左右される．筆者らが実際に行った推計によれば，たとえば，オプション・バリューに基づいて試算した場合，1985年以降，年金改革がまったく実施されていなければ，単年度ベースで見て，男子で 0.7–1.9％，女子で 0.6–0.9％ 程度，雇用労働力率（雇用者／(労働力人口マイナス自営業者・家族従業者)）が低めになっていたと試算される．社会保障資産に基づいて同様の試算を行うと，男子 1.8–6.7％，女子で 0.7–2.2％ という値が得られる．少子高齢化が本格化する中で，高齢者の労働供給はマクロ全体の供給能力や経済成長を考える上で無視できないポイントとなる．

5　おわりに

　本章では，少子高齢時代における公的年金やその制度改革，そして関連するテーマについて検討してきた．公的年金は個人の生涯にわたる所得や効用に直接影響を及ぼすだけでなく，経済全体から見ても所得分配や労働供給に無視できない影響を及ぼす．そのため，経済学のアプローチに限っても，理論・実証の両面で政策的含意に富む研究が数多く蓄積されてきた．少子高齢化の下では，財源面での持続可能性や世代間公平の追求がこれまで以上に重要になっているが，公的年金に関する議論はそれにとどまらない広がりを見せている．たとえば，公的年金は世代間の所得移転の仕組みだが，世代内の所得分配にも影響し，税制サイドから見ても重要な意味合いを持つ．また，人口減少による潜在成長力の低下を回避するためには高齢者の労働供給の引き上げが必要だが，高齢者の就業・引退行動に公的年金がどのような影響を及ぼすかは重要なテーマである．最近では，政府統計の個票を用いて制度変更の影響を詳細に分析する実証研究も進んでおり，今後の展開が期待されるところである．

1) 日本において，積立方式への移行を全面的に主張したものとして八田・小口 (1999) がある．

2) また，Sinn（2004）は，子供が生まれず，老後の扶養をわが子に期待できないための保険として賦課方式の公的年金の意義を説明している．
3) 年金積立金が存在する場合は，年金債務からその分を差し引いてネット・ベースの年金債務，すなわち「年金"純"債務」に注目する必要がある．
4) このモデルでは賃金は世代にまたがって固定されているので，定額税の徴収は各世代に公平な負担の掛け方となる．
5) 公的年金の所得再分配効果を分析した論文を所収したものとして，Feldstein and Liebman, eds.（2002）がある．
6) 以下の議論では，話を簡略化するために新規裁定後のスライドを捨象し，$B_r(s) = B_r(r)$, $s = r, r+1, \cdots, D$ と仮定する．
7) X_0 の代わりに高齢者就業の実績値を用いても結果はほとんど変わらない．

文献

安部由起子（1998）「1980-1990年代の男性高齢者の労働供給と在職老齢年金制度」『日本経済研究』第36号：50-82．

Bohn, H. (2001) "Social security and demographic uncertainty : the risk-sharing properties of alternative policies," in J. Y. Campbell and M. Feldstein, eds., *Risk Aspects of Investment-based Social Security Reform*, The University of Chicago Press, pp. 203-241.

Coile, C. and J. Gruber (2000) "Social Security and Retirement," *NBER Working Paper*, No. 7830.

Coronado, J. L., D. D. Fullerton and Th. Glass (2002) "Long-run effects of social security reform on lifetime progressivity," in Martin Feldstein and Jeffrey B. Liebman, eds., *The Distributive Aspects of Social Security and Social Security Reform*, The University of Chicago Press, pp. 149-205.

Feldstein, M., ed. (1998) *Privatizing Social Security*, The University of Chicago Press.

Feldstein, M. and J. B. Liebman, eds. (2002) *The Distributive Aspects of Social Security and Social Security Reform*, The University of Chicago Press.

Feldstein, M. and A. Samwick (1998) "The transition path in privatizing social security," in M. Feldstein, ed., *Privatizing Social Security*, The University of Chicago Press, pp. 215-260.

Geanakoplos, J., O. S. Mitchell and S. P. Zeldes (1998) "Would a privatized social security system really pay a higher rate of return?" in R. D. Arnold, M. J. Graetz and A. H. Munnell, eds., *Framing the Social Security Debate*, Brooking Institution, pp. 137-156.

Groezen, B. van, T. Leers and L. Meijdam (2003) "Social security and endogenous fertility : pensions and child allowances as Siamese twins," *Journal of Public Economics*, Vol. 87 : 233-251.

Gruber, J. and D. A. Wise, eds. (2004) *Social Security Programs and Retirement around the World : Micro-Estimation*, The University of Chicago Press.

八田達夫・小口登良 (1999)『年金改革論』日本経済新聞社.

岩本康志 (2000)「在職老齢年金制度と高齢者の就業行動」『季刊社会保障研究』第35巻第4号：366-376.

駒村康平 (2003)『年金はどうなる』岩波書店.

小川浩 (1998)「年金が高齢者の就業行動に与える影響について」『経済研究』第49巻第3号：52-64.

大日康史 (1998)「高齢者就業における意思決定の研究──'80年代後半のコブに関する一考察」『『経済と社会保障に関する研究』報告書別冊』医療経済研究機構：159-184.

大竹文雄・齊藤誠 (1999)「所得不平等化の背景とその政策的含意──年齢階層内効果，年齢階層間効果，人口高齢化効果」『季刊社会保障研究』第35巻第1号：65-75.

大竹文雄・山鹿久木 (2003)「在職老齢年金制度と男性労働者の労働供給」国立社会保障・人口問題研究所編『選択の時代の社会保障』東京大学出版会, pp. 33-50.

Oishi, A. and T. Oshio (2007) "Financial Implications of Social Security Reforms in Japan," in J. Gruber and D. Wise, eds., *Social Security Programs and Retirement around the World : Fiscal Implications*, The University of Chicago Press, pp. 295-326.

小塩隆士 (2000)「不確実性と公的年金の最適規模」『経済研究』第51巻第4号：311-320.

小塩隆士・大石亜希子 (2003)「年金改革の財政的帰結──高齢者の就業・引退選択を考慮したマイクロ・シミュレーション」『季刊社会保障研究』第38巻第4号.

Oshio, T. and A. Oishi (2004) "Social security and retirement in Japan : an evaluation using micro-data," in J. Gruber and D. A. Wise, eds., *Social Security and Programs and Retirement around the World : Micro-Estimation*, The University of Chicago Press, pp. 399-460.

Oshio, Oishi and Shimizutani (2009) "Does social security induce withdrawal of the old from the labor force and create jobs for the young? : the case of Japan," *Japanese Economic Review*, forthcoming.

Oshio, T. and M. Yasuoka (2009) "Maximum size of social security in a model of endogenous fertility," *Economics Bulletin*, vol. 29 : 1-11.

佐藤格・上村敏之 (2006)「世代間公平からみた公的年金改革の厚生分析」府川哲夫・加藤久和編著『年金改革の経済分析』日本評論社, pp. 147-172.

Sinn, H. -W. (2000) "Why a funded pension system is useful and why it is not useful?" *International Tax and Public Finance*, Vol. 7 : 389-410.

Sinn, H. -W. (2004) "The pay-as-you-go pension system as fertility insurance and an enforcement device," *Journal of Public Economics*, Vol. 88 : 1335-1357.

Smith, A. (1982) "Intergenerational transfers as social insurance," *Journal of Public Economics*, Vol. 19: 97-106.

Stock, J. H. and D. A. Wise (1990) "Pensions, the option value of work and retirement," *Econometrica*, Vol. 58: 1151-1180.

鈴木亘（2006）「現在の社会保障制度の下における世代間受益と負担の見通し」貝塚啓明・財務省財務総合政策研究所編著『年金を考える』中央経済社，pp. 7-33.

高山憲之・塩濱敬之（2004）「年金改革――バランスシート・アプローチ」『経済研究』第55巻第1号: 38-51.

Yasuoka, M. and T. Oshio (2008) "The optimal and accepted sizes of social security under uncertainty," *Japanese Journal of Social Security Policy*, Vol. 7, 2008: 25-30.

11章 高齢期の世帯変動と経済格差

白波瀬佐和子

1 高齢期の経済格差の捉え方

　1980年代半ば以降，日本は急速な高齢化を経験する．かつての高度経済成長がそうであったように，わが国の高齢化もその変化の早さに特徴がある．早い変化ゆえに，人びとの心の準備も社会の体制の準備も整わないまま世の中が動いていく．この変化を十分に消化する時間がないために，人びとの認識は大きく揺れる振り子のごとく極から極へと相反する言説に振り回される．負け組・勝ち組論に，下流社会，貧乏人という言葉も人目をはばかることなく，日常用語として飛び交う．さらには，ネットカフェ難民，ワーキング・プアと，貧困への関心も急激に高まった．

　1990年代以降活発化した格差論議においては，格差拡大派と慎重派に大きくわけることができる（橘木，1998；大竹，2005）．政府見解の素地ともなった慎重派の言い分は，人口の高齢化が進むことによって全体格差が大きくなっただけで，どの年齢層も一様に格差が拡大するような実質的拡大があったわけではないとする．言い換えれば，1980年代半ば以降の格差拡大は経済格差が大きい高齢層の割合が上昇したためで，人口変動にともなう見せかけの変化であった．しかし，慎重派論者の間で，高齢層の経済格差が大きいことの意味は十分議論されていない．

　高齢期の経済格差に関して，大きく2つの考え方がある．1つは，公的，私的移転が生計の主たる収入源となる高齢期は，雇用収入を中心とする稼動所得によって規定される現役期よりも所得格差が縮小する（Pampel, 1981；Hurd and Shoven, 1985）．もう1つは，高齢期をこれまでのライフコースの集大成

期と捉え，現役期における格差，有利さ／不利さが蓄積されて高齢期の格差が一層大きくなる（Crystal and Shea, 1990）．ここでの蓄積論の始まりは，マートン（Merton, 1968）による研究者のキャリア形成に関する研究に認められる．ライフコースの概念を用いて，人々の有利さ／不利さをこれまでの人生の蓄積であるとしたのはエルダー（Elder, 1995）である．ここでは，時間的に早い結果が後の結果を左右するというモデルを想定する．不平等の蓄積という考え方は，経済的のみならず健康についても累積的概念として活用されており（O'Rand, 1996 ; Shuey and Willson 2008），高齢期の経済格差を考えるうえにも有益である．どの程度の交流や情報量を保有しているかも重要で，恵まれた環境にあったものはより有利に，不利な環境にあったものはより不利になるのが高齢期である（藤村，2001）．経済的のみならず社会的な資本量が累積されて，不平等がより鮮明に顕在化するのが高齢期である（白波瀬，2005b）．

　本章では，高齢層の経済格差が大きいことについて，3つのテーマを検討する．第1に，高齢者のいる世帯変動を経済格差に注目して検討する．第2に，高齢者のいる世帯の所得構造を検討する．特に三世代世帯に注目して，公的年金とその他の社会保障給付費が世帯収入に占める程度をみる．最後に，ひとり暮らし世帯に注目して，これまでの生き方を未婚，離別，死別といった配偶関係から推測して，貧困率の違いを検討する．分析に際しては，1986年，1995年，2004年「国民生活基礎調査」の3時点データを用いる[1]．分析の中心となる所得は，総所得から税・社会保険料を引いた可処分所得を同居世帯人員で等価した（同居人数の平方根で除した）値[2]である．

2　高齢者のいる世帯——高齢者はどこにいるのか？

　高齢層は多様である．同じ高齢者でもどのような生活の場（世帯構造）にいるかによって彼／彼女らの経済的なウェルビーイングが異なる．かつて高齢者は子世代と同居することで，基礎的生活保障を獲得してきた．それは日本型福祉社会と呼ばれ，家族はわが国の福祉政策の根底を支える役割が期待されてきた．しかしながら，未婚者，晩婚者が増えて，世帯サイズも縮小し，これまでどおりの機能を家族・世帯に期待する物理的な前提条件が崩れ始めた．家族社

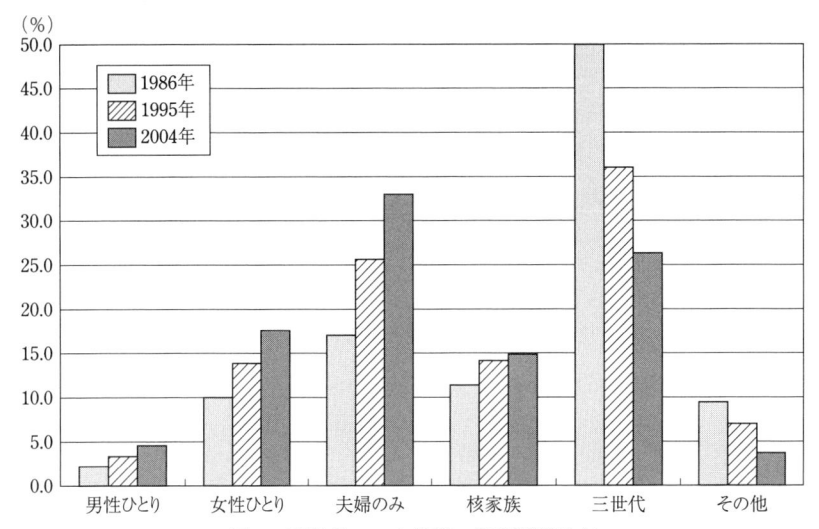

図1 高齢者のいる世帯の世帯類型分布
出所:「国民生活基礎調査」(各年).

会学では，戦後体制の崩壊として家族機能の解体を指摘し，社会の個人化が強調される（落合，1994；山田，2004）．さらに，社会政策の観点からも，グローバル化と個人化が同時に進行し，諸個人の基本的生活保障を提供するにあたっての国家という枠組みに限界が指摘される（武川，2007）．そこでは，1人ひとりの参加が促されさらには諸制度の前提とされて，諸個人の承認を前提とする福祉社会の構築が目指される．白波瀬（2002）は，欧米に比べ，わが国の高齢者は，ひとり暮らしか，子世代と同居しているかといった世帯構造の違いによって経済的福利度が大きく異なることを明らかにした．言い換えれば，世帯構造によって大きく異なる経済水準は，高齢者の経済保障を提供する世帯・家族の役割が大きいことを示唆している．台湾に注目したスミーディングら（Smeeding and Saunders, 1998）も高齢者が三世代世帯に多く生活する状況をもって，生活保障機能の提供者として家族の役割が大きいことを述べた．

図1は65歳以上高齢者のいる世帯構造の変容である．全世帯に占める高齢者のいる割合は，1986年26.2％から1995年34.5％，2004年47.1％と上昇し，いまでは，ほぼ全世帯の半数に65歳以上高齢者がいる[3]．人口の高齢化が1980年代半ばの1割程度から2000年代半ばになると2割に倍増したことと

共に,世帯という単位からみると高齢者の占める位置の大きさを再確認することができる.人口が高齢化すると同時に,高齢者が生活する場にも変化があった.1980年代半ば,高齢者のいる世帯の半数は子世代と同居する三世代世帯であった.しかしその割合は20年間でほぼ半減し,逆に最も大きく増加したのは夫婦のみ世帯である.1980年代半ばの夫婦のみ世帯割合は2割に満たないものであったが,2000年代半ばには高齢者のいる世帯の3分の1が夫婦のみ世帯となった.また,高齢女性のひとり暮らし世帯割合も1割から18%へと上昇した.一方,高齢男性のひとり暮らし世帯割合はこの時点では女性に比べてそれほど目立った増加はない.しかし,男性の生涯未婚率[4]が2005年15.6%と2000年に入り大きく上昇していることを考えると(国立社会保障・人口問題研究所,2008),将来,高齢男性のひとり暮らし世帯割合が増えることが予想される.

3 高齢者のいる世帯の所得格差

このような世帯構造の変容が高齢者にとっての経済格差とどのような関係にあるのか.所得格差[5]と貧困率[6]をもって高齢層の経済格差を検討してみよう.世帯全体の貧困率は,1980年代半ばの11.5%から1990年代半ば13.2%,そして2000年代半ばの17.1%と,特に2000年に入ってからの上昇が大きい.高齢者がいる世帯に限ってみると貧困率はどの時点でも高く,1986年15.2%,1995年16.4%,そして2004年21.1%と,1990年半ばから2000年半ばにかけての上昇の程度は全体よりも大きい.高齢者のいる世帯の貧困率の最近の上昇のメカニズムはいかなるものか.図2は高齢者のいる世帯の構造別貧困率である.

どの世帯においても,貧困率は低下している.最も大きく貧困率が減少したのは,ひとり暮らし世帯である.1980年代半ば,高齢男性ひとり暮らしの過半数が貧困層にあった.しかし2000年代半ばになると,貧困率は3割程度に減少した.高齢女性のひとり暮らしの貧困率は高齢男性のひとり暮らしよりも高い.特に,1980年代半ば,高齢女性のひとり暮らしの7割以上が貧困層であった.20年後,その値は48.5%となって大きく減少した.それでも高齢女

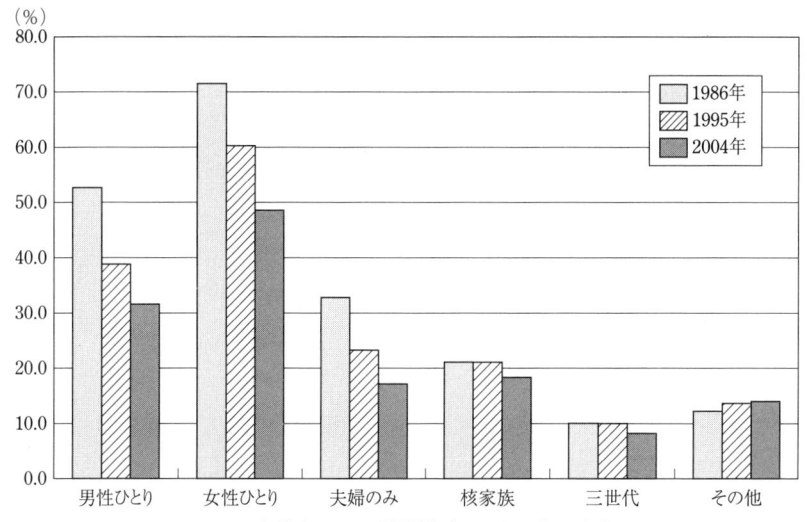

図2 高齢者のいる世帯構造別 貧困率の変化
出所：「国民生活基礎調査」（各年）．

性のひとり暮らしの半数近くが貧困層にある事実は見逃せない．長寿化と未婚化に伴い，女性のひとり暮らし割合が上昇することが予想される．改善は認められるものの高齢女性のひとり暮らし世帯の貧困率が高いことを過少評価できない．三世代世帯の貧困率が2004年で1割に満たないことを考えると，同居家族のないひとり暮らしが高い経済リスクと隣りあわせである状況に変りはない．

　高齢者のいる世帯全体として，貧困率は上昇した．一方，高齢者のいる世帯の世帯構造別貧困率の時系列変化をみると低下の傾向が全体として認められた．どうして，全体の貧困率は上昇しているのに，世帯構造別の貧困率は低下しているのか．世帯構造ごとの貧困率は確かにこの20年ほど改善の傾向にあるが，高齢ひとり暮らしは三世代世帯に比べて高い貧困率にあり，この高い貧困率にある世帯割合が拡大したために，全体の貧困率が上昇したからである．つまり，高齢者層の貧困率の変化を見るにあたって，高齢者の世帯構造と世帯構造内の変化を共に考えることが必要になる．

　社会全体の所得格差の変化は，1986年 .180, 1995年 .221, そして2004年 .227と上昇傾向にあるものの，1990年半ば以降の上昇程度は低下している．

表1 MLDの2時点間比較の要因分解

	MLDの差	世帯構造内効果	世帯構造効果	世帯構造間効果
1986-1995年	0.0131	0.0007	0.0238	−0.0114
1995-2004年	−0.0220	−0.0294	0.0104	−0.0031

出所:「国民生活基礎調査」(各年).

　高齢者のいる世帯に限って所得格差の変化をみると,1986年.239,1995年.252,2004年.230と,1990年代半ば以降縮小している.近年の所得格差の縮小は,先にのべた高齢層における貧困率の低下と関連している.そこで,所得格差の変化を高齢者のいる世帯構造の変化と関連させて検討してみよう.

　高齢者のいる世帯の所得格差の変化を説明するのは,世帯構造内の所得格差が変化したからなのか,世帯構造分布が変化したことによるのか,あるいは世帯構造間の違いによるのかを検討する(西崎・山田・安藤,1998).ここでの要因は,世帯構造内効果,世帯構造効果,そして世帯構造間効果,の3つに分解される[7].

　表1は,高齢世帯の所得格差の変化について要因分解した結果である.まず,1986年と1995年を比較してみよう.この間,全体の所得格差は.239から.252へと上昇し,その差は.013である.この変化を説明する重要な要因は,表1の結果を見る限り,世帯構造効果である.世帯構造内の格差も拡大したが,世帯構造の変容が高齢世帯の経済格差の大半を説明する.言い換えれば,三世代世帯が減少してひとり暮らし世帯,夫婦のみ世帯が増大したことが高齢世帯の経済格差を拡大したと考えられる.一方,世帯構造間の違いは縮小の傾向にある.白波瀬(2002)は国際比較分析から,日本の高齢者のいる世帯の経済格差の特徴として,三世代世帯かひとり暮らしかといった高齢者が属する世帯構造間の違いが相対的に大きいことを指摘した.日本の高齢者は欧米に比べてひとり暮らしや夫婦のみ世帯のほか,多様な世帯構造に属する傾向にある.この多様な世帯構造間の所得水準の違いが大きな経済格差となって現れるのが日本であった.しかし,社会保障制度が整備されてきて(年金支給水準の上昇),これまで最も高い貧困率を呈していた高齢女性ひとり暮らし世帯の貧困率も大きく改善された.このことで,高齢者が属する世帯構造間の違いが経済格差を引き下げることになった.

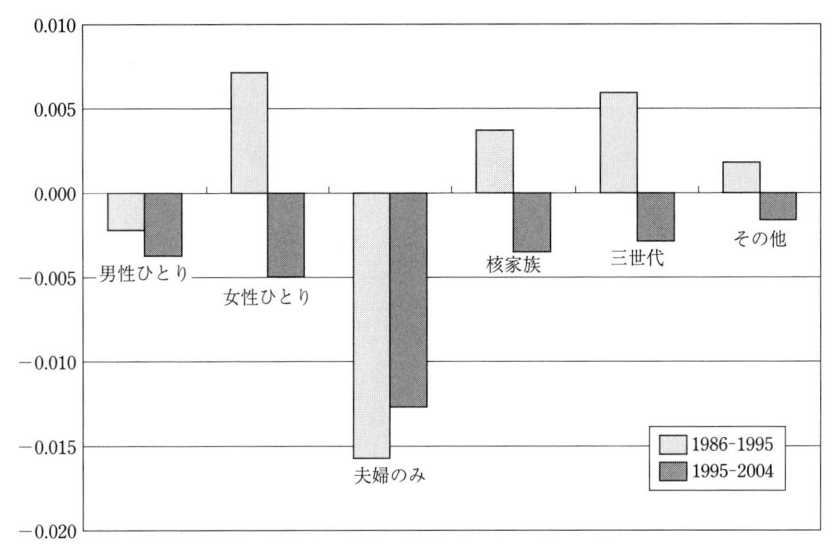

図3 所得格差の変化に関する世帯構造内効果
出所:「国民生活基礎調査」(各年).

　1995年から2004年をみると，全体世帯の経済格差は.252から.230へと改善された．その主な原因は，世帯構造内効果によるところが大きい．世帯構造間効果も1986年から1995年同様改善されたが，その程度は以前ほどではない．1990年代半ばから2000年代半ばにかけての経済格差の改善は，世帯構造間効果もさることながら世帯構造内格差の改善によるところが極めて大きい．世帯構造効果は一貫してプラスの方向にあり，経済格差を広げる．しかし，世帯構造内格差の縮小の程度が大きく，さらに世帯構造間のマイナス効果（縮小傾向）も相まって，全体の所得格差は1990年代半ばから2000年半ばにかけて縮小した．

　世帯構造内格差が大きく改善されたことが，1990年代半ばから2000年代半ばにかけての経済格差を縮小させた．そこで，世帯構造分布を考慮にいれた世帯構造内効果をみたのが図3である．ここから，近年の高齢世帯における経済格差の縮小は，夫婦のみ世帯における経済格差の縮小によって説明されるところが大きいことがわかる．これまで最も高い貧困率を呈していた女性ひとり暮らし世帯の効果も大きいが，夫婦のみ世帯ほどではない．それは，高齢女性の

ひとり暮らし世帯の相対的サイズが夫婦のみ世帯よりも小さいゆえに，全体格差への貢献度が低い結果となったからである．高齢夫婦のみ世帯割合は3分の1を超え，2004年時点で高齢世帯全体のなかで最も高い割合を占めている．その高い割合を占める夫婦のみ世帯の中で経済格差が縮小したことは，高齢世帯全体の格差を縮小することになった．

4 三世代世帯の経済的格差

　三世代世帯で生活する高齢者は，これまでの分析結果を見る限り，経済保障の恩恵を受けていたことが確認された．三世代世帯の貧困率は最も低く，経済格差の観点からみても低い層である．一方，三世代世帯割合は減少し，高齢者の生活の場は変容した．高齢者をとりまく環境の変化は，三世代世帯で暮らすことをこれまでと同じとはしない．本節では，現在減少傾向にあるが，なお高齢世帯の約4分の1を占める三世代世帯を詳しくみる．ここでの狙いは，三世代世帯に着目することで，世帯の中での高齢者の位置づけを経済的立場から検討し，複数世代が同居することの意味を探ることにある．

　だれが世帯主になるか．世帯主とは世帯を代表するものであり，そこでは家計の主たる担い手という役割が期待される．事実，2004年時点で，世帯主が最多稼得者である割合は9割である．しかし，高齢者のいる世帯に着目すると，本節で議論する三世代世帯のうち，世帯主であることと，最多稼得者であることとの間に不一致が目立ってくる．つまり，名目的な世帯主としての位置づけが高齢者に付与される場合がある．三世代世帯において高齢者自身が世帯主になっている割合は，1986年2割から2004年には36％へと上昇している．高齢世帯主割合の変化からみても，三世代世帯の中身に何らかの変化が想像される．図4は高齢／非高齢世帯主別の貧困率である．

　非高齢世帯主における貧困率は1986年1割から2004年8％と緩やかな改善がみられ，高齢世帯主の間では1986年8％から1995年11％へと上昇が見られた後，2004年には9％と低下している．ここでの最も興味深い結果は，1980年代半ばにおいて，高齢者自身が世帯主になる世帯の貧困率は高齢者でないもの（多くが息子）が世帯主である世帯の貧困率よりも低かったが，1995

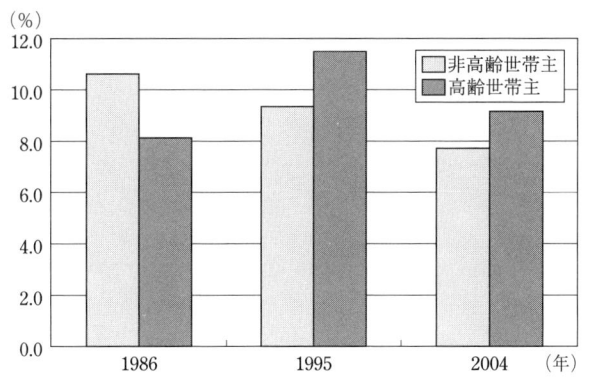

図4 高齢／非高齢世帯主別 三世代世帯の貧困率
出所：「国民生活基礎調査」(各年).

年になると高齢者自身が世帯主である世帯の貧困率のほうが高くなる点にある．つまり，高齢者が世帯主になることに関し，平成不況を介して何らかの変化があったと考えられる．三世代世帯の世帯主は現役の子世代であるケースが多く，すでにみたように1986年の三世代世帯の高齢世帯主割合は2割弱であった．当時，高齢者が世帯主になるということは，高齢者自身が現役であり，一家の長として現役を続投するという意味があった．あくまで世帯主が現役世代となるべき規範があり，そこでの高齢者が世帯主となることは子世代よりも経済力のある，いわば例外的な状況が存在した．しかし，1995年以降，現役世代への世代交代が三世代世帯の中でもこれまでどおり遂行されない状況がでてきた．2004年に着目して，世帯の最多稼得者と世帯主との関係を細かくみてみよう．

　これまで優勢なパターンは，子世代が世帯主であり世帯における最多稼得者であるというものであった．2004年時点で，このパターンに合致するケースは6割であり，同パターンの対極にあるのは高齢者自身が世帯主であると同時に最多稼得者の場合（17%）である．さらに，最多稼得者ではないが世帯主が高齢者である場合もあり，これは高齢者が名目的に世帯主になるケース（2割弱）である．図5は，この組み合わせ別の貧困率である（図5線グラフ）．貧困率が最も高い組み合わせは，世帯主が高齢者以外でかつ最多稼得者が世帯主でないケースである．例えば，高齢者からみて息子が世帯主となっているが，世帯の最多稼得者はその子の孫であるといったケースがこれに該当する．この

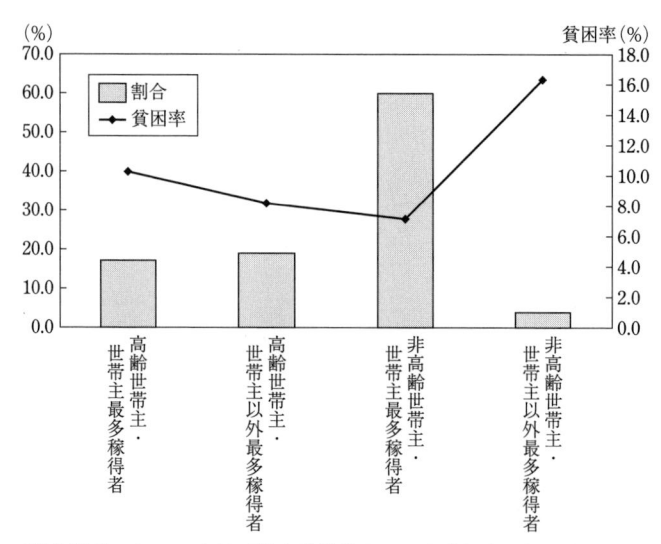

図5 三世代世帯における高齢／非高齢世帯主と最多稼得者の組み合わせ別 貧困率
出所：「平成16年 国民生活基礎調査」（厚生労働省）．

　ようなケースは三世代世帯において少数派であり，該当ケースが少ないので結果の解釈に注意を要するが，この少数派の貧困率の高さは見逃せない．

　高齢世帯の所得構造は，雇用収入をはじめとする稼働収入から年金をはじめとする非稼働収入へと移行する．事実，高齢女性の単身世帯における所得構造は大きく公的年金に拠っていた（白波瀬，2005a）．そこで，高齢者のいる三世代世帯の所得構造を公的年金とその他の社会保障給付費割合（以降，公的年金割合）から検討してみよう．図6は，三世代世帯における公的年金割合を25%未満，25-50%未満，50-75%未満，75%以上の4カテゴリーに分けた分布の変化である．1980年代半ば，三世代世帯の8割以上は，公的年金割合が4分の1未満である．しかし，1990年代半ば，2000年代半ばとなるにつれ，公的年金割合の上昇が見られる．2004年時点で，公的年金割合が25%未満の世帯は7割弱と依然多数派であるが，25-50%未満層が2割に上昇し，75%以上という場合も少数派といえども6%まで上昇した．子世代と同居する三世代世帯の所得構造は子世代の就労収入が多くを占めるが，親の年金が家計を支える場合も少数派といえどもゼロではない．老齢年金が高齢者の所得保障としての

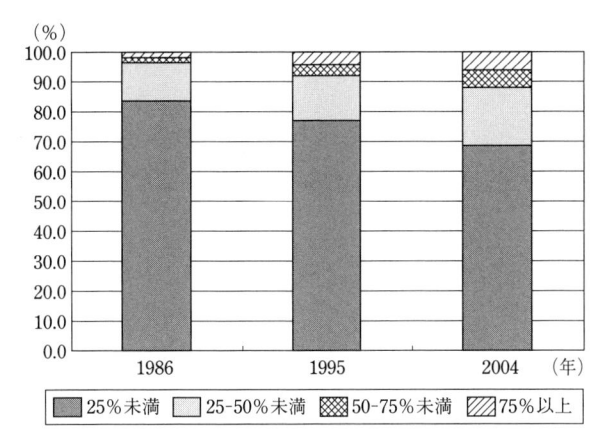

図6 三世代世帯の世帯収入に占める公的年金割合
出所:「国民生活基礎調査」(各年).

役割以上の機能を担わざるを得ない状況が垣間見られる.

　すでにみたように,公的年金が世帯収入に占める位置づけと世帯主がだれであるかということは関連する.高齢者が世帯主か否かと公的年金割合を示したのが,図7である.世帯主であることには世帯の家計を維持する役割が期待されるので,非高齢世帯主世帯に比べて高齢世帯主世帯における公的年金割合が高いことはそれほど驚くことではない.しかし,ここでの注目すべき変化は,三世代世帯において高齢者が世帯主になる割合が上昇するなか,世帯所得に占める公的年金割合自体も上昇の傾向にあることである.世帯主が高齢者でない三世代世帯においても年金割合の上昇はみられるが,高齢世帯主世帯ほどではない.世帯主が高齢者でない三世代世帯の所得構造はこの20年間それほど大きく変容していない.一方,高齢者が世帯主である三世代世帯では,公的年金割合が過半数を占める世帯も2割を超える.ここでは,まさに高齢者が世帯主として現役を続投し,年金は高齢者の所得保障のみならず同居する世帯員の保障にもなっている.ただしこのことに対して,本来の老齢年金が果たすべき機能を超えているとして処罰を与えようものなら,子世代と同居する高齢者本人ともども世帯の経済が破綻することになりかねない.慎重な対応が必要である.

　複数の世代が同居する三世代世帯は経済保障を含む生活保障の機能を保有する.そこでは,高齢者自身が生計維持者となって現役の世帯主役割を担い続け

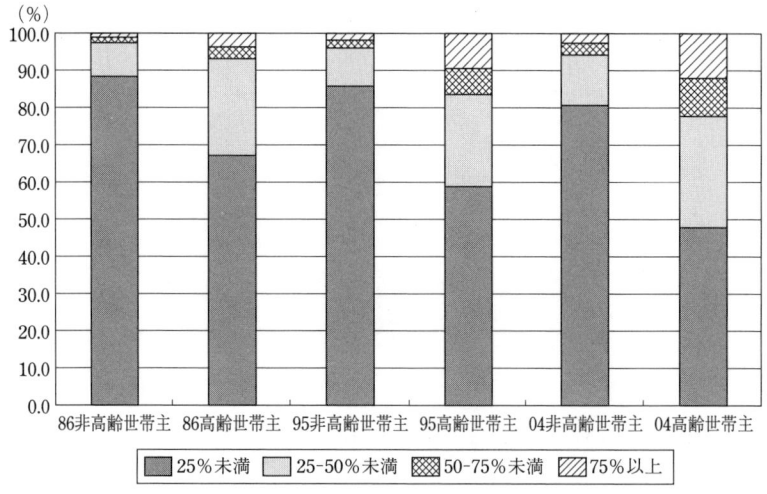

図7 三世代世帯の非高齢/高齢世帯主別 世帯収入に占める年金等割合
出所:「国民生活基礎調査」(各年).

ているケースもみられる．子世代と同居することで高齢者の生活保障が確保されることを否定することはできないが，高齢者が同居する子世代を世話する状況も近年増えている．言い換えれば，雇用市場が悪化して非正規で家族を養わなくてはならない若年家族の1つの手だては，高齢の親元に転がり込むことである．高齢者と同居することで子世代が助かっている部分も無視できない．これを年金の乱用と非難するよりも，若年世代を支える経済支援策が不備であることこそ問題視すべきである．

世帯収入に占める公的年金割合を世帯収入階層ごとに検討することで，公的年金と世帯収入の関係を探る．図8は，三世代世帯収入10分位ごとの世帯収入に占める公的年金割合である．全体としてどの所得階層でも公的年金割合は上昇しているが，特に低所得層における上昇が目立つ．第1分位や第2分位といった低所得層の三世代世帯では，高齢者が受給する公的年金で生計をたてている世帯割合が上昇し，特に1990年代半ば以降の不況期に家族が家計の経済リスクの受け皿とならざるを得ないケースが増えてきた．

マクロな経済状況の変化を受けて，三世代世帯は一方的に高齢者にとって有益であるばかりでなく，雇用市場の冷え込みの受け皿が高齢の親元になってい

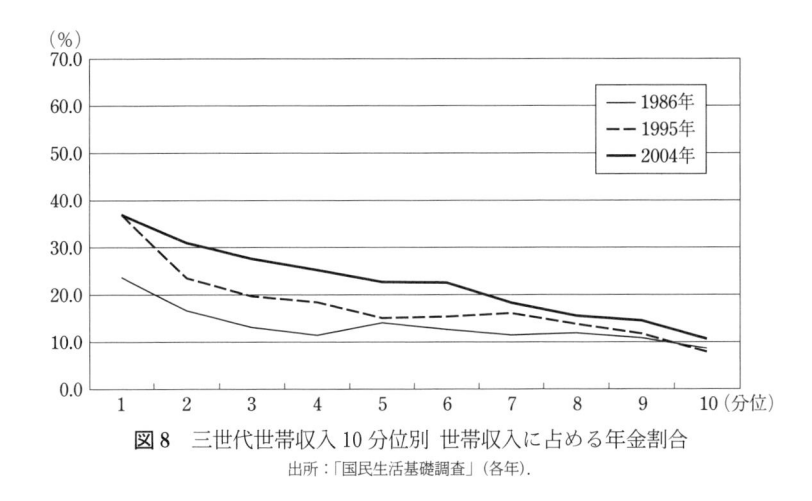

図8 三世代世帯収入10分位別 世帯収入に占める年金割合
出所：「国民生活基礎調査」(各年).

た事実が浮かびあがってきた．三世代世帯は高齢者にとってのみならず，若年世代にとっても助けとなっていた．もっとも，三世代世帯そのものの割合は低下しているので，高齢の親元を苦しい家計の受け皿として位置づけるものはそう多くない．それでも，失業や離婚といった経済リスクを伴う出来事に対する対応を，家族が抱え込む他ない場合もある．家族がいれば社会的リスクを回避できるというわけではないので，経済的地盤がおぼつかない高齢世帯が他の家族の生活保障を提供せざるを得ない点に注目すべきである．

5 高齢者のみ世帯における収入構造

高齢者の高い就労率は，日本の特徴として欧米から注目されてきた (OECD, 2008)．特にヨーロッパを中心に高齢就労に対する関心は高く，年金財源が緊迫しており，いかに高齢者を労働市場に引き止めるかが政策課題である．そんな国にとって，高齢者の就労率が高い日本は絶好のモデルとなる．しかし日本の高い高齢者就労率の背景には，働くことが生きがいであり，生涯現役を貫くという積極的な意味合いもあろうが，生活のために働かねばならないという社会制度の不備によるところもある．そこで本節では，高齢ひとり暮らしと夫婦のみ世帯からなる高齢者のみ世帯に着目し，雇用収入を中心とする稼

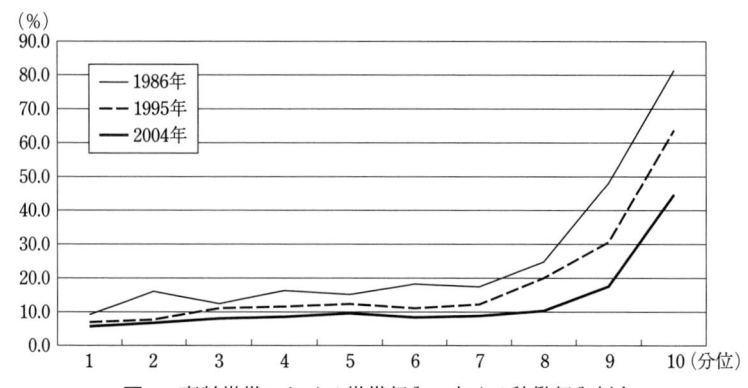

図9 高齢世帯における世帯収入に占める稼働収入割合

注:高齢世帯とは,ひとり暮らし世帯と夫婦のみ世帯を合わせたもの.
出所:「国民生活基礎調査」(各年).

働収入が世帯収入に占める位置づけの変容を検討する.ここでいう稼働収入とは,雇用収入,事業収入,農耕収入,家内収入を合計したものをいう.

図9は高齢者のみ世帯における稼働収入割合を可処分世帯所得10分位別にみたものである.ここで明らかなことは,1980年代半ば以降,稼働収入割合は高齢のみ世帯全体で減少し,どの所得階層についてもその減少が認められることである.特に,第8分位以上の高所得層において,稼働所得割合の低下が著しい.事実,2004年において最も高い所得層における稼働収入割合は45%と,1986年81%の半分近くにも低下した.その反面,公的年金やその他の社会保障給付費割合は高所得層でも上昇している.言い換えれば,かつて稼働収入のあるなしが高齢期の経済水準を規定していた.しかし,近年,稼働収入割合は全体として低下し,働くか否かに伴う経済格差への影響は低下した.

高齢期の経済格差が近年減少傾向にあるという事実に戻ると,その背景には高齢層の所得構造の変容がある.世帯構造内の経済格差は低下し,それが高齢層の経済格差縮小を説明していたし(図3),各世帯構造内の所得構造においても,高齢層の所得構造が公的年金に依存する傾向が強まった.このような社会保障による収入の上昇が,高齢層における経済格差縮小に働いたと考えられる.

表2 ひとり暮らし世帯の婚姻関係別 貧困率

	1986年	1995年*	2004年*
男性			
未婚	63.6	65.2	50.0
死別	51.3	36.6	28.4
離別	50.0	33.3	34.4
女性			
未婚	71.8	54.3	47.3
死別	72.0	60.7	48.5
離別	65.9	62.1	49.5

出所:「国民生活基礎調査」(各年).
注:*5%水準で有意な差.

6 高齢期をひとりで生活することの経済的意味

　本章を締めくくるにあたって，高齢ひとり暮らし世帯に注目する．65歳以上高齢者がいる世帯の割合は47%であり，そのうちひとり暮らし世帯は2割を超える．特に，平均寿命年齢が長く，初婚年齢も平均して妻のほうが低いことから配偶者と死別する確率も高く，高齢女性がひとり暮らしになる可能性が高い．そこで高齢期をひとりで暮らすものの配偶関係に着目して，ひとり暮らしに至ったライフコースを現時点での配偶関係から推測し，高齢ひとり暮らしの経済状況を考察する．ここでは特に，ジェンダー差に注目しながら，ひとり暮らしにいたったライフコースと経済格差の関係を探る．
　2000年半ば，ひとり暮らしの高齢女性8割，高齢男性7割が死別である．未婚でひとり暮らしなのか，離婚後ひとり暮らしになったのか，あるいは死別後ひとり暮らしをしているのかによって，高齢期の経済リスクは異なる．表2は高齢ひとり暮らしの配偶関係別貧困率の変化である．1980年半ばにおいて，未婚，死別，離別によってひとり暮らしの貧困率は異なるが，男女ともにその貧困率の違いは統計的に有意な差ではない．しかしながら，1990年代半ば以降，男性の間でのみ配偶関係によるひとり暮らしの貧困率の違いが統計的に有意となった．高齢の未婚男性は死別，離別よりも有意に貧困率が高い．経済的に恵まれないので結婚に至らなかったのかどうか，経済状況と婚姻行動との因

果関係は本データから明らかにすることはできない．しかし少なくとも男性の間では未婚のまま高齢期に突入することに高い貧困リスクが付随している．

　女性の場合は，未婚であろうが，死別であろうが，さらには離別であろうが，ひとり暮らしの高い貧困率は大きく変わらない．時系列的に，高齢女性のひとり暮らしの間で貧困率は改善されたが，ひとり暮らしの相対的に高い貧困率はライフコースの違いを男性ほどに受けない．未婚高齢男性のひとり暮らしの高い貧困率に代表されるように，未婚のままひとり暮らしとなったことが本人の経済力と密接に関連しているのが男性である．一方女性の場合は，たとえ未婚のままひとり暮らしで高齢期を迎えようとも，離婚してひとり暮らしになったとしても，彼女の経済状況は現在にいたるライフコースの違いによってそれほど大きく違わない．女性はこれまでの生き方のライフコースの違いよりも，1人で生活するか，誰かと生活するか，といった同別居形態が高齢女性の経済水準を規定する度合いが高い．これは，女性のこれまでの生き方の違いが家族，親族と同居することで，経済的に直接反映されずにきたとも解釈できる．一方，男性のほうが未婚のまま留まるか否かといったライフコースが経済力と直接的に連動し，老後の貧困リスクに直接跳ね返ってくる．

　生き様といった観点からいうと，男性のほうが典型的でない道を選んだことの経済的ペナルティが表面化しやすい．これまでジェンダー論では女性は抑圧された性としての位置づけが強調されてきたが，実は，正統な筋書きから外れることのペナルティは男性の間で決して低くない．高齢のひとり暮らしは，欧米でも日本と同様経済的に不利な立場にある（白波瀬，2005b）．しかし，そこにいたるまでの道筋とそれまでの生き様の効果はジェンダー間で異なり，特に男性に対しては主流を逸したことへの経済的制裁が大きい．

7　高齢期の経済格差と生活保障

　高齢期の経済格差について相反する2つの考え方を提示したが，本分析を通して両側面が並存している事実が明らかになった．所得構造においてはたしかに日本においても公的年金をはじめとする社会保障給付費割合が上昇している．雇用収入をはじめとする稼働収入割合の低下は所得格差を低下させる背景の1

つになったと考えられる．一方，高齢者のひとり暮らしや夫婦のみ世帯割合の上昇は若年世代と同居する三世代世帯割合の低下を伴い，高齢層における世帯解体を促すことになった．このような世帯サイズの縮小は高齢層の所得格差を拡大する方向に働く．しかし，各世帯構造内の経済格差が縮小したことによって全体としては高齢期における経済格差が縮小する結果となった．

しかしながら，高齢期の格差縮小が将来も継続するかどうかはわからない．最近の金融危機は雇用市場を直撃し，失業率が上昇し，かろうじて非正規雇用に留まってもその日暮らしからは抜け出せない者が増えた．このような状態にある者の将来を考えると，高齢期にいたって年金受給資格がなく無年金になる公算が高い．さらに，給付水準の抑圧に伴う高齢期の経済保障の相対的低下は，これまで改善されてきた高齢保障の相対的水準を下げることにもなる．かつて，高齢者の高い経済格差は日本的な特徴であったが，1990年代半ばから2000年代半ばにかけて日本の高齢層の経済格差は改善され，その保障水準は欧米に追いついてきた．しかし，高齢に偏重した日本の福祉制度の見直しが叫ばれるなか，再び高齢層の経済格差が拡大する危険要因が潜む．

では，いったい日本はいま何をすべきなのか．確かに経済保障という点では，子世代と同居する三世代世帯の有利な状況は現在でも認められた．しかしその一方で，三世代だから高齢者は老後を安心して過ごすことができると安心もしていられなくなった．なぜなら，三世代の中で高齢者がケアを受ける側というよりも，世帯主という，一家を支える大黒柱として現役役割を続投せざるをえない状況も認められたからである．したがって，今後，人口高齢化が進み，ますます社会保障財源は緊迫することが予想されるなか，再び家族の含み資産を活用すべく三世代同居を促す政策を展開すればよいかというと，決してそうではない．内閣府の意識調査をみても，老後，子どもとの同居を望まないと回答したものが増えており（内閣府，2008），人びとのいまあるライフスタイルをそうやすやすと昔に戻すことはできない．また，近い将来予想される労働力不足を考えると，高齢労働力をいかに有効に活用するかも重要な政策課題になろう．

また，高齢者のひとり暮らしや夫婦だけで生活するものが増え，近年，特に男性の間で生涯未婚率が上昇している．しかし，このような世帯変動をもって，

社会保障制度の個人単位化を進めるべきかどうかは慎重に議論すべきである．なぜなら，わが国は個人を諸制度の単位とするまでにはインフラ整備が至っていないからである．本研究からも，高齢者は世帯の中でこれまでとは違った役割を遂行していることが明らかになった．家族，世帯の生活保障機能を取り払ってしまうほどのコストに見合う制度が現実的に整備されているとは思えない．

2000年に導入された介護保険制度は個人の視点を積極的にいれた社会保険といってよい．そこでは介護される側の当事者権利が強調され，介護の社会化がうたわれた．しかし，ここでの介護の社会化は家族の介護現場からの撤退を意味するものでなく，多様な介護サービス主体の参入を促すことを意味するのであって，介護というケア労働を家族のみならず家族外のものに委ねるという点で社会化なのである．にもかかわらず，介護の社会化を介護からの家族の解放と捉えるのは少々過剰期待といわねばならない．もっとも，そのような過剰な期待を持たせた政府にも責任がある．これからの年金制度を考えていくにしても，家族からの支援を含む自助と公助をどう連携させて，共助の関係を組み立てていくかは慎重に議論していかなければならない．

高齢期の生活の場，収入構造の変容はジェンダー格差とも絡む．高齢期にあるものの社会経済的地位が，いったい何によって規定されていくのか．日本社会において高齢者がいる世帯は過半数を超え，その規模的な拡大は高齢層における階層性を拡大することを促す．年齢の違いだけでさまざまな社会的リスクを切り分けることが難しくなってきた．高齢層内の階層化を高齢者福祉という枠の中でどう捉え，若年，壮年世代との関係からどう位置づけるべきか．少子高齢社会福祉国家を支える新たな政策理念の形成が急務である．

1) 本論は，基盤 (S) 研究「少子高齢社会における階層格差の解明と公共性の構築に関する総合的実証研究」(科研番号 20223004) の成果の一部である．
2) 所得は調査年の前年の情報であるので，1986 年調査の所得データは 1985 年時点のものである．しかし本章では，調査年で時点を示すこととする．
3) 「平成 16 年 国民生活基礎調査の概況」(厚生労働省) によると，65 歳以上高齢者のいる世帯割合は 38.6% であるが，同数字は，「高齢者がいる世帯」というよりも「世帯主年齢が 65 歳以上」の世帯をもって算出されている．
4) 50 歳時の未婚率をもって，生涯未婚率とする．
5) 本章で用いる所得格差指標は，平均対数偏差 (Mean Log Deviation: MLD) で

ある.

$$MLD = \frac{1}{n}\sum_i \ln\left(\frac{\mu}{y_i}\right) = \ln\mu - \frac{1}{n}\sum_i \ln y_i$$

n：標本サイズ
y_i：世帯 i の等価可処分所得
μ：等価可処分所得の全体平均

　本指標を採用する理由は，所得格差の変化の中身を明らかにするための要因分解を実施する関係からである．具体的には，高齢者のいる世帯の世帯構造の変化が高齢世帯の所得格差の変容をどの程度説明するのかを明らかにすることである．完全に平等なとき，MLD は最低値のゼロをとる．同値は低所得層の変化に敏感な性質を持つ．

6) 全世帯の世帯収入中央値の5割に満たない収入にある世帯割合をもって貧困率とする．
7) たとえば，1986年と1995年の MLD の差を検討するにあたって，以下のように分解することができる．第1項は世帯構造内効果，第2項は世帯構造効果，そして第3項は世帯構造間の違いによる効果，に対応する．

$$\Delta MLD = MLD^{1995} - MLD^{1986}$$
$$= \sum_i \overline{\alpha_i}\Delta MLD + \left[\sum_i \overline{MLD_i}\Delta\alpha + \sum_i \ln\left(\frac{\mu}{\mu_i}\right)\Delta\alpha_i\right] + \sum_i \alpha_i\Delta\ln\left(\frac{\mu}{\mu_i}\right)$$

$\overline{\alpha_i}$：世帯 i カテゴリーの1986年と1995年の平均割合
$\overline{MLD_i}$：世帯 i カテゴリーの1986年と1995年の MLD 平均
μ_i：各年の世帯 i カテゴリーの所得平均
μ：各年の全体の所得平均

文献

Crystal, S. and D. Shea (1990) "Cumulative Advantage, Cumulative Disadvantage, and Inequality among Elderly People," *The Gerontologist*, 30: 437-443.

Elder, G. H. Jr. (1995) "The Life Course Paradigm: Social Change and Individual Development," in P. Noen, G. H. Elder Jr. and K. Luscher, eds., *Perspectives on the Ecology of Human Development*, pp. 101-139.

藤村正之 (2001)「高齢期における社会的不平等と社会的公正」平岡公一編『高齢期と社会的不平等』東京大学出版会, pp. 175-189.

Hurd, M. D. and J. B. Shoven (1985) "The Distributional Impact of Social Security," in D. Wise, ed., *Pension, Labor, and Individual Choice*, University of Chicago Press, pp. 193-222.

国立社会保障・人口問題研究所 (2008)『人口統計資料集 2008』.

厚生労働省大臣官房統計情報部 (2005)『国民生活基礎調査 概要』.

Merton, R. K. (1968) "The Matthew Effect in Science," *Science*, 159: 56-63.

内閣府（2008）『平成20年版 高齢社会白書』佐伯印刷.
西崎文平・山田泰・安藤栄祐（1998）『日本の所得格差』経済企画庁経済研究所.
落合恵美子（1994）『21世紀家族へ――家族の戦後体制の見かた・超えかた』有斐閣.
OECD (2008) *Growing Unequal?: Income Distribution and Poverty in OECD Countries*, OECD.
大竹文雄（1994）「1980年代の所得・資産分配」『季刊理論経済学』第45巻第5号：385-402.
大竹文雄（2005）『日本の不平等――格差社会の幻想と未来』日本経済新聞社.
大竹文雄（2006）「『格差はいけない』の不毛――政策として問うべき視点はどこにあるのか」『論座』4月号，朝日新聞社：104-109.
大竹文雄・齊藤誠（1999）「所得不平等化の背景とその政策的含意――年齢階層内効果，年齢階層間効果，人口高齢化効果」『季刊社会保障研究』第35巻第1号：65-76.
O'Rand, A. M. (1996) "The Precious and Precocious : Understanding Cumulative Disadvantage and Cumulative Advantage over the Life Course," *The Gerontologist*, 36 : 230-238.
Pampel, F. C. (1981) *Social Change and the Aged : Recent Trends in the United States*, Lexington, MA : Lexington Books.
白波瀬佐和子（2002）「日本の所得格差と高齢者世帯――国際比較の観点から」『日本労働研究雑誌』第500号：72-85.
白波瀬佐和子（2005a）『少子高齢社会のみえない格差――ジェンダー・世代・階層のゆくえ』東京大学出版会.
白波瀬佐和子（2005b）「高齢期をひとりで暮らすということ」『季刊社会保障研究』41(2)：111-121.
白波瀬佐和子（2006）「不平等化日本の中身――世帯とジェンダーに着目して」白波瀬佐和子編『変化する社会の不平等――少子高齢社会にひそむ格差』東京大学出版会，pp. 47-77.
Shuey, K. M. and A. E. Willson (2008) "Cumulative Disadvantage and Black-White Disparities in Life-Course Health Trajectories," *Research on Aging*, 30 : 200-225.
Smeeding, T. and P. Saunders (1998) "How Do the Elderly in Taiwan Fare Cross-Nationally? Evidence from the Luxembourg Income Study (LIS) Project," LIS Working Paper, No. 183.
総務省統計局（2005）『労働力調査』.
橘木俊詔（1998）『日本の経済格差』岩波書店.
武川正吾（2007）『連帯と承認――グローバル化と個人化のなかの福祉国家』東京大学出版会.
山田昌弘（2004）「家族の個人化」『社会学評論』第154巻(4)：341-354.

12章　雇用保険制度改革

樋口　美雄

1　はじめに

　失業中の労働者の生活の安定を図るために，国が必要な財源を確保し，失業給付を行うことは当然の責務であり，先進国なら，どこの国でも最低限の所得を保障するための制度を持っている．だが，その具体的内容を見ると，国によって，また時代によって，大きな違いが存在する．

　たとえば，ほとんどの国ではその財源を保険料として徴収し，失業した保険加入者に失業手当を給付する保険方式が取られているが，オーストラリアやニュージーランドではこうした保険制度はなく，一般財源から給付が行われる失業扶助方式が採用されている（OECD, 2007）．他方，失業保険方式を取っている多くの国では，労使双方によって保険料が負担されるようになっているが，アメリカでは使用者のみがこれを負担し，給付も企業都合によって離職した失業者だけがその対象者とされている．このように国によって財源の確保方式も，さらには給付の対象者や給付期間，給付水準も異なっている．

　さらには同じ国であっても失業者に対する所得保障の仕組みは，社会環境，経済環境の変化とともに変更されてきた．たとえばわが国でも，1947年に「失業保険法」が施行され，失業給付を中心とした失業保険制度が実施されてきた．ところが石油危機をきっかけに，1975年から雇用の安定を図り，政府の能力開発支援や職業紹介機能を強化し，失業を未然に防ぐための「積極的雇用政策」を重視した雇用保険制度に切り替えられることになった．その後も，雇用形態の多様化に対応する一方，財政の安定化をはかり，モラル・ハザードを回避するための制度改正が何回にもわたり実施され，現在も「安心して意欲

と能力を発揮できる社会」におけるセーフティネットの構築を目指して，改正論議が行われている．

本来，失業保険制度には失業補償機能とともに，これにより景気悪化時の国民の消費需要の減退を和らげ景気を調整するマクロ機能，さらには失業者が生活費確保の必要性から労働の売り急ぎに走り，雇用条件がますます悪化する悪循環を断ち切るための労働市場機能の維持の役割，さらには求職者の職業能力の開発支援や職業紹介サービスの拡充，雇用機会の維持や拡大による質量両面における完全雇用達成のための「積極的雇用政策」の役割が課せられている．はたしてわが国における現行の雇用保険制度は，こうした役割を十分に果たしているのだろうか．

本章は，諸外国の失業保険制度に比べ，わが国の雇用保険制度がどのような特徴をもっているのか，そして経済環境の変化とともに制度がどのように変更されてきたのかを明らかにし，これまでの研究成果を展望することによって，今後の雇用保険制度の在り方について検討する際の材料を提供することを目的とする．次節では，まずわが国の現行の雇用保険制度について紹介し，3節では主要先進国における失業保険制度や失業扶助制度と比較し，日本の特徴を明らかにする．4節ではわが国における雇用保険制度の改正がいかに進められてきたかを検討し，5節では雇用保険制度が人々の就業行動や生産性の向上，マッチング機能の強化に与えた影響を分析した国内外の既存研究を展望し，最後の6節では，これらを参考にして，現在行われている雇用保険制度の改革論議について考察する．

2 日本の現行の雇用保険制度

わが国の雇用保険制度は，雇用保険法・第1章総則にも記されているように，「労働者が失業した場合に必要な給付を行うことにより，労働者の生活の安定を図るとともに，求職活動を容易にする等その就職を促進し，あわせて，労働者の職業の安定に資するため，雇用構造の改善，労働者の能力の開発及び向上その他労働者の福祉の増進を図ることを目的」としている．これを実現するため，わが国の雇用保険制度は，図1に示されるように，「失業等給付」と「雇

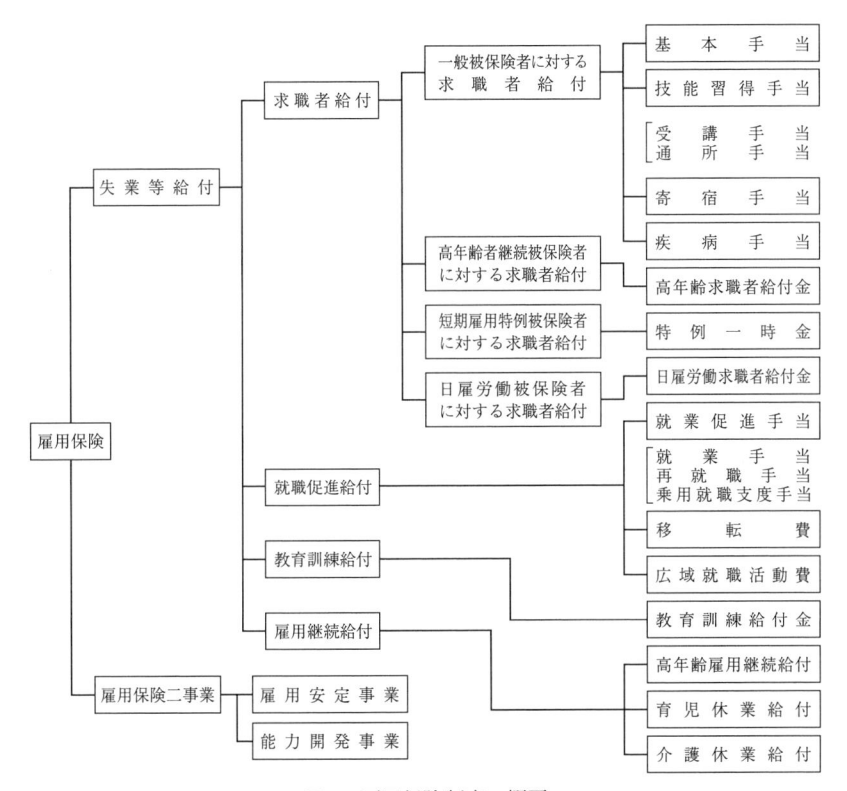

```
雇用保険 ─┬─ 失業等給付 ─┬─ 求職者給付 ─┬─ 一般被保険者に対する求職者給付 ─┬─ 基本手当
         │              │              │                                  ├─ 技能習得手当
         │              │              │                                  ├─ 受講手当 / 通所手当
         │              │              │                                  ├─ 寄宿手当
         │              │              │                                  └─ 傷病手当
         │              │              ├─ 高年齢継続被保険者に対する求職者給付 ─ 高年齢求職者給付金
         │              │              ├─ 短期雇用特例被保険者に対する求職者給付 ─ 特例一時金
         │              │              └─ 日雇労働被保険者に対する求職者給付 ─ 日雇労働求職者給付金
         │              ├─ 就職促進給付 ─┬─ 就業促進手当 (就業手当 / 再就職手当 / 常用就職支度手当)
         │              │               ├─ 移転費
         │              │               └─ 広域就職活動費
         │              ├─ 教育訓練給付 ─ 教育訓練給付金
         │              └─ 雇用継続給付 ─┬─ 高年齢雇用継続給付
         │                              ├─ 育児休業給付
         │                              └─ 介護休業給付
         └─ 雇用保険二事業 ─┬─ 雇用安定事業
                           └─ 能力開発事業
```

図1　雇用保険制度の概要

用保険二事業」から構成されている．前者の「失業等給付」は，給付総額のそれぞれの給付ごとに決められた一定割合が国庫負担として支出され，残りが労使折半により負担された保険料収入から支出される．これに対し，「二事業」は全額，使用者負担の保険料収入から支出される．いずれも政府が管掌する強制保険制度となっている．現行の雇用保険の適用範囲は，65歳以上，公務員，船員を除く正社員やフルタイムの契約社員，および「週20時間以上就業し，半年以上の雇用が見込まれる者」とされている．かつては最低年収要件が課されていたが，これが廃止され，労働時間も30時間以上となっていた基準が20時間以上に緩和され，さらに1年以上の雇用が見込まれる者に限定されていた基準も半年以上に緩和され，非正規労働者への適用拡大が図られてきた．

(1) 失業等給付制度

「失業等給付制度」は，(1)失業者へ失業手当を給付する「求職者給付」のみならず，(2)基本手当の受給資格のある人が安定した雇用についた場合，基本手当の支給残日数と基本手当日額を掛け合わせた金額の一定割合を給付することによって，給付期限が切れる前に早期再就職を促すことを目的に設置された「就職促進給付」，(3)働く人の主体的な能力開発の取り組みを支援し，雇用の安定と再就職の促進を図ることを目的に，能力開発に要した費用の一定割合を給付する「教育訓練給付」，(4)高齢者や育児休業者，介護休業者の就業継続を支援するための「雇用継続給付」を備えている．

このうち，失業者への所得保障を目的とする「求職者給付制度」に着目してみたい．求職者給付は，対象者により，「一般被保険者」，「高年齢者継続被保険者」，「短期雇用特例被保険者」，「日雇労働被保険者」への給付に分類される．いま，一般被保険者に対する求職者給付のうち，「基本手当」について，具体的な給付要件を見ると，雇用保険の被保険者が離職して，(1)ハローワークに来所し，求職の申し込みを行い，就職しようとする積極的な意思があり，いつでも就職できる能力があるにもかかわらず，本人やハローワークの努力によっても，職業に就くことができない「失業の状態」にあること，(2)離職の日以前2年間に，賃金支払の基礎となった日数が11日以上あり雇用保険に加入していた月が通算して12カ月以上あること（倒産，解雇等による離職者の場合，離職前1年間に6カ月），の2つの条件をともに満たす者となっており，厳格な認定作業を通じて不正受給の防止が図られている．

次に基本手当の所定給付日数であるが，これは倒産・解雇等による離職者とそれ以外の事由による離職者，さらには身体障害者等の就職困難者によって，給付期間は異なる．いずれの失業者であっても，被保険者であった期間が長くなるにつれ，所定給付日数も長くなるようになっており，頻繁に失業給付を受けようとする行為が回避されるように設計されている（表1）．倒産・解雇等による離職者においては，ILOの基準に従い，もっとも短い給付日数は90日となっているが，再就職の難しさを考慮に入れ，年齢とともに給付日数が長くなるようになっており，被保険者期間が20年以上である40歳以上60歳未満

表1 雇用保険の基本手当の所定給付日数

倒産・解雇等による離職者（下記就職困難者を除く）

区分	被保険者であった期間 1年未満	1年以上5年未満	5年以上10年未満	10年以上20年未満	20年以上
30歳未満	90日	90日	120日	180日	―
30歳以上35歳未満	90日	90日	180日	210日	240日
35歳以上45歳未満	90日	90日	180日	240日	270日
45歳以上60歳未満	90日	180日	240日	270日	330日
60歳以上65歳未満	90日	150日	180日	210日	240日

倒産・解雇等以外の事由による離職者（下記就職困難者を除く）

区分	被保険者であった期間 1年未満	1年以上5年未満	5年以上10年未満	10年以上20年未満	20年以上
全年齢		90日		120日	150日

就職困難者

区分	被保険者であった期間 1年未満	1年以上5年未満	5年以上10年未満	10年以上20年未満	20年以上
45歳未満	150日		300日		
45歳以上65歳未満	(210日)		360日		

の人については，最長330日支給される．ただし60歳以上65歳未満については，それまでの年齢に比べ給付日数は短く設定されている．他方，自己都合による離職の場合，倒産・解雇等による離職者に比べ，給付日数が短く設定されているのと同時に，原則3カ月間の給付制限がかかる．

他方，支給額はどうか．基本手当日額は，原則として離職した日の直前の6カ月間に毎月決まって支払われた賃金の合計を180で割って算出した金額のおよそ50-80％（代替率）となっており，賃金の低い人ほど高い代替率になっている．ただし60歳以上65歳未満については，再就職企業から提示される賃金が下がることを考慮に入れ，代替率も45-80％と低く設定されている．また基本手当日額には上限額が年齢区分に応じ設定されており，30歳未満6,330円，30歳以上45歳未満7,030円，45歳以上60歳未満7,730円，60歳以上65歳未満6,741円となっており，ここでも賃金の高い人が相対的に有利にならないように考慮されている．

(2) 雇用保険二事業

「雇用保険二事業」は，積極的雇用政策実施のための具体的手法として使われることが多く，企業への各種助成制度を通じて，失業の予防や雇用状態の是正，および雇用機会の維持・増大を目指す「雇用安定事業」と，労働者の能力開発を目指す「能力開発事業」から成る．

雇用安定事業として，雇用機会を拡大し失業を減らすため，新たに事業を行うことにより雇用を拡大したり，高齢者雇用を増やしたりする事業主に対し補助金を支給したりするなどの制度がある．経済上の理由により急激な事業活動の縮小を余儀なくされた事業主に対し，休業，教育訓練，出向を実施し，休業手当，もしくは賃金を支払い，または出向元事業主が出向労働者の賃金の一部を負担する場合，それらの手当の一部を補助する「雇用調整助成金制度」が設けられている．こうした制度は，不況の中で，労働時間を短縮し，仕事を分かち合い，雇用を維持しようとするワークシェアリングを実施する企業において利用されている．他方，能力開発事業とは，国が被保険者等の職業能力開発のため，認定職業訓練や事業主等が行うその他の職業訓練を助成したり，公共職業能力開発施設や職業能力開発総合大学校を設置運営したり，技能検定に要する経費を負担し補助する事業のことである．

3　主要先進国の失業保険制度と日本の特徴

この節では，アメリカ，イギリス，ドイツ，フランス，スウェーデンにおける失業保険制度を概観し，日本の特徴を明らかにするとともに，これによってわが国の雇用保険制度の今後のあり方を論議する際の情報を提供したい（岡，2004）．表2は，厚生労働省（2007）『2005-2006年 海外情勢報告』に基づき，これらの国の失業保険制度を比較したものである．

日本を含む上述の6ヵ国，すべての国においても保険方式が取られている．日本，イギリス，ドイツ，フランスでは，労働者と使用者の両者による保険料負担になっているのに対し，アメリカでは3つの州を除いて，労働者負担はなく，使用者のみが保険料を拠出することになっており，スウェーデンは労働者

表2 各国の失業保険制度

	日 本	アメリカ	イギリス
制度名	失業給付	連邦・州失業保険（UC）	拠出制求職者給付（JSA）
被保険者	全雇用者．65歳以上の者，公務員，船員は適用除外	暦年の各四半期における賃金支払総額が1,500ドル（約16万5000円）以上，または1人以上の労働者を暦年で20週以上雇用する事業主	原則として18歳以上．年金受給年齢（男性65歳，女性60歳）未満のイギリス居住者（ただし，16歳及び17歳の者については例外がある）
受給要件	（基本手当） ・離職前2年間に12カ月以上被保険者期間があること．ただし，特定受給資格者（倒産，解雇等による離職者）については，離職前1年間に6カ月で受給資格要件を満たす． ・公共職業安定所に来所し，求職の申込みを行い，就職しようとする積極的な意思があり，いつでも就職できる能力があるにもかかわらず，本人や公共職業安定所の努力によっても，職業に就くことができない「失業状態」にあること． ・自己都合による離職の場合には原則3カ月間の給付制限がかかる．	州ごとに異なるが，一般的には事業主都合で解雇され，求職中の就労可能な失業者である．懲戒解雇者や自発的離職者（セクハラ，本人の病気，配偶者の転勤に伴う転居の理由の場合を除く）は対象とならない．主な要件は以下の通り． (1)離職前に一定の雇用期間及び一定額以上の所得があること． (2)求職，再就職の能力，意思があること． (3)解雇または就職拒否に関する欠格事由に該当しないこと．	(1)職業に就いていないことまたは収入のある仕事に週平均16時間以上従事していないこと． (2)就労を行う能力を有し，求職活動を積極的に行い，かつ直ちに就職し得ること． (3)過去2年間のうち1年間，保険料を納付していること． (4)パーソナル・アドバイザーとの間で求職者協定を締結し，2週間に1度ジョブセンター・プラスに来所すること． (5)現在フルタイムの教育を受けていないこと．
給付水準	離職前賃金の50-80%（低賃金ほど率が高い．60歳以上65歳未満の者については45-80%）．	州ごとに異なるが，概ね課税前所得（平均週給）の50%．	18歳未満：週34.60ポンド，18-24歳：週45.50ポンド，25歳以上：週57.45ポンド． ※週50ポンドを超える年金を受給している場合には，求職者給付の受給額が減額．
給付期間	年齢，被保険者期間，離職の理由等により，90日-360日 ※受給期間中に，病気，怪我，妊娠，出産，育児等の理由により引き続き30日	州ごとに異なるが，概ね最長26週 ※失業情勢が一定水準以上悪化し，延長給付プログラムが発動した州では最長39週．	最長182日（26週）

	以上働くことができなくなった場合，その日数に限り，受給期間の延長が可能（最長3年間）．		

	ドイツ	フランス	スウェーデン
制度名	失業給付(Arbeitslosengeld)	雇用復帰支援手当（ARE）	失業給付
被保険者	週15時間以上の労働に従事する65歳未満の者	民間の賃金労働者	任意所得比例保険：失業保険基金加入の20歳以上65歳未満の労働者，自営業者
受給要件	(1)職業に就いていないことまたは雇用されている場合は就労時間が週15時間未満であること． (2)求職活動を行い，職業紹介に応じうる状態であること（ただし，58歳以上の者は求職活動を免除される）． (3)離職前2年間において通算12カ月以上保険料を納付していること． (4)公共職業安定所に失業登録をしていること． (5)65歳未満であること． ※58歳以上の者の求職活動免除措置は2007年末で廃止予定．	(1)労働に必要な能力があり，実際に職を探していること（なお，57.5歳以上の者は求職活動を免除される）． (2)離職前22カ月間に6カ月以上就労していたこと． (3)公共職業安定所(ANPE)に求職を申込み，登録されていること． (4)60歳未満で年金の満額受給権を有しない者． (5)季節労働者でないこと． (6)正当な理由がなく自己退職（辞職）した者ではないこと． (7)「雇用復帰支援計画」（PARE）に同意すること．	(1)離職前12カ月間に，各月80時間以上で6カ月間，各月50時間以上で連続する6カ月間に480時間以上就労していた者． (2)完全あるいは部分的に失業中で，1日3時間・1週17時間以上の労働に必要な能力及び就労意思があり，公共職業安定所で登録し，復職計画の策定に協力し，積極的な求職活動を行っている者． (3)失業保険基金において12カ月以上被保険者であったこと．
給付水準	従前の手取り賃金（法律上の控除額を差し引いた前職の賃金）の67%（扶養する子がない者は60%）．	給付額（日額）は離職前の賃金（月額）及び勤務形態（フルタイム，パートタイム等）に基づいて算定．フルタイム労働者の場合，下記のいずれかとなる． ・離職前賃金（日額）の7.5% ・離職前賃金（日額）の40.4% ・離職前賃金（日額）の57.4% ・日額25.51ユーロ（約3,500円）	当初200日間は従前賃金の80%相当額（日額上限額680クローネ），その後100日間は従前賃金の70%．
給付期間	55歳未満：6-12カ月	50歳未満：7-23カ月	最長300日．ただし，18歳

55歳以上：6-18カ月 被保険者期間の長短は被保険者期間の長さに応じる（2006年2月-）． ※2006年2月改正前の給付期間は，57歳以上の場合で最長32カ月．	50歳以上：7-36カ月 57.5歳以上：7-42カ月 給付期間の長短は被保険者期間の長さに応じる（2006年1月18日-） ※2006年1月改正により57.5歳以上で，満額年金が受給可能な者について失業給付の期間が最長42カ月から36カ月に短縮．	未満の子供のいる父母は，さらに300日まで追加受給可能．

出所：厚生労働省（2007）『2005-2006年 海外情勢報告』．

のみが拠出する制度になっている．またスウェーデンを除く5カ国が強制保険になっているのに対し，スウェーデンは任意所得比例保険となっている．他方，国庫負担については，日本，ドイツ，フランス，スウェーデンでは政府による補助金があるのに比べ，アメリカ，イギリスでは国庫負担はない．

次に被保険者の範囲であるが，いずれの国においても，すべての労働者が被保険者とされているわけではなく，一定の要件を満たす被用者が保険に加入することになっている．その適用要件は国によって異なり，日本，ドイツでは週間労働時間を，アメリカでは年間労働週数を判断基準として用い，さらにアメリカでは就業時の賃金所得額も基準に加えられている．また日本は雇用期間見通しについて，下限を設定している．他方，年齢については，日本，イギリス，ドイツ，スウェーデンが上限年齢を設定し，65歳まで（イギリスの女性は60歳まで）となっており，イギリス，スウェーデンは下限年齢も設定されている．

受給要件は，国により大きく異なる．アメリカでは拠出が使用者のみによって行われていることもあり，受給できるのも，一般的には事業主都合によって解雇された場合に限定されている．他の国では，自己都合退職者も含まれ，それぞれの設定された条件を満たせば，給付を受けられる．総じて，アメリカ，イギリスにおける受給要件は厳しく設定されているのに対し，フランス，ドイツ，スウェーデンの要件は緩やかであるといえよう．日本では，たとえ労働時間が短く，収入が少なくても，就業した途端に給付は停止されるのに対し，ほかの国では減額されながらも，一定の範囲内での就業であれば，給付が認められる．このように日本以外の国では部分失業者への給付が認められており，このことにより，短時間の就労を始めた時の手取り所得の低下を回避し，早期就

業の促進を狙う制度となっている．他方，日本では早期就職促進のため，所定給付日数内で再就職した場合，給付残り期間の給付額の一定割合を受給できる就職促進給付制度が設けられている．また受給のためには，雇用復帰支援計画の策定や求職者協定の締結，訓練やボランティア活動等のプログラムへの参加を義務付け，モラル・ハザードの防止を目指す国も多い．

次に給付水準であるが，イギリスでは年齢に応じて決められた定額の給付がなされるのに対し，ほかの国では離職前の賃金所得に応じて決められた比率（代替率）を乗じて給付額が決められる．日本では従前給与が高い人には代替率が低く設定され，所得の再分配が考慮されているが，ほかの国ではほぼ一律の代替率が設定されている．また日本では給付期間が延びても一定の給付額が支給されるのに対し，スウェーデン等では給付期間が長くなると，給付額が減額される方式が採用されている．他方，給付額を決める際に，離職前の給与として，税引き前の給与所得を基準にするのか，税引き後の給与所得を基準にするかは国によって異なり，さらに給付額に税金がかかるのかどうかも異なる．後で詳しく見るように，日本の月々の給付額は，可処分所得ベースで考える限り，総じて低いとはいえない．

最後に給付期間について見る．最長給付期間の長短は，日本，ドイツ，フランス，スウェーデンでは年齢や被保険者期間が考慮され決められているのに対し，アメリカ，イギリスでは，これらにかかわらず一定の給付期間が設定されている．アメリカ，イギリスでは総じてその期間は短く，フランス，ドイツ，スウェーデンでは長い．しかも日本とアメリカを除く国々では，失業保険制度のほかに，一般財源から拠出される失業扶助制度が設けられており，失業給付期間を超えたときには，減額されても一定額の給付が保障される（表3）．したがって失業後の所得保障期間という意味では，これらの国の給付期間は長く，アメリカと日本は短いといえる．失業扶助制度は，保険給付期間を超えた失業者のみならず，失業保険に加入していなかったり，給付の条件を満たさなかったりする失業者にも，一定の条件を満たせば給付され，非正規労働者等のセーフティネットの役割を演じている．

ILO基準に基づく失業者数に占める失業手当受給者割合（2008年12月）を見ると，ドイツは87％，フランスは82％，イギリスは60％と高く，多くの失

表3 英独仏瑞の補足的な失業扶助制度

	イギリス	ドイツ
制度名	所得調査制求職者給付（Income-based JSA）	失業給付II（Arbeitslosengeld II）
財源	政府の一般財源（全額国庫負担）	連邦政府の一般財源（全額国庫負担．ただし，受給者に対する住居費及び暖房費は地方自治体の一般財源）
受給対象者	原則として18歳以上年金受給年齢（男性65歳，女性60歳）未満の失業者であるイギリス居住者（ただし，16歳及び17歳のものについては例外があり）．	働くことはできるが仕事がなく生活に困窮している者（大半は失業給付の受給期間が終了した者）
受給要件	(1)職業に就いていないことまたは収入のある仕事に週平均16時間以上従事していないこと (2)就労を行う能力を有し，求職活動を積極的に行い，かつ直ちに就職し得ること (3)パーソナル・アドバイザーとの間で求職者協定を締結し，2週間に一度ジョブセンター・プラスに来所すること (4)現在フルタイムの教育を受けていないこと (5)拠出制求職者給付の受給資格がないことまたは拠出制求職者給付を超える生活費を必要とすること (6)資産が16,000ポンド以下であること (7)収入のある仕事に週24時間以上従事している配偶者がいないこと ※60歳から64歳の失業者の場合は，求職活動の義務及び求職者協定の締結義務は免除される．	(1)15歳以上65歳未満であること (2)1日3時間以上は就労できる者であること (3)適当な仕事に就き，資産や収入を利用しても自身の生計を充分に確保できない状態にあること (4)資産の保有に関しては，現金は対象者及び対象者の配偶者（以下「対象者等」という）それぞれが年齢1歳ごとに150ユーロ（最低3,100ユーロ最高9,750ユーロ）認められる また，年金目的の貯蓄については，別途，対象者等の年齢1歳ごとに250ユーロ（最高16,250ユーロ：約222万7000円）認められる
給付期間	資力調査により低所得であることが確認され，求職者要件を満たしていれば年金支給開始年齢（男性65歳，女性60歳）まで無制限	上限無し（65歳まで受給可能）

	フランス	スウェーデン
制度名	連帯失業手当（ASS）	基礎保険
財源	政府の一般財源（全額国庫負担）	国の一般財源
受給対象者	原則失業給付の受給期間を満了した長期失業者．ただし，50歳以上の失業者は，失業保険給付（雇用復帰支援手当（ARE））の代わりにASSの受給が可能	20歳以上65歳未満の労働者または自営業者で，失業保険基金に加入していない者．加入期間が12ヵ月に満たない者で就労要件を満たす者または一定の要件を満たす学生

受給要件	(1)離職前10年間に5年以上就業していたこと（ただし，子どもを育てるために休業していた場合は，3年を上限として子ども1人につき1年，就業年数の条件を軽減できる） (2)実際に求職活動を行っていること（ただし，55歳以上の者については免除される） (3)手当を申請した時点で，一定以上の月収（2006年1月1日現在，単身者 997.50 ユーロ，夫婦 1,567.50 ユーロ）がないこと なお，ASSの代わりに最低社会復帰扶助（RMI: Revenu minimum d'insertion）の受給を選択することも可能で，どちらか一方のみ受給することができる．	失業前に週40時間就労していたこと（40時間未満の場合は，給付額減額）
給付期間	原則6カ月（55歳未満の者は2年まで，それ以上の者は制限なく更新可能）	最大300日（その後活動保障プログラムに移行）

出所：厚生労働省（2007.3）『2005-2006年 海外情勢報告』，同（2004.3）『2002-2003年 海外情勢報告』，IAF（2007）*The Swedish Unemployment Insurance Scheme* より抜粋．
注：日本，アメリカには補足的失業扶助制度はない．

業者が失業給付を受けているのに対し，アメリカは43%，日本は23%，中国都市部が16%，ブラジル7%と低い（ILO, 2009）．失業保険対象者の範囲や給付要件，給付認定の厳格さ，さらには給付期間の長さがこうした違いには反映されているものと考えられる．

4　日本における雇用保険制度のこれまでの改正の経緯

わが国で，現在の雇用保険制度の前身である失業保険制度ができたのは，失業問題が大きな社会問題となっていた第2次世界大戦後の経済動乱期にあった1947年のことであった．当時の失業保険制度は，あくまでも失業者になってしまった人たちに対し，事後的に所得を保障し，失業の痛みを軽減することを目的としていた．これにより1949年のドッジラインの下での不況期や53年，54年の鉄鋼，造船などの基幹産業を中心にした大量失業者の発生時期，57年，58年のスエズ動乱後の景気調整期など，「数次にわたる景気変動などに対処して，我が国の雇用失業対策の柱として，重要な役割を果たしてきた．しかし，高度経済成長から安定経済成長への移行，高齢化社会への移行等社会経済情勢

の変化は大きく，従来の失業保険制度の中では，このような情勢に対応することができないようになっていた」(労務行政研究所編，2004，p. 1).

これらの変化に対応するため，質量両面の完全雇用の達成を目指し，従来の失業補償機能を強化するとともに，失業の未然防止や雇用構造の改善，労働者の能力の開発向上，福祉の増進を目指して，1975年に創設されたのが現在の雇用保険制度である．この制度では，失業補償機能の強化を目指し，再就職の困難度に応じ基本手当の所定給付日数が決められ，季節的受給者は，特例一時金制度に改正された．また発生した失業者の事後的救済ばかりではなく，未然に失業の発生を防止する積極的雇用政策を実行するために，年齢，地域，産業等にみられる雇用の不均衡の是正を目指した「雇用改善事業」や労働者の職業能力の開発や向上を目指す「能力開発事業」，そして労働者の福祉の向上を目指す「雇用福祉事業」の三事業が，雇用主の保険料負担により創設された．

その後も，雇用保険制度は何度か改正が実施された．たとえば1977年には，「不況が長期化する中で失業の防止を直接予防するための雇用安定事業が独立して設けられ」(労務行政研究所編，2004，p. 2)，雇用安定資金制度が創設された．1984年には，被保険者の範囲や失業給付について大幅な改正が行われ，1989年には雇用形態の多様化に対応して，パートタイム労働者に対する適用が拡大された．またこの年には，雇用保険四事業が再編され，三事業に係る弾力条項の見直しが実施された．

その後の改正においては，雇用形態の多様化，早期再就職の促進，そして財政面での対応に力が注がれた．1992年には雇用保険料率，及び国庫負担率の暫定的な引き下げが実施されるとともに，再就職手当の支給要件の改善が実施された．1994年には，高齢者の就業継続を促進するため，60歳以上65歳未満の一般被保険者について，原則として60歳以降の賃金が60歳時点に比べ一定割合以上低下した場合，その減少額の一定割合を雇用保険から給付される「高年齢雇用継続給付制度」が創設された．また出産後，育児に当たる者のその後の継続就業を促進するために，被保険者の育児休業中の給与の一定割合を支給する「育児休業給付制度(育児休業基本給付金，育児休業者職場復帰給付金)」も，この年に創設された．また基本手当の日額の年齢別上限額が設定され，所定給付日数の年齢区分が変更され，高年齢求職者給付金の額が改正された．ま

た日雇労働求職者給付金の受給要件が緩和され，日額の引き上げが実施された．

1998年には自己啓発を促進するため，被保険者が能力開発に要した教育費の一部を支給する「教育訓練給付制度」が創設され，さらに「介護休業給付制度」が設けられる一方，高年齢求職者給付金の額が改正され，国庫負担が廃止され，失業等給付にかかわる国庫負担についても改正が行われた．そして2000年には再就職準備を事前に行うのが難しい，倒産や解雇等による失業者に給付を重点化するために，これらの人々（特定受給資格者の創設）への給付期間を延長する一方，ほかの事由による離職求職者への給付期間を短縮する改正が行われるとともに，保険料率の暫定措置が廃止変更され，国庫負担の暫定措置が廃止された．

さらに2003年には，早期再就職を促進するための「就職促進手当」が創設され，通常労働者と短時間労働者の給付内容が一本化される一方，基本手当日額，教育訓練給付，高年齢雇用継続給付の給付率及び上限額の見直しが行われた．2007年には雇用福祉事業の廃止が決定され，「雇用保険二事業」に整理されるとともに，被保険者資格と受給資格要件の一本化，育児休業給付の拡充，教育訓練給付及び雇用安定事業等の対象範囲の見直しが進められた．

こうした雇用保険制度の改正は，被用者に占める雇用保険加入割合や失業者に占める雇用保険受給者割合にどのような影響をもたらしたのだろうか．総務省統計局の『労働力調査』に基づき，公務員を除く雇用者数をとり，これに占める雇用保険被保険者数の割合を求めてみると，1990年のときには67.2％であったものが，非正規労働者の増加もあり，2000年には65.9％に若干下がった．しかしその後，上述したようなパート等の加入要件の緩和が図られ，2008年には71.2％に上昇した．それに対し，完全失業者数に対する雇用保険受給者割合を求めると，1997年の39.1％から2008年の21.2％に低下している．もっとも失業者の中には，これまで無業者であったため，雇用保険に入っておらず，新たに就職しようとして求職活動を始める人も含まれているから，離職失業者に限定してこの割合を見ると，やはり97年の60.3％から2008年の29.9％に大きく低下している．とくに制度改正や適用認定の厳格化により，97年から2004年にかけての不況期において，大きな落ち込みがあったといえる．

5 失業保険制度の経済分析

　失業保険制度の変更は人々の行動にどのような影響をもたらすのであろうか．失業中の労働者の生活を安定させ，労働の売り急ぎをしないですむようにすることによって，求職活動を容易にし，その人に適した仕事に就けるようにするといった失業保険制度の目的は，どのような制度のもとで達成されるのか．さらには失業給付期間が延長されたり，給付水準が引き上げられた場合，人々は求職意欲を失い，失業期間を延ばしたり，失業者を増加させることはないのか．モラル・ハザードを防止するにはどうしたらよいか．今後の制度改正論議の参考になるように，こうした問題に対する国内外の既存研究を展望してみたい．

　1990年代に入り，多くの国々で失業給付の代替率が引き下げられ，給付期間が短縮化された一方，逆にフランスでは失業期間に応じ給付額を減らす方式が停止され，失業期間後期の代替率が引き上げられた．またイタリアでは給付水準が大幅に引き上げられ，韓国でも金融危機への対応として支給要件が緩められ，給付期間が延長された (OECD, 2007)．国により給付期間や代替率への改革の対応は異なっている一方，多くの国では前職の給与との比較や勤務地などを理由に失業者が求人を拒否する可能性を制限することによって就労可能要件を厳格化し，さらには提示された求人を拒否した場合に生じる違反に対する給付認定上の制裁措置を強化することによって，モラル・ハザード防止の強化策が図られてきた．さらには受給に必要な最低被保険期間を延長し，教育訓練の受講やボランティア活動を義務付けるようになった国も多く，種々の対策を講じ就業化（アクティベーション）の促進が試みられた．

　こうした各国の経験を踏まえ，それぞれの制度や運用の変更に伴う失業や雇用への影響を分析する研究も増えた．Bertola, Blau and Kahn (2002) は長期にわたる国際比較のデータに基づき，失業給付の寛容度と女性・若年・高齢者の就業率の間には強い負の相関関係があることを指摘している．また Bassanini and Duval (2006) は給付代替率と失業率との間には強い有意な正の関係が存在するとし，OECD諸国で平均代替率が10％ポイント下げられ，給付額が減らされると，均衡失業率は1.2％ポイント低下し，男性壮年層の就業

率は 1.7% ポイント,女性壮年層の就業率は 3.2% ポイント上昇するとしている.

近年,ミクロデータを用いた分析も数多く行われるようになった.Meyer (1996) は,アメリカのデータを用い,失業給付が多いと再就職率が低下する一方,失業給付期間が切れる直前に再就職する人が急増することを示している. McCall (1997) はカナダのデータを使い,失業給付受給者は,男女とも失業期間が長期化する傾向にあり,給付期間終了とともに再就職する比率が急激に上昇することを示した.

同様の傾向はわが国においても観察される.受給資格者の就職したタイミングを見ると,給付期間が過ぎた直後に再就職する人が多い.雇用保険基本問題研究会 (2006) によると,2001 年から 2004 年の 4 年間の平均値において,3 カ月間の給付制限中に就職した人は 17% であり,支給期間中に就職した人は 20% に過ぎないのに対し,支給期間が過ぎたわずか 1 カ月以内に就職した人は 24% と多い.とくに基本手当日額の高い人でこうした傾向は強い.しかし小原 (2004) は,解散・倒産等による特定離職者の場合,給付期間いっぱいまで受給せず,再就職する割合が高いことを明らかにするとともに,2001 年の雇用保険法の改正による一般離職者への給付日数の短縮は,これらの人々の再就職を促し,失業期間を短期化させた可能性があることを示している.

Christofides and McKenna (1996),Baker and Rea (1998) はカナダのデータを用いて,失業給付の支払い要件である被保険者期間の変更は労働者の離職行動に影響を与え,失業給付の支払い要件の期間を充たす時期になると,労働者の離職率が高まり,失業給付申請者が急増することを明らかにした.

Hunt (1995) は 1980 年代の西ドイツのパネルデータを使い,子供のいない労働者への失業給付額が削減される制度変更はこの層の労働者の失業率には明らかな影響を及ぼしてはいないが,41 歳以上の労働者の失業給付期間の延長は 44-48 歳の失業期間を延ばしたことを明らかにしている.Light and Omori (2004) はアメリカのパネルデータを用い,失業給付額が増やされた場合,失業受給者の行動ばかりではなく,就業している人の行動にも影響を与えることを示した.失業給付の増額は,差し迫ったレイオフに備えて,前もって転職しようというインセンティブを低下させ,その結果,レイオフされてから

の失業者を増加させる傾向にあるとしている．

Lalive, Ours and Zweimuller（2006）はオーストリアの制度改革前後のデータを使い，失業給付の増額，および給付期間の延長は，失業者の再就職率を低下させ，特に高齢者においてこの傾向は強いことを示した．そしてこの論文および OECD（2007）は，給付が失業に及ぼす影響は大きく，総じて，代替率が高すぎることによるよりも，給付期間が長いことによる雇用への悪影響の方が大きい傾向にあると指摘する．Krueger and Meyer（2002）は，アメリカを中心とした調査結果を分析し，寛容度が1%高まると，失業手当受給期間が1%伸びるとしており，ヨーロッパのミクロデータを用いた Grubb（2005）や Holmlund（1998）もほぼ同様の結果を導いている．

小原（2002）は大阪府の行ったアンケート調査を使い，失業手当受給者は非受給者よりも再就職率が低く，失業期間が長いとともに，給付期間が切れる残り1カ月間で駆け込み就職する傾向が強く，所定給付日数の延長は失業期間を延長させる可能性があることを指摘している．大日（2002）は同じデータを用い，失業手当受給者は再就職の希望条件が高止まりするか，前職からの粘着性が高いために，失業期間が延び，結果的に不利な就職先に就職している傾向があることを確認している．

大竹（1999）は，わが国の失業給付額が失業直前の6カ月間の平均給与に代替率を掛けて決められることについて，年功賃金のもとでは中高齢層が再就職しようと思った場合，企業から提示される賃金が失業給付額よりも低い場合が多く，再就職を阻害している可能性が高いから，長期にわたる給与から算定するか，定額制度にすべきであると提案している．八代（1998；2001）は，わが国において60歳から64歳の失業率が例外的に高いのは，年功賃金の下，企業の高齢者の雇用需要が抑制され，定年直後に失業者が集中するためであり，給付水準が高く，給付期間が長いことが，失業率を高めている可能性があることを示唆した．小川（1998）は，60歳時に比べ賃金が低下した分の一定割合を給付する高齢者雇用継続給付制度は，就業促進的な効果を持つものの，その弾力性は1よりも小さいことを示した．

Tella and MacCulloch（2002）によると，1971年から81年の OECD 諸国のデータを使い，経済的，政治的要因が失業給付額にどのような影響をもたら

しているかを分析した結果，労働者の失業リスクが高まると，雇用保険へのニーズを高め，失業給付額を高めているとした．

それでは真に困っている失業者を支援しようとして給付期間を延長したり，給付水準を引き上げた場合，モラル・ハザードを回避させる方法はないのか．Meyer（1996）は早期に再就職した場合，失業手当受給者にボーナスを与えるといったイリノイ州の実験データを使い，この方式は失業者の早期就職に有効であることを示した．Fredriksson and Holmlund（2001）は失業期間が延びるにしたがって給付額が削減される方式をとった場合，一定額が給付される場合に比べ，失業期間は短縮されることを明らかにしている．

他方，Bonne and Ours（2004）やHasselpflug（2005）は，積極的な求職活動を行わなかったり，合理的な雇用の申し入れを拒否した場合，給付額を削減したり，制裁を科すといった給付認定の工夫によって，寛容な失業給付による労働意欲の喪失は大幅に相殺されることを示した．そしてOECD（2007）は「より広範な『就業化』戦略に組み込まれる場合に，求職モニタリングと制裁措置の有効性が最も高い」（p. 93）としている．

他方，失業保険制度の本来の目的である「失業者給付により，求職活動が促進され，労働者の効率的配分が可能になる」という効果は現行制度からは見出せないのだろうか．いくつかの実証研究は，失業給付制度がミスマッチを減らし，効率性を向上させる効果を持つことを示唆している．Acemoglu and Shimer（2000）は失業保険制度によって労働者が生産性の高い仕事を求める意欲が高まれば，大幅な効率性の向上が見られることを示し，Polachek and Xiang（2005）は，失業給付によりマッチングの効率が向上し，その便益は極めて大きいことを裏付ける分析結果を示している．小原・佐々木・町北（2008）は，所定給付日数が長いと求職期間も長くなる半面，求職期間が180日以内の層については，求職期間が長いほど再就職後の定着率は高く，継続勤続期間を延長させ，もし就職後の企業定着率を再就職のマッチングの良さを示す1つの指標だとすると，一定の求職期間が確保されたほうがマッチング効率は改善すると指摘している．

6 雇用保険制度改革の論点

　雇用保険は，他の社会保障制度に比べ，支給額が景気変動や社会・経済環境の変化に伴い大きく変動するという特質をもっている．それだけ単年度で収支バランスを図ることは難しく，中期的に安定した制度運営が可能となる仕組みを用意していくことが重要となる．現行制度では財政状況に応じて保険料率を調整できるように弾力条項が用意されているが，景気変動が国の経済政策の成否に大きく左右される面がある以上，労使の負担による保険料収入のみならず，何らかの形で国庫負担が求められるのは当然であると考えられる．ただし現在のように，給付額の一定割合を国が毎年支出する形で負担するのがよいのか，それとも雇用情勢が悪化し，一定額以上の支出を余儀なくされた場合に保険料によって賄えない部分を国が負担するのがよいのかは，それらの負担割合とともに議論していく必要があろう．

　安定した財政基盤の確保とともに，議論しておかなければならないのが，雇用保険の対象者の範囲，すなわち適用関係であり，また受給要件，給付額，給付期間である．とくに近年，就業形態の多様化が進み，非正規労働者が増えており，従来の基準では雇用保険の被保険者となってこなかった労働者へのセーフティネットの提供，さらには長期失業や不安定雇用のため頻繁に失業者になりやすい人への対応とモラル・ハザードの阻止，さらには事後的所得保障の問題だけではなく，失業を未然に防止したり，早期再就職を促進したりするための「積極的雇用政策」との関連について，検討しておかなければならない．以下では，現在，議論されている主な論点について，前節までで紹介した研究成果や樋口（2001），雇用保険基本問題研究会（2006）の論議を参考に考察してみたい．

(1) 適用基準

・現行のわが国の雇用保険制度では，一般被保険者について，正規・非正規労働者を問わず，次の基準に従い適用対象者が決められている．①事業主に雇用され，賃金を支払われている労働者であり，かつ，②a．週所定労働時

間40時間の者は雇用見込み期間等を問わず適用，b. 週所定労働時間が30時間以上40時間未満の者は，（イ）「通常の労働者」の場合，雇用期間の見込み期間等を問わず適用，（ロ）「通常の労働者」よりも所定労働時間が短い場合は，「半年以上引続き雇用されることが見込まれる」ことを要件に適用，c. 週所定内労働時間が20時間以上，30時間未満の者については，「通常の労働者」よりも所定労働時間が短い場合，「半年以上引続き雇用されることが見込まれる」ことを要件に，「短時間被保険者」として適用，d. 週所定労働時間20時間未満の者は雇用保険法上の「労働者」に当たらないと解釈し，適用されない（雇用保険基本問題研究会（2006）を参照．以下同様）．

従来の雇用保険制度では，その人が職を失った場合に発生する経済的損失が大きいことが重視され，年収要件が課されていたが，この基準は2001年に廃止された．また労働時間基準についても，1988年までは通常の労働者の4分の3以上，かつ22時間以上とされていたものが，89年に22時間以上に改正され，さらに1994年に20時間以上に緩和された．さらに雇用期間基準についても，2009年3月31日より1年以上の雇用見通しが半年以上の見通しに緩和された．だが，それでも多数の労働者は依然として適用除外になっている可能性があり，さらなる基準の緩和が必要ではないかとの意見がある．

しかし頻繁に就業と失業を繰り返す労働者が被保険者になった場合，給付額の増加にともない保険料の引き上げが必要になるであろうが，被保険者の共助によるリスク回避を前提とした保険制度において，はたして人々の保険料引き上げに対する合意を得ることができるかどうか．もし，保険料率を一律に引き上げることができないとすれば，保険制度として，失業リスクの極端に高い人に対してセーフティネットを用意しようとするのであれば，失業リスクに応じて保険料が決まる保険制度に改革していくか，あるいは一般財源からの国庫負担によって制度の運営を行う失業扶助制度を構築していくかのいずれかの対応が求められる．この場合も，前節で考察したように，求職活動が活発に行われていることを頻繁にチェックできる仕組みを設けたり，教育訓練の受講やボランティア活動の実施を給付認定の要件とするなど，モラル・ハザードを阻止する仕組みが必要であろう．現在，緊急措置として実施される「訓練期間中の生

活保障給付制度」（雇用保険の受給資格を有さない求職者が，経済的な不安を抱かず，積極的な職業訓練を受けられるように，訓練期間中の生活資金を貸し付け，一定の要件を満たせば貸付額の全部，または一部の返還を免除する制度）を拡充し，恒久化させることも考えられる．適用基準については，マルチジョブホールダーや請負契約による就業者，在宅就業者，テレワーカーに対するセーフティネットの在り方についても，検討していく必要がある．

(2) 基本手当の受給要件および所定給付日数

・基本手当は，原則として離職前1年間に6カ月以上の被保険者期間を有することを受給資格要件とし，所定給付日数は，求職者の属性による再就職の困難度や安易な転職の防止を考慮し，離職理由と年齢階層，被保険者期間別に既述した表1に示されたように決められている．

自発的離職者は，離職前にあらかじめ再就職の準備をすることができるはずであり，相対的に給付期間は短期間で足りるはずだとの趣旨から，給付期間が短く設定されているが，そもそも自発・非自発を識別することは難しいのではないかとの指摘がある．またモラル・ハザードを阻止し，受給者の早期再就職を一層促進する観点から，公共職業安定所からの紹介を拒否した場合，給付制限が行われるが，それを現行の1カ月から2カ月に引き伸ばしたり，定められた回数を超えて拒否した場合には支給自体を停止する等の厳格化が必要ではないか，さらには職業紹介や能力開発といった積極的雇用対策と一体的に制度を運営するために，失業認定等においてさらに厳格化を図る必要があるのではないかとの意見がある．他方，わが国の給付日数はヨーロッパ諸国に比べてそもそも短く，しかも受給者が就業し，多少なりとも給与が発生すると給付はすべて停止される．さらに失業扶助制度が設けられていないため，給付日数を超えた途端に失業手当が一切支払われなくなる（表4）．受給期間が長くなるにつれ，受給額を逓減させる方式を導入する一方，給付期間を延長する必要があるとの意見がある．ただしその場合，一方において長期失業者を増やしてしまう危険性にも配慮する必要がある．

表4 各国の3世帯類型の5年間の総代替率（2005年）
平均生産労働者賃金の3分の2と100%の平均 (%)

	1年目			2-3年目			4-5年目			全体平均
	単身	被扶養配偶者	就業配偶者	単身	被扶養配偶者	就業配偶者	単身	被扶養配偶者	就業配偶者	
オーストラリア	24	43	0	24	43	0	24	43	0	22
カナダ	35	35	35	0	0	0	0	0	0	12
デンマーク	63	63	63	63	63	63	32	32	32	49
フランス	61	61	61	42	45	28	27	27	0	39
ドイツ	38	44	38	20	35	0	15	27	0	24
イタリア	56	56	56	42	42	42	0	0	0	33
日 本	23	24	22	0	0	0	0	0	0	8
韓 国	27	27	27	0	0	0	0	0	0	9
ルクセンブルク	80	80	80	0	0	0	0	0	0	27
オランダ	70	72	70	35	36	35	0	0	0	35
ニュージーランド	30	49	0	30	49	0	30	49	0	26
ノルウェー	62	67	62	37	43	31	0	0	0	34
スペイン	63	63	63	45	45	30	8	8	0	36
スウェーデン	75	75	75	3	3	3	0	0	0	24
イギリス	17	27	9	17	27	0	17	27	0	16
アメリカ	30	32	27	6	11	0	6	11	0	13

出所：OECD（2007）『図表でみる世界の最低生活保障』表3, 4より国を抜粋.
注：イタリア「元金給付」.
　報告書 Benefits and Wages（OECD, 2004）と融合させるために，この表ではイギリスの社会扶助とアメリカのフード・スタンプが含められている．

(3) 給付水準

・基本手当日額は，それまでの生活水準を維持し，労働力の維持・保全を図ることを重視して，離職前の賃金日額に一定の給付率（代替率）を乗じて算出することとし，その給付率を賃金日額が高くなるにつれ逓減させる「低厚高薄」方式となっている．

　わが国の場合，特に中高年層においては転職により給与が下がる人が多く，給付率が高いと労働市場における再就職時の賃金水準と給付額との間で逆転現象が発生し，早期再就職を阻害する可能性がある．むしろ再就職した場合の市場賃金を考慮にいれ，給付水準を決定する必要があるという意見がある．また

離職前の賃金日額が税引き前の給与に基づき行われる一方，失業等給付は非課税扱いになっており，手取り所得ベースで考えると失業等給付が高く，再就職を遅らせている可能性があるとの意見がある．

(4) 訓練延長給付

・訓練延長給付は，受給資格者が公共職業安定所長の指示した公共職業訓練等（最長2年間）を受ける場合，所定給付日数を超えて，基本手当を給付できる制度である．

実態を見ると，所定給付日数が切れる頃から，受給の延長を狙って職業訓練を受ける者が多いとの指摘もあり，職業安定所の指導を強化し，もっと早い時期から訓練を受講させ，早期再就職を促して延長期間の短縮を図る必要があるのではないかとの意見がある．

(5) 高年齢求職者給付

・高年齢求職者給付金は，65歳以前から同一事業主に引き続き雇用されている65歳以上の被保険者が失業した場合，一時金として給付される．保険年度の初日において64歳以上の被保険者については，労使双方の保険料負担が免除される．

現行制度では65歳以上については年金制度があったり，採用企業が少ないことから，求職活動を義務付け，月々基本手当を給付する代わりに，一時金として支給される制度になっている．しかし，高齢化社会において生涯現役を実現するためにも，65歳を過ぎても特別扱いすることなく，だれもが雇用保険に加入し，失業給付を受けられる制度に変更したり，在職老齢年金や社会保障給付への課税問題と合わせ，総合的に制度の在り方を検討すべきではないかとの指摘がある．

(6) 特例一時金・日雇労働求職者給付

・特例一時金は，季節労働者等の短期雇用特例被保険者が失業した場合に基

本手当日額の50日分を一時金として給付する制度であり，降雪地の建設労働者やゴルフ場従業員等のようにもともと冬季に作業ができない労働者に受給者が集中しており，かつ毎年同じように給付されている．なお，季節労働者を多数雇用している事業については，保険料が1000分の2高く設定されている．

日雇労働者求職者給付金は，日雇労働被保険者が失業した場合，失業した日ごとに給付されるが，受給資格要件は失業するまでの2カ月間に通算して26日以上の印紙保険料が納付されていることとなっている．

両制度は頻繁に失業状態に陥る被保険者に対する給付であるにもかかわらず，受給資格要件は一般求職者給付よりも緩く設定されており，財政的には一般被保険者側からの恒常的な持ち出しとなっている．特例一時金は，たまたま発生する失業へのリスク回避といった失業保険制度の機能と乖離し，毎年，季節循環的に支給される場合が多く，積雪寒冷地等ではこの支給の存在が織り込まれて雇用されているケースも見受けられ，特定地域への恒常的補助との色彩も強く，地域間の公平性を欠いているため，制度の廃止をも含めて検討すべきであるとの意見がある．

日雇労働者求職者給付については，もっと給付資格要件を厳格にすべきだという意見がある半面，近年では日雇派遣労働者もこの制度の適用が認められるようになり，こうした人々へのセーフティネットの強化を図っていくべきだとの意見がある．

(7) 高年齢雇用継続給付

・高年齢雇用継続給付は，60歳以降，大きく賃金が低下する場合に，高齢者が就業意欲を失ったり，安易に求職者給付や年金等の受給を選択し，失業に結び付きかねないとの理由により，賃金低下を失業に準じた事故ととらえ，賃金低下の一部を支給することによって，継続就業を促進しようとする制度である．

この給付金制度の存在により，就業した場合に得られる手取り所得が増える

ことから，高齢者就業が促進される反面，労使ともにこの制度の存在を前提に賃金体系等を設計しており，60歳過ぎの賃金が低く抑えられる原因になっている可能性もある．もしそうだとすると，この制度は，高齢者の賃金助成を行っているにほかならず，他の年齢層の雇用を削減するなど，労働市場を混乱させている危険性があるため，給付金の削減，あるいは廃止を含めて検討すべきだとの指摘がなされている．

(8) 雇用保険二事業

・「雇用安定事業」，「能力開発」といった二事業が対象とする雇用問題は，企業における雇用慣行等に起因するところが多く，事業主間の連帯によって解決されるべきであり，またこれらの問題の解決は結果的に事業主に利益をもたらすことから，全額，雇用主負担の保険料によってのみ賄われている．

雇用保険二事業は，失業の予防，早期再就職の促進，雇用機会の創出，職業能力の開発向上等を図る事業であり，わが国の雇用政策の中心的な役割を担ってきた．だが，わが国のGDPに占める積極的雇用対策に対する財政支出割合は0.3％弱と，アメリカの0.2％に比べれば高いが，ドイツの1.1％，フランスの1.0％，イギリスの0.6％弱に比べると低い（OECD, 2008）．他方，現行制度の中には雇用主負担の保険料から支出するのは適当でない政策もあり，別の税財源からも支出されるべきではないかとの指摘もある．

・安定事業の1つとして「雇用調整助成金制度」があるが，これは経済上の理由により急激な事業活動の縮小を余儀なくされた事業主に対し，休業手当，もしくは賃金を支払い，または出向元事業主が出向労働者の賃金の一部を負担する制度である．不況期に，労働時間を短縮し，仕事を分かち合い，雇用を維持しようとするワークシェアリングを実施する企業において利用されている．

操業短縮等による一時的な労働時間短縮に対し，事業主は法律上，給与の最低6割を休業手当として支払わなければならないが，現在，その一部を雇用調

整助成金から助成を受けることができる．これに加え，操業短縮による時短を部分失業として捉え，給与減少分の一部を，労働者への直接給付や「給付付き税額控除」により助成する制度も検討する必要があるとの意見もある．

・高年齢者や障害者等の就職困難者を継続して雇用する労働者として雇い入れた事業主に対し，賃金の一部を支給する「特例求職者雇用開発助成金」や，年長フリーター等について，正規雇用，トライアル雇用，有期実習型訓練終了者を雇用する事業主に対する「若年者等正規雇用化特別奨励金」，職場体験受講者を雇い入れた事業主に対する「労働移動支援助成金」など，雇用機会の創出を目指した各種助成制度が設けられている．

雇用機会を創出するためには，雇い入れた労働者の賃金の一部を助成する制度は必要かもしれない．だが，その反面，その制度がなくても雇い入れを考えてきた事業主は多く，助成金が必ずしも真の雇用創出にはつながっていなかったり，助成金の対象にならない労働者の採用を結果的に邪魔したりし，「デッド・ウェイト・ロス（死荷重）」となっている可能性はないか，慎重な検討が必要であるとの意見もある．

このほかに技能習得手当や寄宿手当，教育訓練給付等についても，制度の維持と改革，さらには運用の改善をめぐって種々の論点が提起され，議論が行われているが，これらについても，できる限り実証データに基づく客観的な検証を踏まえて検討していく必要があろう．

文献

Acemoglu, D. and R. Shimer (2000) "Productivity Gains from Unemployment Insurance," *European Economic Review*, Vol. 44: 1195-1224.

Baker, M. and S. A. Rea (1998) "Employment Spells and Unemployment Insurance Eligibility Requirements," *Review of Economics and Statistics*, 80: 1: 80-94.

Bassanini, A. and R. Duval (2006) "Employment Patterns in OECD Countries: reassessing the role of policies and institutions," *OECD Social, Employment and Migration Working Paper*, No. 35, and *OECD Economics Department Working Pa-*

per, No.486, Paris.
Bertola, G., F. Blau and L. Kahn (2002) "Comparative Analysis of Labour Market Outcomes : lessons for the US from international long-run evidence," in A. Krueger and R. Solow, eds., *The Roaring Nineties : can full employment be sustained?* Russell Sage and Century Foundations, pp. 159–218.
Boone, J. and J. van Ours (2004) "Effective Active Labor Market Policies," *IZA Discussion Paper*, No. 1335, Bonn, November.
Christofides, L. N. and C. J. McKenna (1996) "Unemployment Insurance and Job Duration in Canada," *Journal of Labor Economics*, Vol. 14, No. 2 : 286–312.
Fredriksson, P. and B. Holmlund (2001) "Optimal Unemployment Insurance in Search Equilibrium," *Journal of Labor Economics*, Vol. 19, No. 2 : 370–399.
Grubb, D. (2005) "Trends in Unemployment Insurance, Related Benefits and Active Labour Market Policies in Europe," paper delivered for the International Seminar on Employment / Unemployment Insurance, 7–8 July, Seoul, Korea.
Hasselpflug, S. (2005) "Availability Criteria in 25 Countries," *Finansministeriet Working Paper*, No. 12 / 2005, Copenhagen.
樋口美雄（2001）『雇用と失業の経済学』日本経済新聞社.
Holmlund, B. (1998) "Unemployment Insurance in Theory and Practice," *Scandinavian Journal of Economics*, Vol.100, No.1 : 113–141.
Hunt, J. (1995) "The Effect of Unemployment Compensation on Unemployment Duration in Germany," *Journal of Labor Economics*, Vol. 13, No. 1 : 88–120.
ILO (2009) *The Financial and Economic Crisis : A Decent Work Response*.
厚生労働省（2007）『2005-2006年 海外情勢報告』.
雇用保険基本問題研究会（2006）『雇用保険制度の在り方に係る議論の整理』.
Krueger, A. and B. Meyer (2002) "Labor Supply Effects of Social Insurance," in A. Auerbach and M. Feldstein, eds., *Handbook of Public Economics*, Vol. 3, Elsevier, Amsterdam.
Lalive, R., J. V. Ours and J. Zweimuller (2006) "How Changes in Financial Incentives Affect the Duration of Unemployment," *Review of Economic Studies*, 73 : 1009–1038.
Light, A. and Y. Omori (2004) "Unemployment Insurance and Job Quite," *Journal of Labor Economics*, Vol. 22, Issue 1 : 159–188.
McCall, B. P. (1997) "The Determinants of Full-Time versus Part-Time Reemployment following Job Displacement," *Journal of Labor Economics*, Vol. 15, No. 4.
Meyer, B. D. (1996) "What Have We Learned from the Illinois Reemployment Bonus Experiment?" *Journal of Labor Economics*, Vol. 14, No. 1 : 26–51.
Meyer, L.H. (2000) "The Economic Outlook and the Challenges Facing Mone-

tary Policy," Remarks at the Century Club Breakfast Series, Research Memorandum, Washington University, 19 October.
OECD (2004), *Benefits and Wages*.
OECD (2006) *Boosting Job and Incomes : Policy Lessons from Reassessing the OECD Jobs Strategy*（樋口美雄監訳・戎居皆和訳（2007）『世界の労働市場改革——OECD新雇用戦略』明石書店）.
OECD (2007) *Benefits and Wages 2007*（日本労働組合総連合会総合政策局訳（2008）『図表で見る世界の最低生活保障——OECD給付・賃金インディケータ』明石書店）.
OECD (2008) *OECD Employment Outlook*.
小川浩（1998）「年金・雇用保険改正と男性高齢者の就業行動の変化」『日本労働研究雑誌』40巻11号，労働政策研究・研修機構.
小原美紀（2002）「失業者の再就職行動——失業給付制度との関係」玄田有史・中田喜文編『リストラと転職のメカニズム』東洋経済新報社.
小原美紀（2004）「長期失業／雇用保険制度が長期失業の誘引となっている可能性」『日本労働研究雑誌』46巻7号，労働政策研究・研修機構.
小原美紀・佐々木勝・町北朋洋（2008）「雇用保険のマイクロデータを用いた再就職行動に関する実証分析」『マッチング効率性についての実験的研究』労働政策研究・研修機構，資料シリーズ，No. 40，第3章.
岡伸一（2004）『失業保障制度の国際比較』学文社.
大日康史（2002）「失業者普及によるモラルハザード——就職先希望条件の変化からの分析」玄田有史・中田喜文編『リストラと転職のメカニズム』東洋経済新報社.
大竹文雄（1999）「高失業率時代における雇用政策」『日本労働研究雑誌』41巻5号，労働政策研究・研修機構.
Polachek, S. and J. Xiang (2005) "The Effects of Incomplete Employee Wage Information: a cross-country analysis," *IZA Discussion Paper*, No. 1735, Bonn.
労務行政研究所編（2004）『雇用保険法（コンメンタール）』〔新版〕労務行政.
Tella, R. D. and R. J. MacCulloch (2002) "The Determination of Unemployment Benefits," *Journal of Labor Economics*, Vol. 20, No. 2, Part 1: 404-434.
八代尚宏（1998）「高齢者就業と雇用保険制度の役割」『日本労働研究雑誌』40巻6号，労働政策研究・研修機構.
八代尚宏（2001）「雇用保険制度の再検討」猪木武徳・大竹文雄編『雇用政策の経済分析』東京大学出版会，第8章.

索　引

ア
アカウント方式　116
足による投票　53
アトキンソン, A. B.　16
アトキンソン尺度　27
EU（ヨーロッパ連合）　178-179, 197
育児休業給付制度　273
一時的貧困層　201
一部負担　137
一般財政制度　95
一般離職者　276
医療扶助　208
医療保険　35
インセンティブ制度　45
インボイス方式　116
運用規制（5・3・3・2規制）　86
永久均衡方式　75
益税問題　116
エスピン-アンデルセン, G.　168-169
NPO　130
FGT指数　28
エリサ法　84
LDI（Liability Driven Investment）　88
オプション・バリュー（Option Value）　233-234, 236

カ
介護休業給付制度　274
介護金庫　182
介護の社会化　258
介護保険　35, 180
階層化　169
外部効果　231
価格規制　44
確定給付企業年金法　83
確定給付年金（Defined Benefit）　81
確定拠出年金（Defined Contribution）　81
　——法　83
カクワニ指数　28

家族手当　185, 187
家族内移転　12
家族扶養手当　185
家族補足手当　185
価値財　130
活動選択手当　185
カナダ年金制度投資委員会（CPPIB）　80
カリフォルニア州職員退職年金基金（CalPERS）　80
管理運用法人（Government Pension Investment Fund, GPIF）　76
企業年金　73, 83
危険選択　33
基礎的財政収支（プライマリー・バランス）　15, 104
基礎年金　222
帰着　45
規模に関する収穫逓増（規模の経済性）　53
基本手当　185
基本ポートフォリオ　77-78
逆選択　6, 32
求職者給付　264
救貧対策　148
給付（財政支出）　97
給付代替率　275
給付付き税額控除　286
給与税（payroll tax）　47
教育訓練給付　264
　——制度　274
教育投資　12
境界（ボーダーライン）層　201
共助（相互扶助）　55, 195
強制競争入札（Compulsory Competitive Tendering）　164
強制保険　269
勤労控除　42
クリームスキミング　33
クルーグマン, P.　53
経済安定化　145
経済格差　241

経済協力開発機構（OECD）　167, 197
経常収支比率　150-151
ケースワーカー　155
現金給付　4, 28, 184
減税支出　185
現物給付　4, 28
公益セクター　130
公助　195
厚生経済学の第一基本定理　26
厚生経済学の第二基本定理　26
厚生年金基金　83
公的扶助　25
行動経済学　43
高年齢雇用継続給付制度　273
公費　99
公費負担　99
　──方式　100
効用フロンティア　27
国営医療サービス（NHS）　168
国際労働機関（ILO）　95
国民皆年金　210
国民健康保険　153
　──公団　182
国民年金の空洞化問題　19
国民負担率　3, 13-16, 22, 121, 123, 162
　潜在的な──　121, 123
国民保険基金（National Insurance Fund）　98
55年体制　133
コーポレート・ガバナンス（株主権としての企業統治）　88
コミュニティケア　181
雇用安定資金制度　273
雇用継続給付　264
雇用調整助成金制度　266
雇用保険　34
　──制度　262, 273
　──二事業　262, 266, 274

サ

財源（財政収入）　97
在職老齢年金　232
　──制度　43
財政検証　79
財政構造改革　103
　──法　108
財政制度　95
財政投融資制度　75
財政民主主義　103
最低生活保障　25, 195
最低賃金　44, 210
最低年収要件　263
最低保障年金　213
最適ポートフォリオ　77
サービス供給体制　164
三世代世帯　242, 245, 248
三位一体改革　61, 104
CSR活動　130
ジェンダー（性別）　199
　──格差　199, 255, 258
　──・バイアス　212
事業主拠出　17
資源配分　145
自己負担　137, 213
資産制限　37
資産・負債管理（Asset Liability Management）　88
市場の失敗　25, 31
施設整備費　146
次善　231
失業手当　261
失業等給付　262
　──制度　264
失業扶助制度　262, 270
失業扶助方式　261
失業保険制度　262
失業保険法　261
失業保険方式　261
失業リスク　280
実質収支比率　151
疾病金庫（Kranken Kasse）　98, 178
私的財　130
児童税額控除　186
　払戻型──　187
　非払戻型──　187
児童手当　161
　──制度　185
児童福祉法　157
児童扶養控除　187
児童扶養手当　161, 195

索　引

ジニ係数　26, 174
自発的支援　130
シビル・ミニマム　156
社会化　156
社会厚生関数　26
　　ベンサム型——　27
　　ロールズ型——　27
社会支出（Social Expenditure）　135, 171-173
社会市場　131-132
社会手当　25
社会的共通資本　139
社会的リスク　7
社会扶助方式　100
社会保険　25, 31, 33, 168, 195
　　——制度　95, 195
　　——料　17, 45, 112
社会保障給付費　126, 146, 172
社会保障資産（Social Security Wealth, SSW）　233
　　——発生額（Social Security Wealth Accrual, SSA）　233, 236
社会保障支出　3
社会保障信託基金（Trust Fund）　98
社会保障政策　167
社会保障制度　97
　　——審議会　108, 126
社会保障負担額　121
社会保障負担率　22
若年者等正規雇用化特別奨励金　286
習慣形成　44
就業化（アクティベーション）　275
集権化　56
収支均等の原則　34
就職促進給付　264
就職促進手当　274
修正賦課方式　73-74
住宅扶助　208
受益者負担　163-164
受託者責任　84
出産手当　185
純社会支出　5
純負担率　127
生涯所得ベース　230
生涯未婚率　257

消費税　18
情報の非対称性　31-32
将来人口推計　221
所得格差　167, 241, 244-245
所得再分配　7, 25, 145
　　——政策　167
所得税額控除（Earned Income Tax Credit, EITC）　187
所得制限　37
所得代替率　175
人件費　146
人口移動　51, 62
人口動態リスク　225
申請主義　207
垂直的公平　113
スティグリッツ, J. E.　112
税額還付（Tax credit）　184
生活保護制度　7, 195
生活保護費　209
生活保護法　204
税方式　100
世代会計　22, 229
世代間格差　227
世代間の公平性（世代間公平）　113, 175, 227, 237
世代間の所得移転（世代間移転）　12, 19, 21, 237
世帯構造　243-244
　　——間効果　246
　　——効果　246
　　——内効果　246
世代重複モデル　19, 226
世代内の公平性　175
世代内の所得分配　237
世帯変動　242
積極的雇用政策　261-262, 279
セーフティネット　133, 195, 262
選好形成　44
センの貧困指数　28
選別主義的福祉　148, 156
早期退職効果　11
双曲割引型効用関数　44
ソーシャル・キャピタル（社会関係資本）　55
租税支出（特別減税措置）　114, 185-186
租税負担額　121

租税負担率　22
ソロー，R.　16

タ

第三号被保険者制度　43
第三号被保険者問題　19
退職給付会計　87
退職給付債務（Projected Benefits Obligation, PBO）　87
対人社会サービス　168
ターゲット効率性　162
脱商品化　169
単身者　199
単親手当　185
地域間移動　51, 54, 57, 145
地方単独事業　160
注意義務　85
長寿リスク　38
貯蓄動機　11
積立方式　10, 73, 224
定額部分　223
ティボー，C.　53
適格年金　83
適用拡大　263
転嫁　18
道州制　68
特定依存給付（Prestation spécifique dépendence, PSD）　183
特定離職者　276
特別医療費保障制度　181
特例求職者雇用開発助成金　286

ナ

ナショナル・ミニマム　156
二重の負担　226
日本型ワークフェア　215
任意所得比例保険　269
ネットカフェ難民　202, 241
年間所得ベース　230
年金基金　89
年金財政　73, 222
年金債務　227
年金資金運用　75
　──基金　75
年金積立金　75

年金保険　34
納税者番号制度　187
納付記録　116
ノルウェー政府年金基金（GPF-G）　80

ハ

バー，N.　31
パターナリズム（温情的介入）　44, 134
バランスシート　228
パレート最適配分　26
ピーク・バリュー（Peak Value）　233, 235-236
非正規労働者　263
被保険者拠出　17
被保護世帯　208
標準税率　111
貧困
　──線　200
　──の固定化　200
　──の罠　36
　新しい──　204
　女性の──　216
　潜在的な──　197
貧困基準　196
　相対所得による──　197
貧困ギャップ比率　28
貧困比率　28
貧困率　196, 199, 244, 248
　相対的──　171
夫婦世帯　199
付加価値税　95, 112
不確実性　31
賦課方式　10, 73, 224
福祉貸付金　195
福祉から就労（ワークフェア）　36
福祉元年宣言　61
福祉国家　4
　隠れた──　114
福祉政策　148, 160, 168
父子世帯　199
扶助費　147
負の所得税　230
普遍主義的福祉　149, 156
プライマリケアグループ　181
プルーデントマン・ルール　85

索　引

分権化　56
平均対数偏差（Mean Log Deviation, MLD）　258
平均・分散アプローチ　228
ベヴァリジ報告　98
保育手当　186
保育費用控除　186
保育料　155
報酬比例部分　223
防貧対策　148
保険市場　31
保護率　195, 206
母子世帯　199
補助金　160
補助事業化　160
補足性の原理　204
捕捉率　206
ポータビリティー　84
ポートフォリオ選択　229
骨太方針　103
ホームヘルプ事業　181
ホームレス（野宿者）　201
　――対策　201

マ

マクロ経済スライド　176, 224
　――調整　75
マーストリスト条約　103
マッチング　278
　――効率　278
未加入・未納者　212
未納　116
民間保険　33

ミーンズテスト（資力調査）　36, 203
民生費　147
無差別平等の原理　204
無受給権者　211
メディケア　184
メディケイド　184
モラルハザード　32, 67, 261, 280

ヤ

有害な租税競争　54
優遇税制　185-186
有限均衡方式　75
有効フロンティア　77-78
予定利率　86
401K　83

ラ

ライフコース　255
ラーナー, A.　14
リスク　31
　――許容度　78
　――分散　153
連邦財政主義　178
労災保険　35
老人福祉法　157
労働移動支援助成金　286
労働市場機能　262
ロウントリー, B. S.　202
ローレンツ曲線　26

ワ

ワーキング・プア　200, 241

執筆者一覧（*は編者／所属は 2010 年 1 月現在）

*宮島　洋（みやじま　ひろし）　早稲田大学法学学術院教授　5 章

*西村周三（にしむら　しゅうぞう）　京都大学副学長

*京極髙宣（きょうごく　たかのぶ）　国立社会保障・人口問題研究所所長

　小西秀樹（こにし　ひでき）　早稲田大学政治経済学術院教授　1 章

　駒村康平（こまむら　こうへい）　慶應義塾大学経済学部教授　2 章

　山重慎二（やましげ　しんじ）　一橋大学大学院経済学研究科准教授　3 章

　米澤康博（よねざわ　やすひろ）　早稲田大学大学院ファイナンス研究科教授　4 章

　田中　滋（たなか　しげる）　慶應義塾大学大学院経営管理研究科教授　6 章

　林　宜嗣（はやし　よしつぐ）　関西学院大学経済学部教授　7 章

　金子能宏（かねこ　よしひろ）　国立社会保障・人口問題研究所部長　8 章

　阿部　彩（あべ　あや）　国立社会保障・人口問題研究所室長　9 章

　小塩隆士（おしお　たかし）　一橋大学経済研究所教授　10 章

　白波瀬佐和子（しらはせ　さわこ）　東京大学大学院人文社会系研究科准教授
　　　　　　　　11 章

　樋口美雄（ひぐち　よしお）　慶應義塾大学商学部教授　12 章

［編者紹介］
宮島　洋
1942 年生まれ．早稲田大学法学学術院教授．
『高齢化時代の社会経済学』（岩波書店，1992 年）ほか．

西村周三
1945 年生まれ．京都大学副学長．
『保険と年金の経済学』（名古屋大学出版会，2000 年）
ほか．

京極髙宣
1942 年生まれ．国立社会保障・人口問題研究所所長．
『社会保障と日本経済』（慶應義塾大学出版会，2007 年）
ほか．

社会保障と経済 2　財政と所得保障

2010 年 1 月 8 日　初　版

［検印廃止］

編　者　宮島洋・西村周三・京極髙宣
　　　　みやじまひろし　にしむらしゅうぞう　きょうごくたかのぶ

発行所　財団法人　東京大学出版会
　　　　代表者　長谷川寿一
　　　　113-8654 東京都文京区本郷 7-3-1 東大構内
　　　　http://www.utp.or.jp/
　　　　電話 03-3811-8814　Fax 03-3812-6958
　　　　振替 00160-6-59964

印刷所　株式会社理想社
製本所　牧製本印刷株式会社

Ⓒ2010 Hiroshi Miyajima *et al.*
ISBN 978-4-13-054132-9　Printed in Japan

Ⓡ〈日本複写権センター委託出版物〉
本書の全部または一部を無断で複写複製（コピー）することは，著作権法上での例外を除き，禁じられています．本書からの複写を希望される場合は，日本複写権センター（03-3401-2382）にご連絡ください．

国立社会保障・人口問題研究所編	社会保障財源の制度分析	A5・4800円
国立社会保障・人口問題研究所編	社会保障財源の効果分析	A5・4800円
国立社会保障・人口問題研究所編	医療・介護の産業分析	A5・4600円
国立社会保障・人口問題研究所編	社会保障制度改革	A5・3800円
藤田至孝・塩野谷祐一編	企業内福祉と社会保障	A5・5500円
武川正吾・佐藤博樹編	企業保障と社会保障	A5・4600円
阿部・國枝・鈴木・林著	生活保護の経済分析	A5・3800円
橘木俊詔・浦川邦夫著	日本の貧困研究	A5・3200円
白波瀬佐和子著	日本の不平等を考える	46・2800円
小西秀樹著	公共選択の経済分析	A5・4500円

先進諸国の社会保障
全7巻　A5・各5200円

ここに表示された価格は本体価格です．御購入の際には消費税が加算されますので御了承下さい．